SENSE HACKING

生産性をあげる究極の多感覚メソッド

センスハック

チャールズ・スペンス

HOW TO USE THE POWER OF YOUR SENSES FOR HAPPIER, HEALTHIER LIVING

CHARLES SPENCE

センスハック

生産性をあげる究極の多感覚メソッド

Sensehacking :
How to Use the Power of Your Senses for Happier, Healthier Living
by Charles Spence

Original English language edition first published in 2021 by Penguin Books Ltd, London

Japanese translation rights arranged with Penguin Books Ltd, London
Through Tuttle-Mori agency, Inc., Tokyo

センスハック　生産性をあげる究極の多感覚メソッド

目次

1 序文 009

多感覚精神のためのインテリアデザイン／「びっくりした！」好きなものは好き、嫌いなものは嫌いな理由／感覚的クロストーク（相互作用）／五感の統合／センスハッキングの科学

2 家 033

多感覚的精神のための設計／「感覚的リビング」／なぜアボカド色とチョコレート色のバスルームだったの？／感情の色／私たちが部屋をアフリカのように暖かくしておくのが好きなわけ／五感のためのキッチン／ベーカーミラーピンクは本当に食欲を抑制するのか？／素敵に装飾されたテーブルは食べ物をよりおいしくするか？／あなたは本当に静かなキッチンがほしいか？／ホームアローン／お湯に入る

3 庭 067

自然の効果／眺めのいい部屋／自然の恩恵の格付け／自然のタイミング／サンタンデルシト、私の隠れ家／幸福のための自然のセンスハッキング

4 寝室 099

睡眠時間が少ないと長生きしない／眠り込む／光に目がくらむ／就寝前？／熟睡／一晩考えたまえ／お休みなさい／ベッドサイドテーブルに鉢植えを置いたらどうか？／あなたはフクロウかまたはヒバリか？／第一夜効果／睡眠不足／睡眠の匂い／私たちの夢をセンスハッキングする／起きなさい――いい加減目を覚ましなさい／睡眠慣性／夜明けの光はあなたを目覚めさせられるか？／私たちは本当にかつてないほど睡眠不足か？

5 通勤 135

実在するものとしないもの／ブルーン、ブルーン――エンジンの音はいかに大事か？／あなたにはその品質が聞こえるか？／「手の平にしっくり馴染むように」／テクノとリアルタイム対戦ゲームの関係は？／テクノロジーによる注意散漫――ながら運転手の注意喚

起／「それは急ぎではない」／居眠り運転／自然の効果を促進する／危険な解決策／「とても心配」―そもそもなぜ私たちは車酔いをするのか？／行く手に広がる道のり

6 職場 169

職場での感覚的アンバランス／無駄のないデザインはいかが？／シックビルについて語る／エアコンは性差別主義なのか？／誰もが仕事中、疲れを感じている／創造性のセンスハッキング／オープンプランオフィス／オープンプランオフィスのセンスハッキング／職場に自然を取り入れる／偽物の木のどこが問題なのか？／すべての自然の美をあなたのデスクトップに？／創造性と共食の関連性は何か？

7 買い物 203

お客を思うように操る／匂いから連想する形状／ビートに合った動き／潜在意識の誘惑／環境要因／デオドラントのような匂い／頭を冷やす／「タッチ・ミー」／接触汚染／多感覚マーケティングは優加法的販売増加をもたらすことができるか？／明るくして、音楽の音量を下げる時間？／未来を味わう／多感覚的オンラインショッピング／オンラインマーケティングの未来について／気が済むまでの買い物

8

医療健康管理 249

病院が高級ホテルのようになってきた理由／健康的な味／元気そう―医療サービスにおける芸術と錯覚／健全な聴覚／音楽療法／ヒーリングハンズ／香り・感覚ヒーリング／多感覚的医学―処理の円滑さと感覚過負荷の危険

9

運動とスポーツ 283

自然の中での運動、屋内での運動、どちらがいいのか？／活動のための気晴らし／ムードミュージック―ビートに乗って体を動かす／テニス選手が唸り声をあげる理由／観客の騒音を聞く／勝利の香り、成功の味／衣服の力／赤を見る／五感を使ってのトレーニング

10

デート 315

興奮／「ルック・オブ・ラブ（恋の面影）」／女性の香り―セクシーな匂い／「リンクス効果」／女性がいつも赤いドレスを着るわけ／先のとがったヒール／右にスワイプ―オンラインデートのコツ／カキは本当に愛の食べ物か？／欲望の声―美は本当に見る人

の耳の中にあるのか?／匂い結婚相談所にようこそ／多感覚マジック―あなたのすべてを愛しています

11 感覚を取り戻す 351

感覚遮断／あなたは感覚過負荷に悩まされているか?／原始の喜び―自然の効果／歓迎、感覚マーケティングの激増／感覚中心主義―感覚への注意深いアプローチ／あなたの感覚バランスは適切か?／パンデミック時代の社会的孤立／新感覚のセンスハッキング／感覚を取り戻す

謝辞 378
付録 380
図版 061
原注 039
参考文献 001

行間の★は著者による補足で、ページ左端に記す。
行間の数字は著者による原注で、巻末に収録する。
〔 〕は、訳者による注を示す。

1
序文
Introduction

生まれた瞬間から息を引き取るまで、感覚は私たちの存在にとってなくてはならないものだ。知覚、経験、認識、理解するすべてのことは感覚を通して私たちに伝わってくる。チャールズ・ダーウィンのいとこのフランシス・ゴールトン〔ダーウィンの父親とゴールトンの母親は異母兄弟である〕も1883年に「外的事象に関して、私たちに届く最良の情報は、五感の道筋を通って伝わってくるようだ。また感覚が差異に対して鋭敏であればあるほど、私たちの判断や理解が依拠する分野が広がる」と述べている。[1]

しかし、逆説的であるが、私たちの多くが不満を訴えているのは感覚過負荷《センソリー・オーバーロード》だ。私たちはあまりにも多くの音や情報、環境の誘惑にまみれてうんざりしている。[2] 最近、どれほど多くの仕事を同時にこなしているか考えてみたまえ。[3] ビジネスコンサルタント業のアクセンチュア〔アイルランドのダブリンに本拠地を置くコンサルティング会社〕の2015年のレポートによると、私たちの87%が複数のメディア機器を同時に使用しているという。また一見したところ、世界はますます急速に変化しているため、その問題は悪化の一途をたどっている。[4] ただよく見てみると、過剰に刺激を受けているのは主として、多くの情報を伝達でき、テクノロジーの標的になりやすい、高度な合理的感覚、すなわち聴覚と視覚であることは明らかだ。過剰な匂い、★過剰な接触、または過剰な味に対処しなければならないと不平を言う人を見つけるのははるかに難しい。つまり、それはすべて感覚のバランスを正常化する問題である。[5]

北米の研究者でマイアミ大学医学部タッチ・リサーチ研究所のティファニー・フィールドは、私たちの多くが「タッチ・ハングリー」〔触れ合いに飢えている〕であり、これは健康と幸せにとってマイナスの結果につながる可能性があると、長年にわたって主張している。私たちの最大の感覚器官である皮膚は、身体全体の約16〜18%を占めている。[6]近年、研究者たちは有毛皮膚——つまり、手のひらと足の裏を除く身体のすべての皮膚——には感覚受容器が密集しており、それらは優しく撫でられることを欲している——いや、**必要がある**——ということを発見した。[7]そのような温かい対人間の触れ合いは、社会的、認知的、精神的健全性にさまざまな恩恵をもたらす。なかでも、カップル同士の対人間の触れ合いはとても影響力が強いので、肉体的な痛みさえも緩和するのに効果的だ。また、頻繁なハグによってもたらされる、ストレス緩和効果のあるソーシャルサポートは、上気道のウイルス感染や病気にかか

★少なくとも雑誌に組み込まれているサンプル用の試香紙が削減されて以降、匂い過多に関する不平はそれほど聞こえてこない。

りにくくする。[8] あなたにハグする相手がいなくても、心配ご無用。今やハグの専門家が有料でハグしてくれる。だから、危険を覚悟で、あなたの最大の分別を無視したまえ。新型コロナウイルス感染症の世界的流行以降、皆が必要に迫られている触れ合いをどのようにして遠くから届けたらいいのか、多くの人が考えるようになった。本書では改めて、最終章で、この対人間の触れ合いを遠隔地から届けるためのテクノロジーの利用法に言及する。

　２０２５年までに10億人以上が60歳を超えると推定されている中、多くの高齢者が刺激不足を訴えている。彼ら曰く、肉体的に魅力がなくなったので、誰も彼らに触れたがらないということだ。

　老化は私たちのすべての感覚に損害を及ぼす。ただその衰退年齢の始まりには個人差がある。幸いなことに視覚や聴覚の劣化の改善には補聴器や眼鏡があるが、きわめて重要なことに、触覚や嗅覚、味覚という、より情緒的な感覚を回復するには今のところ打つ手はない。結果的に高齢者は「感覚過少負荷《センソリー・アンダーロード》」に陥る真の危険に晒されている。[9]

　どの感覚器官がなくなったら最も困るかと聞かれると、ほとんどの人は視覚だと答える。しかし、生活の質指標や自殺率のデータは、嗅覚を失った人のほうが、多くの場合、より状況が深刻だと示している。後年になって視覚を失った人は、それでも声を聞くと最愛の人の姿を思い描ける。少なくとも、これはしばらくの間は、感覚喪失のショックを緩和するのに役立つ。しかし嗅覚能力を失った場合、その感覚のかけらも残っていない。精神的想像の世界は心の目の前に呼び出すことができる。しかし、精神的想像の世界と同じくらい鮮やかな思い出の匂いの世界に住んでいる人は、ほとんどいない。[10]

ここ四半世紀かそこら、私は世界の最大級の会社とともに、新興の五感の科学を実行戦略に転換し、健康と幸せと、言うまでもなく（もちろん）収益性を促進する取り組みを行ってきた。これにはジョンソン・エンド・ジョンソンからユニリーバ、アサヒビールからVFコーポレーション〔アメリカ、コロラド州に本拠地を置くアパレルメーカー〕、デュラックス〔オーストラリアの塗料メーカー〕からデュレックス〔ロンドンを中心としたコンドームの商標〕のすべての人が含まれている。[11] 次ページ以降でわかったことを皆さんに話したい。

私は長年にわたって、小児科医とともに、赤ちゃんの最良の社会的、情緒的、認知的発達のために、多感覚刺激のバランスの取れた組み合わせを確保する重要性を明確にする取り組みを行ってきた。[12] 運転の仕方をセンスハックして〔社会的、認知的、情緒的健康の向上の促進のために、五感や感覚的刺激を利用すること〕、道路をより安全なものにしようという自動車メーカーの取り組みを手助けしてきた[13]（私が発見したことについては、「通勤」の章でより詳細に語るつもりだ）。私はまた、多くの世界最大級の美容、香水、ホーム&パーソナルケア、そして性的健康の会社と緊密に協力して、いかに多感的アトラクションが効果的かを突き止めようと試みている★（心配ご無用。デートの章で最高のアドバイスをいくつか伝授しよう）。[14] また、広く世界中の多くの大衆向けブランドや中小企業経営者のコンサルタントとして、「感覚のデパート」で皆さんの購買意欲をそそる新しい方法を考案してきた。（これについては「買い物」の章でさらに詳しく学ぶ）。

それではセンスハッキングとは正確にはどういうものだろうか。それは五感や感覚的刺激を利用して、社会的、認知的、情緒的健康の向上を促進することと定義づけられるだろう。それは五感のすべての独特な能力をよく知り、そしてそれらが互いに作用しあって私たちの感情や行動を左右する予測可能な方法を認めて初めて、感覚的経験の最も効果的なハック〔科学的知識に基づいた効果的利用〕が期待できるということだ。そうすることで、自分たちだけでなく、私たちの大事な人の生活の質を向上させられるのだ。もっとリラックスしたい、機敏でありたい、より生産的な仕事をしたい、または、ストレスを軽減したい、よく眠りたい、自分が最もよく見える方法を知りたい、ジムでのトレーニング効果を最大限にしたい……。センスハッキングの科学が、あなたの目標と願望の達成の手伝いをする。

本書の各章は、日常生活の主要な活動や、私たちが最も頻繁に遭遇しそうな多くの日常的環境を中心に構成されている。まず、家の章において、正面玄関からスタートしよう。私たちの家をより快適で、住むのに適した場所にするために、もちろん、売りやすくするために、私たちの五感をどのようにハックできるか確かめる目的で、リビングルーム、台所、寝室を見てみるつもりだ。次に庭の章に移り、自然の恩恵に注目したい。寝室の章では、すべての感覚における知覚について検討し、いかに眠りをセンスハックできるか見ていくつもりだ。これは特に重要な問題だ。というのも、最近、多くの人が十分な睡眠をとるのが難しいと訴えているからだ。睡眠不足がいかに私たちの健康と幸福に悪いかという点に関する統計を考慮すると、これは特に厄介な問題だ。家の環境について論じた後、仕事に移り、通勤と職場の多感覚デザインをセンスハックする。最後に買い物、医療健康管理、運動とスポーツ、そしてデートの章で、余暇について取り扱う。それぞれのケースで、私たちがより多くのお金を使ったり、より一生懸命練習したり、よりよく見せたり、病気やケガからより早く回復するために、すでに実証済みの最も効果的なセンスハックを見てみよう。

最終章で私は感覚過負荷、感覚過少負荷、感覚のバランス、多感覚的調和、また、皆がますます頻繁に利用しているテクノロジー媒介感覚のテーマを中心に、重要な問題や洞察の要約をするつもりだ。オックスフォード大学の実験心理学の教授として、私の洞察と助言は、この分野でよく見受けられる、さまざまなライフスタイル達人、風水「専門家」、インテリアデザイナーやトレンド未来学者からの根拠のない主張とは対照的に、論文審査付きの学術

★世界の化粧品市場は2020年までに6750億ドルというかなりな市場価値に達するという2016年の推測は注目に値する（もちろん、この数字は、実際上は新型コロナウイルス感染症の世界的流行のせいで下がってしまう可能性が高い）。

研究による自然科学にしっかりと基づいているので、心配しないで大丈夫。

多感覚精神のためのインテリアデザイン

住居や職場の多感覚環境を正しく理解することは、本当に重要だ。特に、今や世界の人口の多数派になっている都市環境に住んでいる人々は、95%の時間を室内で過ごしているのだから、なおさらだ。この後の数章でわかるように、これは健康にマイナスの影響をもたらす感覚的アンバランスを結果的に生み出す。あまりにも多くの時間を室内で過ごすと、自然光へのアクセスをいとも簡単に制限するだけでなく、多くの人が換気の良くないオフィスビルで過剰な大気汚染物資に晒されていることになる。職場の章でわかるように、現在多くの人に言えることだが、室内であまりにも多くの時間を過ごすことで、シックビル症候群〔住宅の気密化に伴う、建材物等から発生する化学物質などによる室内汚染による健康障害〕や季節性情動障害〔特定の季節に気分の落ち込みが見られるうつ病の一種〕のような問題につながるリスクがある。さらに、季節性情動障害は、暗い冬の間、自然光不足に悩まされているイギリス人の約6%に影響を与えている。その証拠は、山のようにある。近年のオープンプランオフィス〔間仕切りの無いオフィス〕への移行を考慮して、職場環境の感覚的属性が、生産性や創造的アウトプットを妨げるのではなく、向上させるために、できることを考えてみたい。世界中の多くの塗料や照明、香水の会社はずっと以前から、それが何であれ、目標の達成を可能にする、多感覚インテリアをデザインしたいと思っている。[15]

私は、長年にわたって、ジムのほか、さまざまなスポーツ団体のコンサルタントとして、五感の力を使って、人々にやる気を起こさせ、活気づけ、気晴らしを助長するために、皆が運動、フィットネス療法を最大限に利用するのを手助けしてきた。これについては運動とスポーツの章でさらに詳しく見ていくつもりだ。それがスポーツ競技場であろうと恋愛においてであろうと、競争で優位に立つためには、五感が提供するものは何でも最大限に活用する必要がある。多くの革新的個人や組織はすでにセンスハッキングの世界からの最新の洞察を利用して、自らをより健康的に、豊かに、そして賢くしている。おまけに、彼らは薬剤介入に伴う副作用――人によってはこれを「表面的神経科学」と呼ぶ人もいる――なしに、これらすべてのことを達成している。では、あなたは何を期待するか？[16]

「びっくりした！」好きなものは好き、嫌いなものは嫌いな理由

親しみやすさが好みを生む。何かに触れさせるだけで、それをもっと好きにさせられることを知っていたかい？　これは「単純接触効果」として知られている。それは私たちがそれに触れているのを気づいていようといまいと効果がある。[17]単純接触は、唐辛子を好きな人も

いれば、レッド・ホット・チリ・ペッパーズ〔アメリカのロックバンド〕が好きな人もいる理由を説明してくれるだろう。新生児が、母親が妊娠中に大量に食べていた食べ物の香りのほうに顔を向けるのも、そのせいだ。「胎児性メロドラマ症候群《フィータル・ソープ・シンドローム》」という言葉を聞いたことがあるだろうか？　心配ご無用、それは思ったほど悪いものではない。1980年代に、母親の快い声よりも、当時人気だったメロドラマスター（カイリー・ミノーグやジェイソン・ドノバンを思い浮かべてみてほしい）の声のほうが好きな新生児もいると気が付いた医者たちがいた。この専門用語は、そのとき、彼らによって、導入された。結局、赤ちゃんは、母親たちが食べていたものを口にしていただけではなく、彼女たちが聞いていたものにも耳を傾けていたのだ。[18]そのような洞察や観察を耳にして、人生のこれほど早い段階で、五感はハッキングされうるのかと思うものもいる。

周りの多感覚刺激に対する反応の大半が知られている一方で、特定の生態的地位の中での私たちの進化を心に留めておくことは常に重要だ。つまり、私たちの生存にとって、かつて重要だった刺激は、特別な地位を保ち続けているように思われる。たとえば、クモやヘビは、幼いころからでも、私たちの注意を引き、不安にさせることがわかっている。[19]さらに、家庭の章でわかるように、最新の証拠によると、私たちは、セントラルヒーティングのサーモスタットを、何千年も前にそこで進化したエチオピア高地の気象状態を真似て設定する傾向があるということだ。

五感は自然によって刺激されればされるほどいい。さらに、環境が与えてくれるすべてのものに、細かい注意を払うと、この恩恵をさらに増大できる。自然のなんらかの側面を捉えると、仕事、運動、買い物、遊びのいずれの最中でも、いかにプラスの影響があるかは、この後の章で、幾度となく見るだろう。それが、私たちの幸せを増大させるためだろうが、購買意欲を高めるためだろうが、五感のハッキングの最適な方法を知るには、まず、私たちの五感が発達してきた、進化の中での生態学的地位を理解するのが、確かに理にかなっている。すなわち、遺伝学者で進化論者であるテオドシウス・ドブジャンスキーの有名なくだりを脚色すれば、進化論を考慮しなければ、心理学に関するどんなことも意味をなさないのだ。[20] たとえば、庭の章で、家の外の小さな緑のスペースは、一服の自然の効果を提供するのにいかに大切か気が付くだろう。

私たちはまた、それが人の顔だろうと、時計の文字盤上だろうと、しかめっ面よりも笑顔に対する生来の、進化した好みを持っているように思われる。刺激の中には、好むか、ひどく嫌うか、進化的に耐性ができているものもある。成功したデザインやマーケティングは、多くの場合、そのような微妙な、または、それほど微妙ではない、トリガーを利用している。そして、感覚的マーケティングの最新情報を用いて、消費者をそっと後押しするのだ。これについては買い物の章で検討するつもりだ。[21]

なぜ広告のアナログ時計が、いつも10時10分を指しているかわかるだろうか？　ある分析

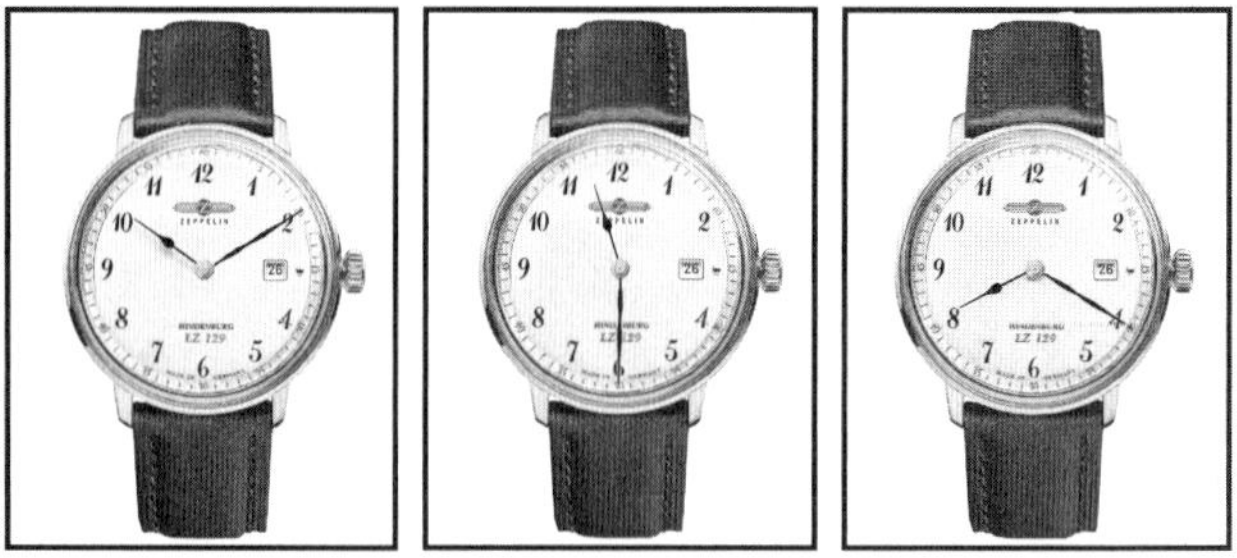

なぜ8時20分の文字盤は人を滅入らせるのか。どの文字盤があなたに微笑みかけているか。どの時計が悲しそうに見えるか。これは製品デザインにおける擬人化のほんの一例に過ぎない。

結果によると、アマゾンのサイト上で、男性用ドレスウォッチのベストセラー商品100個のうち97個がこの時刻を指していた。文字盤上のこの針の位置は笑っているように見える。そして、ドイツの研究者が実験的にこれを評価した結果、人々は「彼らに微笑みかけている」それらの時計が、好きだとわかった。[22]

　時計を販売していた人たちは、アナログ時計の時刻を10時10分にセットするだけで、客は商品に好感を持つことにずっと昔に気づいていた。★そんな単純なセンスハックが本当に私たちの選択に影響を及ぼすはずがない。結局のところ、時計の時刻の正確さはそれが示している時刻ではわからない。ただ証拠によれば、間違いなく影響を与えているのだ。さらに、そのような進化的トリガーの重要性を認識すれば、消費者から感謝されるとわかったうえで、製品のパッケージからコンピューター、車まですべてのものを安心して、デザインできるだろう。何と言っても、特定の進化的アフォーダンス〔身の回りにある情報〕にのっとって行動しているのだから。たとえば、デザイナーたちは、USBのスロットをコンピューターの前面に配置したり、あるいは車のビジュアルデザインをする際に、笑っているようにデザインすることも、より良く、好ましい印象を作り出すのに役立つということを証明している。注意すべき点がわかったら、いかに多くの会社がすでにあなたの五感をハッキングしているか、突然明らかになるだろう。きっと、最近、多くのブランドが、アマゾンからアルゴス〔食品、衣料品、家電製品、その他さまざまなものを扱っている、イギリスの家庭用品販売店〕まですべて、私たちに微笑んでいるのを見て、びっくりするだろう。[23]

しかし、時計はいつも笑っていたわけではない。1920年代から30年代の広告の大半は8時20分（しかめっ面）にセットされていた。だから、今日、（少なくともこの世界の直観的販売者やデザイナーにとって）製品をスマイルさせるのは当たり前かもしれないが、その

★なぜほとんどのアイフォーンのコマーシャルの時刻は午前9時42分なのかと不思議に思っているそこのあなたのために最も一般的な考えは、これはスティーブ・ジョブズがさかのぼること2007年にマックワールドカンファレンスで初めて、アイフォーンを紹介した時刻（太平洋標準時）だということだ。

ロゴにスマイルを組み入れたブランドの数例

ような進化的に触発されたソリューションは、偶然発見されたのだ。確かに、この未知の21世紀において、世界的感染大流行やロックダウンが突然世界経済を崩壊させそうな時代の中、感覚的マーケティングや消費者神経科学の倫理を、問題視したがっている人もいる。しかし、私はこれまで、センスハッキングが今ほど重要な時代は一度もなかったと思う。センスハッキングは私たちが健康でバランスの取れた状態を維持するために必要だ。[24]

コロナ以前の最も深刻な不況、1929年のウォール街の暴落に続いて起きた大恐慌のさなかに、世界経済の再活性化を助けるという観点から、「消費者工学」あるいは「人間工学」が重要な要素だと思うものもいた。消費者心理に対するこの新しいアプローチは、要するに、製品デザインにおける微妙な手掛かりを正しく理解することだった。[25] それならば、ある意味において、消費者工学は今日のセンスハッキングにとって、前世紀の先駆者と考えられるかもしれない。しかし、製品デザインを効果的にハックするためには、まず五感は独立して機能しているのではなく、常に互いに応答しあっているのだと理解する必要がある。五感は相互作用して、周りの世界やその中の事物に対する認識を伝えているのだ。相互作用のメカニズムを支配する、重要な法則を理解してこそ、多感覚的手掛かりや環境を最大限に利用して、本当に皆が望んでいる結果を実現できるのだ。

感覚的クロストーク（相互作用）

私が約四半世紀前にオックスフォードで教え始めたころ、視覚を研究している教授と、聴覚を研究している教授がいた。この二人は（物理的にも比ゆ的にも）、両輪となって研究していたが、彼らは仲たがいし、何年もお互いに話さなかった。しかし、私が本当に驚いたのは、二人ともこのコミュニケーション不足を心配しているようには見えなかったことだ。彼らは自分たちが好機を逃しているのにもまったく気がついていなかった。彼らの態度に内在していたのは、伝統的な認識の見解、つまり、五感はまったく別々のシステムだという考えだった。結局のところ、彼らは、見たままの外見通り、目、口がばらばらだから、システムもそうだと解釈していたようだ。私たちは周りの世界を見る目、聞く耳、匂いを嗅ぐ鼻と、感じる皮膚を持っている。

しかしどの程度、五感は相互に作用しあうのか？　この問題に対する答えは、私たちは、周りの世界をどのように経験するのか、また、その経験をどのように感じるのかを、究明する際に、極めて重要だ。科学によると、私たちの五感は想像以上に相互に関係している。実際問題として見るものを変えるだけで、聞こえているものを変えられる。聞こえ方を操作するだけで、それが与える感じに影響を与えられる。また、販売業者が百も承知しているように、適切な香りを付け加えるだけで、すべての印象にバイアスをかけられる。誰でも、多感的認識に関連するトリック、つまり、センスハックを有効に利用できるのだ。

この後の章で、五感の相互作用の驚くべき例を見つけるだろう。たとえば、デートの章では、いかにあなたが人に若く見えるかだけでなく、魅力的に見られるかは、香水の選択（つまりあなたの匂い）で決まることが明らかになるだろう。また、愛情のこもった愛撫の心地よい感覚は、いい匂いによって増幅される一方で、嫌な臭いによって台無しにされることもある。[26] 家の章では、適切な香りを付け加えるだけで、いかに洗濯物が柔らかい感じになり、白く見えるかわかるだろう。また、コーヒーの苦さの感じ方は、豆やローストの選択と同じくらい、コーヒーメーカーの不快な音に影響される。さらに、通勤の章で、車の質に対する認識は、車のドアを閉めたとき、ドアが出す、音響心理学的に設計された堅牢な音に、潜在的にとは言わないまでも微妙に影響されることもわかるだろう。つまり、事前の安全情報によって、影響されるのだ。高級なモデルの車を運転するときの、あなたがとてもあこがれている、エンジンのくぐもった轟音も、実際は、特定の音に聞こえるように、合成されたものだろう。それ以前に、私たちはわずかな「新車の匂い」だけで、付加価値を付けるという提案を実行に移している。

大企業は何十年も前から私たちの五感をハッキングしている。[27] 一方、私たちが、空腹を感じずに、食事量を減らすのに、センスハッキングを利用してもいいではないか。暖色系の光や塗料は、暖房費のコストを削減するのに役立つかどうか知りたいかい？　私たちは皆、五感をハッキングすることで生活からもっと多くのものを得ることができるのだ。本書では、その**方法**と、それが機能する**理由**を明らかにするつもりだ。センスハッキングは私たちが食事量を減らし、長生きし、そしていつでももっと楽しむことを手助けする、最も効果的な方法だ。誰もが、音楽、サウンドスケープ、香りそして色を利用して、より生産的になったり、リラックスしたり、よく眠ったり、そして必要なときには認識を改善できる。[28]

センスハッキングは、五感の関連性、また、健康、生産性、そして幸福に対する、バランスの取れた感覚的刺激の重要性への高まる認識の上に、成り立っている。これは、たまたま家にいようが、オフィスにいようが、ジムにいようが、買い物中であろうが、治療を受けているときでさえも当てはまる。五感の統合は基本的であり、さらに、生活の質も向上させるだろう。バランスの取れた多感覚刺激は、すでにいくつかの医療現場で利用されており、痛みを軽減したり、入院患者の回復を促進するのに役立っている。医療健康管理の章で、そんなすばらしい多くの例に出会うだろう。たとえば、音楽を聴いている患者は、痛み止めをそれほど必要としないだけでなく、回復が早くなることもある。

五感の統合

複数の感覚を持っている生き物で、感覚をばらばらに切り離している生き物はいない。もし一つの感覚が一方の方向に引っ張り、もう一つの感覚が別の方向に引っ張ったら、大変なことになるだろう。五感が、情報をやり取りしない限り、そのような混乱を解決する方法はない。私たちの認識や行動は、視覚、音、匂い、感触、そして味覚の主要な五つの感覚をつないでいる、何百万という神経によってコントロールされている。重要な問題は、脳がどのような規則で、さまざまな感覚からの情報を結合しているかだ。というのも、どのように多感覚知覚が機能するのかを理解してはじめて、五感の効果的ハッキングに着手できるからだ。家とデートの章では、視覚、音、匂い、そして感触さえも統合して、日常生活のありふれた多感覚経験だけでなく、驚くべき経験も伝えている、多くの例を目にするだろう。しかし、多感覚知覚を管理している規則とはどのようなものか。幸いなことに、今のところあなたが知っておく必要がある規則は、三つしかない。

（一）感覚的優勢――見るものを聞く

多くの場合、五感の一つが、知覚するものを指示するという観点から、ある感覚が別の感覚より優位に立つものだ。たとえば、映画のスクリーン上で、俳優の声はいつも彼らの唇から出ているように思われる。これは、実際、声は観客席のどこか別のところに隠されているスピーカーから出ているという事実にもかかわらずだ。この場合、脳は目の前の証拠を使って、どこにその音があるべきかを推測する。いわゆる、「腹話術効果」は何千年もの間、霊媒師は言うに及ばず、舞台上で用いられてきた。目は、概して、物の場所を知らせることに関しては、耳よりもいい仕事をするから、これは道理にかなっている。人間の発達過程において、脳は、正確で、最も信頼性がある感覚を頼りにするようになる。その結果、生まれたとき、皆が経験する「ひどく騒々しい混乱★」に対処する手助けができるのだ[29]。視覚の優位性を、純粋に数学的観点から説明したがる研究者もいる。一方、目の前にあるものに対する、

★実験心理学の指導者の一人で、あらゆる機会に引用される、価値ある名言を残しているウィリアム・ジェームズ（1890）によると――目、耳、鼻、皮膚、そして内臓によって、一斉に攻撃された赤ちゃんは、それらすべてを一つの大きな、ひどく騒々しい混乱として感じる。

より根強い依拠、あるいは注目があることを示唆する、興味深い証拠がある。[30] この点に関しては、人類学者、歴史家、芸術家、おそらく、社会学者でさえも、私たちが現在利用している、五感の優先順位を状況に当てはめる手助けをしてくれるだろう。その結果、私たちは、その優先順位が、住んでいる社会にとってはもちろん、個人的にも正しいものかどうか徹底的に調べることが可能になる。[31]

ある人の唇が、「が」の音節をはっきりと発音しているのを見ている一方で、同時に「ば」の音節を発しているのを聞いているところを想像してみたまえ。人は何を認識するだろうか。ほとんど人はその話者が「だ」と言っているように聞こえる。マガーク効果として知られている、この錯覚を自分自身で試してみてはどうか。インターネット上には貴重な例がたくさんある。多くの場合、脳はさまざまな感覚的インプットを自動的に統合する。その場合、脳は私たちに、何が起きているか知らせはしない。何が起きているのか気付いているときでさえも、そして、（マガーク効果のときのように）あなたの感覚があなたをだましているのだと理解していても、多くの場合、唇の動きが声の調子を変えるのを見ると、なにか違ったものを聞くのは不可能だ。専門家が、白ワインに赤の着色料が加えられただけで、赤、あるいはロゼワインだと思って、香りをかいだときにも、同様のことが起きる。五感が矛盾するメッセージを受け取ったとき、どの感覚が優位に立つかという問題は、本書全体を通して立ち戻ることになるだろう。

(二) 優加法性――または1＋1＝3の時

あなたはこれまで、騒々しいカクテルパーティーで、眼鏡をかけただけで、誰かの言っていることがはるかに聞きやすくなった経験はないだろうか？★ 多くの研究者が、これは優加法性の日常的な例だと考えている。これは個々には弱い感覚的インプットが、時として結合して、個々の部分の単純総計予測よりもはるかに豊かな多感覚体験を生じさせるという考え方だ。買い物の章で見るように、マーケティング担当者は、店内の音、香りそして色の組み合わせを適切にするだけで、売り上げを拡大できる可能性にワクワクしている。

★ 学術調査によると、関連した唇の動きを見るだけで、騒音の中で約15デシベル、音声明瞭度がアップするということだ。

（三）感覚的不調和

あなたは、外国映画かあるいは声が唇の動きとずれている衛星放送のように、音のずれた吹き替えを見たことを覚えているだろうか。視覚イメージが非常に明瞭で、声質は最高であっても、五感が時間的に今一つ合わなかったら、その経験はあまりにも簡単に台無しにされるだろう。多感覚知覚を管理する、第三の重要な法則である劣加法性は、大抵、調和していない感覚的印象が結合されたときの結果だ。その結果は個々の最高のインプットから予想されるよりも、結果的にひどいものとなってしまうだろう。感覚的刺激の不適当な結合は、概して処理が困難だ。つまりその結合はバランスが取れていない。言い換えるなら、私たちはあまりそれらを好きではないということだ。[★] 店やショッピングモールのオーナーが、スピーカーからジャングル、あるいは森の音を流し始めたら、違和感を感じないだろうか？　これは後の章で立ち返る問題の一つだ。

センスハッキングの科学

感覚過負荷、感覚的不均衡、また、感覚的対立を避けることで、私たちは皆感覚的ツールを自由に使い、感覚間の相乗効果に対する新たな理解に基づいて、より健康で、より幸せな、より充実した生活を促進する。それには五感の文化的な構造を認め、精神の本質的に多感覚的性質を認識し、また、私たち皆が居住し、同時に、強く欲している感覚的世界における、個々の相違に敏感である必要がある。これがセンスハッキングの多感覚科学だ。それではそれをどうやるのか見てみよう。

★多感覚的認識のルールをもっと知りたければ、２０１６年にストーリーテリングの未来協会（ＦｏＳＴ）が創作したすばらしいショートビデオがある
https://futureofstorytelling.org/video/charles-spence-sensploration

2
家
Home

まず、玄関から始めよう。あなたは休暇から帰ってきて、玄関ドアを開けたとたんに鼻腔に感じる、あの少し変な臭いに疑問を持ったことはないだろうか。実際はこの臭いは以前からあったものである。ただ私たちはいつもそれに触れているため、馴染んでしまっているだけなのだ。私たちは長い旅行で家を留守にした後で、初めて自分の家がどんな匂いがするのか気が付くのだ。あなたもおそらくお気付きのように、各自の家は独自の建物の匂い《ビルディングオーダー》（略してBO）を持っている。もちろんあなた自身の住まいもなんら違いはない。私たちは家で多くの時間を過ごしており、とてもそこに慣れ親しんでいるため、必ずしも訪問客と同じようには感じないものなのだ。私たちは大抵、文字通り、すぐ鼻の先にあるものに気が付かない。[1]

しかしその匂いに常に晒されていたら、家族にはどのような影響があるのだろうか？ 私たちを取り巻く周囲の匂いは、気分や健康に影響を及ぼす。いかに警戒していようとリラックスしていようが関係ない。[2] だからあなたがそれに気が付いていないからといって、その匂いの影響を受けていないということにはならないのだ。実際、私たちが気付いていない匂いは、気付いている匂い以上に、私たちに影響を及ぼす。心配なことに、家庭の空中カビや他の未確認の低レベルの匂い物質の一部は、シックハウス症候群として知られている消耗性疾患の原因になりうる。実際、職場や住居の建物のせいで病気になることがあるのだ。[3]

ボードレールはかつて部屋の匂いを「アパートの魂」[4]と描写したことがある。きっとあなたは、家を買ってくれそうな買い手が家を見に来るときには、コーヒーをいれ、パンかケーキを焼き、ちょっと新鮮な花を飾っておきなさいというアドバイスを聞いたことがあるだろう。特にバニラの匂いは、北米の不動産業者には人気があるらしい。そのような戦略の効果を示す確固たる証拠を見つけるのは難しい。だからといって家を売ろうとしている人が、いよいよとなると家に香水を振りまくのを止めさせることにはならなかった。新聞の報道によると、家を売るための完璧な匂いは、中国茶とイチジクの混成だという。だから、コーヒーや焼き立てのパンのことは忘れたほうがいいだろう。ただ、この場合も、この特定の主張をバックアップする証拠はない。しかし、フロリダのある不動産会社のＣＥＯによると、たばこの煙やペットの臭いは——ここでは金魚ではなく、犬や猫の話だ——嫌な感じを起こさせ、販売価格を10％も下げてしまうかもしれないという。[5]

２０１８年に、ある高級なアパートの幸運な所有者たちは、共感覚を持つ★香りデザイナーのドーン・ゴールズワーシーに、フロリダのサニーアイルビーチに、２９００万ドルで購入したばかりの新しいマンションのための特注の香りの創作を依頼した。その狙いは、この香りをマンションの空調システムを通して拡散させ、彼らのマンションに真に独自の嗅覚のアイデンティティーを与えるというものである。これは、大金持ちしか手が届かない戦略だが、花であろうが、ポプリであろうが、電池式の芳香器の類であろうが、もっと節約して、家を香りで満たしてもいいではないか。アロマキャンドルもその一つだ。大気汚染への影響に懸念を抱き始めた評論家もいる。だから自己責任でろうそくをともしたらどうだろう。

多くの花屋が今「幸せの花束」を売り出している。それは、見かけがすばらしいだけでなく、気分や健康に明確な影響を及ぼすような香りを放つ、フラワーアレンジメントだ。[6] だから、家を売るにしても、大掃除をするにしても、空間に広がる香りについて、もっとじっくり考えるのはいいことだ。アロマテラピーが気分や集中力、そして幸福感にさえも影響を及ぼすという多くの証拠があるが、それを検討するのは、確かに意味がある。同様に、温かいパンやローストコーヒー、柑橘類のような心地よい香りがあると、だれかが物と落としたときに助けたり、または食後の片づけをするというような、社会性のある行動が増えることさえもある。[7]

本質的に環境芳香の効果は、薬理的というよりは心理的なもののように思われる。つまり、それは連合学習の結果として生じる。[8] たとえば、ヘリオトロピン〔有機化合物の一種で天然にはバニラ豆やセイヨウナツユキソウやニセアカシアの精油に存在する〕が、なぜ多くの人にとってとても心を落ち着かせる効果があるのか？　その理由は私たちが持っている心理的連想のようだ。この南米の花の香りは、ジョンソン・アンド・ジョンソンのベビーパウダーの重要な揮発性物質の一つだ。その香りは、状況に関係なく、大人になってからいつそれに出会ったのかわからなくても、幼いころの安心感を与える記憶や連想の引き金になるだろう。高齢者の中には、花々の香りが、死や葬式を想起させるという理由で嫌いになる人もいる。一般的に、周囲の匂いに対する私たちの反応は、人工的であろうと自然のものであろうと、またいかに激しくあるいは強烈だろうと、その匂いが好きかそうでないかで決まる。ただ、これまで発表されている、この分野の研究は、しばしば統計的に力不足であり、確固たる結論を引き出すのは困難だ。[9]

多感覚的精神のための設計

フランスで活躍したモダニスト建築家のル・コルビュジエは、かつて、「建築形態は私た

★共感覚とはある感覚的インプットが一貫して自動的に別の特有な同時発生的感覚を生じさせるまれな状態だ。たとえば、特定の状態で、そこにはない、白黒の文字を見たり、音楽を聞いたときに色を見たりする。共感覚はクリエイティブな人のほうが他の人々よりも幾分一般的かもしれない。

ちの五感に心理的に作用する」[10]という興味深い主張をした。認知神経科学と建築学の交点に位置する、新興の研究分野の最新の研究結果は、そのような主張を実験に基づいて、強力に支持している。[11]ある研究で、参加者に仮想現実下での社会的ストレステストを実行した。実験が開発されたドイツの都市名にちなんで、トリーア社会的ストレステスト（あるいは略してＴＳＳＴ）として知られている、心理学者のお気に入りのストレステストは、いっさい感情を示さない聴衆の一団の前で、参加者に短いスピーチをさせるものだ。パネリストは通常は実際の人間だが、この場合、代わりに仮想キャラクターが用いられた。研究者たちによると、より広々と見える仮想の部屋でこの作業をした人たちよりも、閉鎖的仮想環境で作業をした人たちのほうが、ストレスの心理的マーカーである唾液コルチゾル値が増加しているという。この場合、提言は、より広い部屋は逃避のためのより望ましい機会を提供するというものだった。[12]

これはあくまでも私の意見だが、ひどい臭いのする家に入ると必ず、逃げ出したいと思うだろう。人は、たとえその香りに気が付かなくても、若干の芳香があると、部屋をより明るく、きれいで清潔感があると評価する。さらに、心地よい香りは、部屋をより広く見せる。適切な芳香を加えただけで、醜悪なインテリアも、趣味よく見せられるとさえ言われている。ただ私はそれには疑問を持っている。[13]

閉鎖的な部屋よりも広々とした部屋を好む傾向は、約半世紀前に初めて進化心理学者によって提唱された**住居**と**眺望**と**隠れ場**理論に関連付けられてきた。それらの理論は、私たちは、かつて私たちの種の存続を助けたであろう特徴を含む環境を好み、構築する傾向があると示唆している。たとえば、隠れ場理論によると、私たちはより安全だと感じさせてくれる環境的特徴を好む。だから何千年もの間、私たちは鉢植えの形で自然を家に持ち込んでいるのだ（というのも、大きな植物は潜在的隠れ場を提供してくれるからだ）。その習慣は紀元前3世紀のエジプト人にさかのぼる。また、ポンペイの遺跡の中には植物も発見されている。[14] それはさておき、後でわかるように、室内の植物は空気清浄化の促進において重要な役割を果たし、先に述べた自然効果の結果として、私たちを沈静化してくれるだろう。

　私たちは皆、角張った形よりも丸い形のほうに引き付けられる。部屋がいかに友好的で魅力的に見えるかは、部屋の形と家具によって決まる。[15] ニューヨークのアイディオ〔アメリカのデザインコンサルタント会社〕の前デザインディレクター、イングリッド・フェテル・リーは、角張った物は、家の中を移動するとき、たとえそれが直接的に邪魔にはならないにしても、感情に無意識の影響を及ぼすと主張している。彼女が述べているように、角張った形は「垢ぬけて洗練されているように見えるかもしれないが、私たちの遊び心の衝動を抑制してしまう。丸い形は正反対のことをする。円形や楕円形のコーヒーテーブルは、リビングルームを落ち着いた、抑制された交流の場から、会話や即興ゲームのための陽気で中心的な場所に変える」。風水の考えの中にも同様の発見がある。その考えによると、家は、トゲだらけで先のとがった葉ではなく、丸みのある葉の植物で満たしたほうがいいようだ——たとえば、ヤシや、サボテンよりも、ホウライショウ〔サトイモ科に属する常緑性のつる植物〕のほうを選ぶべきだろう。[16]

曲線の形態のメリットは、キッチンテーブルにも及ぶ。意外に思われるかもしれないが、丸いテーブルのほうが、四角または長方形のテーブルの場合よりも、話がまとまる傾向が強い。どうやら丸い座席配置は社交性の必要性を、一方、角張った座席配置は独自性の必要性を事前に知らせているようだ。[17] また、皆にもう少し近くに座ってほしかったら、音楽を流してみたらどうか。というのも、アップルとソノス〔アメリカのオーディオメーカー〕（ともに私たちの音楽の消費の促進に利害関係がある会社）が後援しているプロジェクトによると、家で音楽を流しておくと、何もないときよりもお互いに近くに座る確率が、12％アップする（ただ、互いにそれだけよく聞こえているかどうかは明確ではない）。[18]

家族がダイニングテーブルに座っている間、どれくらい言い争いが始まるかを考慮すると、テーブルの形を検討することは、家庭環境の緊張を軽減する簡単な第一歩となる。★ この問題を現実的背景の中で見てみよう。テクス・メクス〔テキサスとメキシコ混交の〕食品のブランドの、オールドエルパソが２０００人の両親に依頼した調査結果の２０１７年の報告によると、一般的な家族は夕食中に平均2回口論をするという。さらに回答者の約62％が平日、毎晩口論をすると認めている。ただ、そんな場合、丸いダイニングテーブルに投資するだけでは状況は改善されないだろう。[19]

天井の高さも私たちの思考方法に影響を与える。天井が高い部屋は、より感じよくみなされる傾向があり、一方で、より高尚で、より自由な思考スタイルにつながったり、呼び水になったりする。私たちは、アイテム固有の、「狭い」思考形態よりも、関係型思考形態（たとえば、物事がいかに互いに関係しているか考える思考形態）を取る傾向がある。[20]天井を暗い色合いではなく、白色で塗ると、見かけ上、天井の高さを上げられる。これも、室内装飾上、白色が好まれる一因だろう。[21]ブライトン離宮の最初のショーキッチンで働いていた人の中に、どんな料理の空想の飛躍が育成されたのだろうかとただ不思議に思うばかりだ。

★もちろん、ほとんどすべての家庭料理の後、食器洗いと格闘しなければない。2001年の多感的キャンペーンのために、フェアリー食器洗い液体洗剤の発売元の、プロクター・アンド・ギャンブル社は、家庭生活の場で、食器洗いの順番を決めるという、ストレスフルな局面を強調した調査を委託した。この長年の問題に対する有益な解決策は、ストレスフルな状況の鎮静化に役立つように、アロマオイルの香りがする、カラフルで「より濃い」、さまざまな食器洗い液体洗剤を発売することだった。

ジョン・ナッシュ（イギリスの建築家）が1818年にブライトン離宮（ジョージ4世が摂政皇太子時代に、イギリス・イングランド地方のブライトンに海辺の別荘として建てた王室の離宮）に、摂政皇太子、のちのジョージ4世のために完成させた最初のショーキッチン。有名なフランス人シェフのマリー＝アントワーヌ（アントナン）・カレームは、最初、これらの堂々とした金属製の「ヤシ」の下で働いていた。カレームは、彼が働いていた空間の建築に影響を受けたと思われる、すばらしい料理の建築作品（いわゆる工芸菓子と言われるもので、すべて食品（砂糖やマジパン、ペイストリーなど）から製作される、造形作品で、これらの素材を用いて建築物のように積み上げた装飾的な意味合いの強い料理）で最も有名だろう。作家の谷崎潤一郎は『陰翳礼讃』の中で、日本建築と料理法との驚くべき関連について雄弁に語っている。

「感覚的リビング」

『ニューヨーク・タイムズ』紙に２０１９年に登場した有名な建築家、オディール・ディックによる住宅開発の宣伝広告は、住居者に「感覚的リビング」を約束していた。その新聞の読者はあるアドレスと、たぶんその新しいアパートに心から歓迎され、そして、そのアパートは「彼らの感覚を喚起するだろう」と広告は続けている。イルゼ・クロフォードのような伝説的デザイナーたちが、作品の中でどれくらい私たちの感覚に注目しているかは確かに驚くべきものがある。北米のインテリアデザイナーのキャサリン・ベイリー・ダンは彼女の著書『*Interior Designing for All Five Senses*（すべての五感のためのインテリアデザイン）』の中で、「見かけがよく、いい匂いがして、感触がよく、よく聞こえ、味わいさえもいいだけでなく、あなたをすぐにくつろがせてくれる、漠然とした『何か』を持っている」部屋をデザインすることによって、それぞれの感覚に訴えるだけでなく、満足させることさえも必要だと強調している。しかし、私たちはしばしば家の「感じ」について語る一方で、すべての感覚の接点全体で家の感じをきちんと把握する努力を怠っている。[22]

インテリアデザイナーはよく質感のコントラストの重要性を強調する。私たちは皆本能的に感情をさまざまな質感や素材と結びつけて考える。実際に壁や表面に触らないにしても、家にさまざまな素材を組み入れると、何らかの触感を与えられる。センスハッキングを実行しているデザイナーや建築家からの一般的なアドバイスは、どうしても触りたくなるようなさまざまな自然の質感を利用することだ。[23]たとえば、私は机の上にトチの実や一片の粗い樹皮、つまり私の事務所の平坦な味気ない表面とは対照的で、私に現実を教えてくれるような何か自然なものを置いておくのが好きだ。★別の一般的な提案は、表面がすべすべした椅子やソファーを、ざらざらした軽い掛布で覆うことだ。

ただ、私たちの材料の感触の認識は、それが占めている空間の周りの匂いにも影響されている点に、留意する必要がある。たとえば、オックスフォードの私のチームは、数年前に布切れに適切な匂いを加えるだけで、より柔らかな感触にできると報告している。私たちの場合は、布をより柔らかく感じさせていたのは、不快な合成の動物の臭いではなく、レモンまたはラベンダーの匂いだった。だから、なおさら、洗い立てのタオルはいい匂いにすべきだ。そうすればタオルの感触は一変するだろう。[24] ２０１９年に二人のドイツ人の研究者は、静かな音楽を流すと材料の柔らかさに影響を与えられるという報告さえもしている。[25]ただ、家に入ったとき、人が最初に気が付きそうなのは配色である。そして、（ひどい）配色と言えば……

なぜアボカド色とチョコレート色のバスルームだったの？

一定の年齢の読者は、１９７０年代のほとんど必須とも言える、アボカド色やチョコレート色のバスルーム一式を思い出すかもしれない。人々は何を考えていたのか？ これは、私たちの家にとって最も好ましい色は、色が私たちに及ぼすかもしれない心理的影響に対する実用本位の主張ではなく、いかに流行や時代の好みによって決定されるかという忘れられない一つの例だ。私は、レトロ調の非現代的な家の中に、そのような配色を見ると、かつてなぜ人々は一斉にそれらを設置したのか理解に苦しむ。★★ 最近多くの塗料会社は、より好ましいニューシーズンの色の名前を考案する際に、彼らの塗料が引き続き新鮮に響き、今風に思われるように、トレンドの専門家を雇っている。専門家が、この特別に不快な色のペアに対する、魅力的な名前、もう一度この色を大好きにさせるような名前を、まだ思いついていないのは有難いことだ。

★ これは環境保護主義のポケットサイズ版と考えていいだろう。
★★ 思うに、進化心理学者はこれらの色は自然の緑と大地の茶色を再現していると主張するかもしれない！

ル・コルビュジエは次のように、色の使用、いやむしろ色の欠如に対する、一種の精神的メリットを仄めかしている。1924年に彼は「あなたのベッドルーム、リビングルームそしてダイニングルームにむき出しの壁を要求しなさい……一度壁にリポリン〔フランス製のエナメル塗料〕を塗ってしまえば、あなたは自分に打ち勝つだろう。そして、あなたは精密で正確で、明確に考えたいと思うだろう」と書いている。ここで、ル・コルビュジエは、白色をその浄化的有用性ゆえに、一種の建築上の消毒剤として使っているように思われる。それは18世紀の男性が身体を洗う代わりに、白いシャツを着たのとほとんど似たようなものだ。★ただ、あの偉大な建築家は、ドイツの画家、ヨハネス・イッテンの「色は命である。というのも、色のない世界は私たちとって死んだように見えるからだ」という主張をどのように解釈したのだろうか。[26]

人々は赤や青よりも、白い部屋で校正をするほうが、間違いが多い。つまり、ル・コルビュジエの提案と矛盾しているのだ。一方、世界中のさまざまな国の約千人の労働者に関する研究では、まったく色のない部屋よりも、何らかの色がある部屋で働いている人たちのほうが、機嫌がいい傾向がある。[27]

2018年に発表されたイタリアの大規模な研究では、ピサのはずれの大学寮に住んでいる443人の学生に対して、室内の色が彼らの心理的機能に与える影響について調査している。六棟の同一の建物の、廊下、台所、リビングコーナー、そして居住者の部屋の一部が六つの異なった色で塗られ、そして学生の印象が約一年後に収集された。最も人気のある色は青で、★★続いて緑、紫、オレンジ、黄、赤と続いた。青に対する好みは、女子学生より男子学生のほうがはるかに強かった。一方、男女間での色の好みの違いは、紫色の建物に住んでいる学生にとっては逆だった。また、青色の建物に住んでいる学生は、他の色の部屋に居住している学生よりも、勉強しやすいと報告している。[28]

★ 今なお新品同様の白色に見える必要があるのは、冷蔵庫の内側だけだ。それと、トイレだと思う。

★★ ただ、この研究がイタリアで実施されたことを考慮すると、アズーリ（各スポーツの男子あるいは男女混合のイタリア代表チーム）の愛称で知られている、男子サッカーイタリア代表も青色のユニフォームでプレイしていることを思い出す必要がある。この関連性は、１９８０年代に、イタリアの男性は、リラックス効果のある錠剤が青色の場合、否定的に反応する（つまり、より興奮する）理由を説明するのに用いられた。世界のどんな場所でも、青はリラックス効果のある色と見なされている。

感情の色

あなたは家の壁に何色の塗料を塗るべきか？　私たちが多くの時間を過ごす室内の色は、気分や健康に相当の影響を与えると証明されている。そして、その影響は、色合い（赤、青、緑等）や、色の彩度（つまり、色の濃度、色の鮮やかさや純度）、明度（明るい性質、暗い性質を指す）に関連しているという。この点を考慮すると、あなたの選択は本当に大事だ。これを説明する際に、イタリアの有名な映画監督であるミケランジェロ・アントニオーニの事例はとても役に立つ。彼はかつて、緊張した場面を撮影する前に、俳優を状況に合った精神状態にしようとして、食堂を明るい赤に塗った。この環境への簡単な変更は、明らかに効果的で、数週間以内に、食堂のメンバー間で逃走が始まった。そのような事例観察と一致して、実験室ベースの調査では、他の色の光に比べて、赤の光にわずか一分間晒された後、いわゆる電気皮膚反応（基本的に、発汗の量）によって計測したとき、興奮値の一定の上昇が実証されている。[29]

壁や照明の色は、気分や感情、興奮を偏向させるようだ。私たちの体内時計は青色よりも赤い光の下では、少しだけ早く進むと言われている。何世紀もの間、舞台に出る前の役者は文字通り「緑色の部屋」で待っていた〔グリーンルームは楽屋という意味がある〕。部屋の明かりは、飲食物の味覚認識や喜びに影響を与える。この影響の背後には、感情をセンスハックするための色の可能性があるかもしれない。たとえば、周囲の明かりの色がワインの味に与える影響に関する研究の著者たちは「ある色が前向きの気分や感情を誘発するとすれば［中略］この前向きの気分で味わうワインは否定的な気分のときよりも好まれる」と言う。だから、部屋の配色は、ＢＧＭと同様に考慮される可能性があるだろう。というのも、そこでも、その音楽が好きであればあるほど、何を味わっていようと、好きに見えることが証明されているからだ。[30] 周囲の明かりの色は、周囲の温度だけでなくその明度の知覚にも影響を与える。これは、この後の問題に上手く導いてくれるだろう。

私たちが部屋をアフリカのように暖かくしておくのが好きなわけ

室内暖房の規則性と一貫性はさておき、平均気温は19世紀以降、上昇し続けており、夜間の平均値も、現代までずっと上昇し続けている。たとえば、冬の平均的住居内温度は１９７８年から１９９６年までずっと、10年当たり１・３℃（２・３℉）も上昇している。★ 85％以上のアメリカの家にエアコンがあり、家主が周囲の室内温度を調整するのに役立っている。[31] だから、現在、私たちの多くがいかに室内気候を管理しているかを考えると、なぜ私たちは家をアフリカのように暖かくしておくのが好きなのかという疑問が沸き起こってくる。最近、ほとんどの人が、家をかなり均一な17～23℃（63～73°F）に設定している。少なくともそれは、研究者が全米の37人の「市民科学者」の家の、室内気候データを、年間を通して収集した研究の結果だった。その後、これらのデータは、最も類似した気候を見つけるために、全世界の地上気候と比較された。

注目すべきことに、市民科学者の家がハワイまたはアラスカにあろうと、ワシントン州の肌寒い北部、またはフロリダ大湿地帯のむしむしした南部にあろうと、最も近かった年間の平均的室内温度と湿度は、人間の生活が最初に進化したと考えられているケニア中西部、またはエチオピアの温暖な屋外気候であることがわかった。そのような結果は、私たちが自身の家庭環境を有史以前の先祖に似せて設定していると示唆している。ユニヴァーシティ・カレッジ・ロンドンの研究者、マーク・マスリンによると、これらの結果は東アフリカにおける500万年の進化の持続的影響を際立たせている。[32]

五感のためのキッチン

キッチンはここ一世紀半にわたって、家の中の他のどんな空間よりも形態と機能が変化した空間だろう。ビクトリア時代のキッチンは、一般的によく見えないところに隠されていた。しかしながら、家中に広がる食べ物の匂いへの懸念は、当時でさえも人々が気に病んでいたことだった。1880年に建築家のJ・J・スティーブンソンは「キッチン自体がすべての匂いや蒸気がすぐに消え去るように換気されていなければ、それは確実に家の中に入ってきて、廊下や通路でその吐き気を催す臭いが鼻をつき、スイングドアや曲がった通路のすべての工夫にもかかわらず、最上階の寝室にたどり着く」と書き記している。パリ郊外のポワシーに、モダニスト建築家、ル・コルビュジエが、いとこのピエール・ジャンヌレとともに設計した近代建築の住宅である、サヴォア邸がある。この邸宅における臭いの問題に対する彼の解決策は、キッチンを屋根の上に置くことだった。その意図は、食事時に家に料理の香りが充満するのを避けることだった。[33] 料理の匂いの消散は水洗トイレが19世紀半ばに広く導入された後（実際発明されたのは1596年）、人々が心配する余裕ができた、まさに一種の贅沢だった。[34]

今日ではキッチンやダイニンググルームは、私たちが家で、起きている多くの時間を過ごす

★ しかしここで1970年代の石油危機のこれらの数字に対する影響に注目する価値がある。

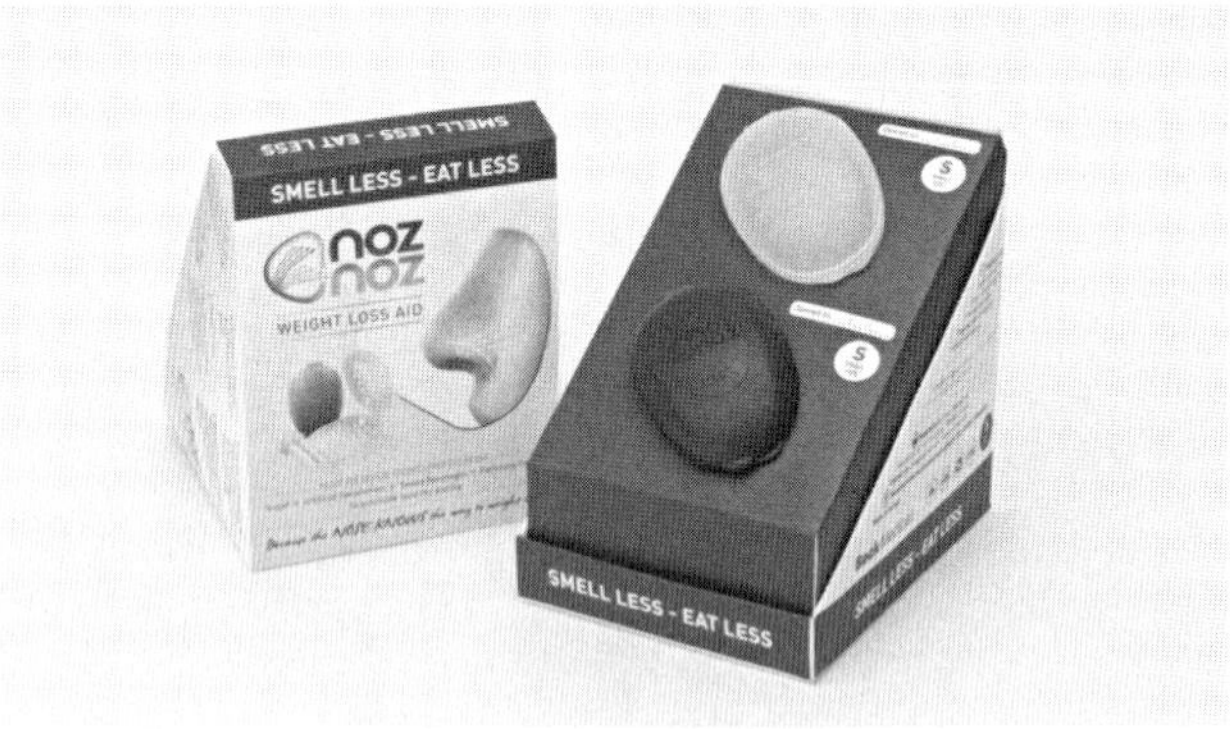

NozNoz：私たちの周りによくある味覚をそそる食べ物の香りを避けるために、嗅覚をセンスハックする潜在的に有効な一つの手段

共通のリビングスペースになっている。だから私たちは、ますます頻繁に、嗅覚的にも視覚的にも食べ物の刺激に晒されているのだ。この刺激のせいで、私たちは、刺激がないときよりも、もっと食べたり、飲んだりしたくなるかもしれない。[35]しかし絶望しないでくれ。というのも、NozNozのクリエイティブデザイナーがこの特別な問題に取り組むための発明的（たとえ奇妙であるとしても）解決策を思いついたからだ。使用説明書によると、あなたはあなたを誘惑するすべての家庭の食べ物の香りを遮断するために、彼らの特許品であるゴムのシール〔防臭弁〕を慎重に鼻腔に差し込むだけでいいのだ。ある小さな予備研究（私の知る限りでは査読付ではない）によると、イスラエルのラビン・メディカル・センターが開発したこれらの挿入物は、50歳以下の場合は体重減少が倍増する可能性が示唆されている。3カ月にわたるテスト

期間中、その挿入物を付けた太りすぎの人は、他のグループの4・5kg（9・8ポンド）と比べて、平均8・2kg（18ポンド、体重の7・7%）減量した。私はこの特別な解決策がうけるかどうか息をひそめて待っている――しかし、なんとなくそれは流行らない気がする。ただ、良かったのは、これだけが私たちの食欲を抑えるために提案されている、唯一のセンスハックではないかもしれないということだ。

ベイカーミラーピンクは本当に食欲を抑制するのか？

ケンダル・ジェンナー〔アメリカの女優、タレント、ファッションモデル〕によると、壁をベーカーミラーピンクに塗ると食欲抑制剤として作用するということである。★ キム・カーダシアン〔アメリカのモデル、アパレル・アクセサリーブランド、KENDALL + KYLIEで商品プロデュースを手がける〕の異父妹に当たるジェンナーは現在、最大規模のSNSのスターの一人だ（前回私がチェックした際は

★ このバブルガムの色はよく「ドランクタンク（泥酔者留置場）ピンク」として引き合いに出される。1974年にシャウスによって最初に発表されたある問題含みの研究に基づいて、この色が粗暴な拘留者を落ち着かせるために、警察の留置場で何十年も使われてきたからである。

７５００万のフォロワーがいた）。展示会でピンクのシャウスキッチン〔Schauss Kitchenとは特定の色ベイカーミラーピンクに対する心理的および生理学的反応を扱っている相互作用的な一連の作品。この設備はピンクの攻撃・食欲抑制効果を実証した、アレキサンダー・シャウスの研究に基づいている〕の展示を見て、彼女が、リビングルームの壁をピンクに塗ったとき、それは少なくともインスタ世代にとってはビッグニュースだった。しかし、急いでこの最も食欲をそそらないバブルガムピンク色を買いだめする前に、間違いなく魅力的に聞こえるこの提案にはまったく根拠がないことを記憶に留めておいたほうがいいだろう。

それは視覚系が特定の光の波長を特別視していないというわけではない。というより、確かに特別視しているのだ。たとえば、網膜錐体細胞〔網膜の中心部にあり、色や形態などを感知する視細胞〕の波長同調は素肌の（肌の色に関係なく）血中酸素濃度を探知するのに最適だと判明しており、それは強い感情と情動行動の喚起のバロメーターである。[36] しかし、それは社会的信号〔非言語的情報〕としては重要かもしれないが、ピンク、特にベーカーミラーピンクは、キッチンのための色ではないだろう。研究者たちは刑務所の留置場のような状況でこの色が人に与える影響を証明しようと努力しているが、それでもこれまで報告された効果は一時的なものだ。[37]

変色ＬＥＤ電球を見かけたことがあるだろうか？　一個で24色あるいはそれ以上、それらすべての色をどうするのか？　ところで、この点で苦心している人にちょっとした名案を教えよう。私の同僚のハン・ソク・ソその他によると、色付き電球は実際、食欲抑制を促進するために使うのは**可能**だ。研究によると、青い光を浴びている男性たちは、通常の白や黄色の灯のもとで食事をしている人々に比べて、朝食で食べるオムレツとパンケーキの量がかなり減る結果となった。そのうえ、青色の照明のもとで食事をした者たちからは、食事量が減少したにもかかわらず、満腹感が減少したという訴えはなかった。この興味深い結果に関しては、青色の照明のもとでは、食べ物が食欲をそそるようには見えなかったという説明が可能かもしれない。これは日本の会社、夢みつけ隊が発売している青色ダイエット眼鏡を支持しているのと同じ主張かもしれない[38]〔現在、直販サイトでは扱っていないが、大手通販サイト等で扱いがあるところもある〕。どういうわけか、青色の食欲抑制効果は男性にだけ見られた。その研究に参加した女性たちは、そんな安っぽい心理学者の「光のトリック」には簡単には影響されなかった。その理由は、彼女たちはむしろ、食べ物の中身について、よく知ろうとする傾向があるからだろう。だが、急いで朝食のテーブルために、変色電球を買ったり、あの青色の眼鏡を遠くから取り寄せる前に、青色光の食欲抑制持続効果期間に関する、より確固たる研究が発表されるのを待つほうが賢いかもしれない。

素敵に装飾されたテーブルは食べ物をよりおいしくするか？

私の義父であるコロンビア人のリチャードが、イギリスを最後に訪問した際に、妻と私は彼をとてもトレンディで、贅沢なロンドンのレストランで提供している分子ガストロノミー〔物理化学の知見を料理法に応用したもの〕の食事に連れていくことにした。残念ながら、私の（スペイン語で言う）スエグロ〔義父〕にとって、特別な機会になるはずだった食事は、糊のきいた布のテーブルクロスがなかったことは論外で、紙のナプキンによって台無しにされた。有名な建築家のリチャードは帰宅して、ざらざらした感触のナプキンを目の当たりにし、さらに悪いことに、手で触るや否や、すべてが終わった。彼はまったくその食事を楽しむことができなかったのだ。問題は、彼がそのテーブルセッティングを無視できなかったことだ。当時、テーブルを確保するためにどれくらい努力したかを考えると、これにはもどかしい思いをさせられたが、最新の研究は彼が正しいことを証明している。よくしつらえられたテーブルは本当に食べ物をよりおいしくできるのだ。

部屋の色を変えるのとちょうど同じように、色付きのナプキン、テーブルクロス、食器一式は、すべて食事をする人の感情に適度な影響を及ぼすことができる。[39] テーブルクロスがあるだけでがらりと変わる。★ 2020年に発表されたある研究の結果によると、食事をする人はテーブルクロスがある場合、無い時と比べて、一杯のトマトスープをはるかにおいしいと評価した。この場合、おいしさは10%増と相当なものであり、食事量の50%増と釣り合っていた——これはすべて、数人の人が一緒に食事をする、かなり自然なソーシャルダイニング〔複数の知らない人同士の食事会〕の状況で評価された。また、その研究では、すばらしいテーブルセッティングの影響を照明の強さの変化の影響と比較している。[40]

昔は、より暗く、より親密な環境が食事には心地よいと示唆されていた。それは、昔、バイソンのような獣の狩猟をした長い一日の後、有史以前の当時の家族はやっとのことで洞穴の中で火の前に座り、少なくともしばらくの間、安全を感じることができた、そんな時代を私たちに思い出させるからだろう（私を信じてほしい、これは私の作り話ではない）[41]。この点に関して興味深いことに、素敵なしつらえのテーブルセッティングは、実際、ロマンティックな暗さから明るさまで変化する照明よりも、食べ物の評価に際立った影響を及ぼした。

★ シットウェルの1410年の詩「ロンドンリックペニー」（「大金のかかる街ロンドン」）の中で言及されていると示唆されている。その詩の中で、著者はウエストミンスターの食堂について、そこでは食事はどうだいと勧めるとすぐに、「彼らはきれいな布を広げ始めた」と描写している。

テーブルの装飾なんか重要じゃないなんて誰が言ったんだ？

それでは、ダイニングテーブルをセンスハックして、特別な食事を「本当に特別」にするための最高のヒントはどんなものか？　前もって質と階級の概念を知らせていることを考えると、クラッシック音楽は名案のように思われる。やわらかい照明は害にはならないだろう。私のこれまでで一番お気に入りのヒントは、最も重たいと思われる食卓用の金物類を排除することだ。というのも、そうすることで、どんな料理でも確実に客を感動させる助けになるだろう。これについては、私の最近の著書『「おいしさ」の錯覚　最新科学でわかった美味の真実』で説明している。どうしてもテレビを付けたいときは、『ダウントン・アビー』か『ザ・クラウン』を見なさい。２０１３年にアルディによって委託され、マインドラブが実施した調査によると、『ダウントン・アビー』（また同じジャンルのどんなものでも）を見ると、人はワインやビール、ブランデーのような飲み物をさらに上品で洗練された味がすると評価している。少なくとも、南ロンドン公営住宅を背景とした、コメディ番組『フールズアンドフォーセズ』を見ているときの調査では、そのような結果だった。繰り返しになるが、これは、先に見た、快適な音楽が布の柔らかさに与える影響ととてもよく似た、感覚転移の一例だろう。

あなたは本当に静かなキッチンがほしいか？

「図書館のように思われるキッチン」――これは21世紀転換期のＡＥＧ〔ドイツの家電メーカー〕のキッチンのための印刷広告での約束だ。私たちの注意を特にキッチンの静けさに引き付けるのは珍しく、また通勤の章で特筆する静かな車と同様に、それが私たちのだれもが望んでいることだとは断言できない――少なくとも、よくよく考えれば、それは確信できない。あなたは一見ありふれた白物家電にまでセンスハッキングが入り込んでいると知ったら、驚くのではないかと思う。冷蔵庫のドアの閉まる音からコーヒーメーカーの豆をひく音、ゴボゴボという音、コポコポという湯気まですべて十中八九ちょうどそんな音がするように設計されている。もちろん、一部のやかんはお湯を沸かすとき、85デシベル以上の音（大型車両と同等であり、それ以上の強さの音に持続的に晒されると有害になる）を出すものもあるとわかれば、多くの人が電化製品の大きな騒音に対して苦情を言い、もっと音を立てないでほしいと思うのは当然だ。

自覚していようがいまいが、音はしばしば製品体験で機能的役割を果たす。エンジニアまたはデザイナーが実際、騒音をどうにかして取り除き、洗濯機、ミキサー、掃除機の音を静かにすると、しばしばトラブルが起きる。問題は、それがきちんと機能していないような感じがするのだ。たとえば、研究者たちは静かな掃除機は、音がする製品とまったく同じだけゴミを吸い込むと人々を説得するのは困難だとわかった[42]。私と私のチームは何年も、コーヒーメーカーのようなキッチン用品の音の軽減に取り組んできた。意外に聞こえるかもしれないが、コーヒーメーカーの音の鋭さ（つまり音量や振動数の統計データ）を変更するだけで、コーヒーのきつさ、あるいは苦さを変えることができる。同様に、冷蔵庫が閉まるときのドアの音の適正化は、高級家庭電化製品市場では重要だ。実際、冷蔵庫のドアのデザインは、あなたが思う以上に車のドアのデザインと実に共通している。両方の場合、適切で安全な音と感触があることがカギだ。これは、あなたが最も欲しくなるような、新しいデザイナーキッチンは高級な車以上に高価なことがわかれば、何ら驚くことはないだろう（私の妻もまた喜んでそれを認めるだろう[43]）。

ホームアローン

1930年代、キッチンのデザインが進化して、効率的なワーキングスペースを作り出した。これは昔のように家政婦を使わなくなった後の重要な配慮だ。しかし、第二次世界大戦以降、客から見えない、隠れた場所としてのビクトリア朝のキッチンから、多くの人にとって、家のリビングスペースに必須の部分としてのキッチンへと移行した。それは家の中心となり、そこで私たちは料理や作業をし、ぶらぶらと時間を過ごし、多くの娯楽を楽しむのだ。[44]

最近、これまで以上に大きく、立派なショーキッチンに投資する人々と、新しいアパートにキッチンがまったくない人々にわかれているように感じられることがある。実際、住宅業者の間でも困惑が広がっている。それはロンドン市長の２００６年８月のハウジングスペーススタンダードの報告書からの次のような引用によって強調されている。「キッチンスペースは維持される必要があるか、縮小できるか（食事は単に電子レンジで調理されるか、あるいは調理用器具や食品調理スペースはまだ必要か？）、または（家族がより多くの器具を使うので）もっと広くする必要があるかどうかに関してはっきりとわからない状態が続いている」。[45]

家からキッチンをなくそうという傾向は、一人世帯の増加と並行している。多くの人が一人暮らしをしており、彼らはむしろ出来合いの食事を電子レンジで温めたり、または持ち帰り用の料理を直接ドアのところまで配達してもらっている。実際、最近数十年の、家庭環境での最も甚大な影響の一つは、一人世帯数の急速で持続的な増加だ。たとえば、スウェーデンでは51・４％の家庭が一人世帯である（これはヨーロッパでは最高値だ）。最近のイギリスでの数値は31・１％に達しつつある。一人暮らしの増加は、心配な孤独の増加の原因になり、同時に以前よりも多くの人が一人で食べることになる。それでここ数年間で最も重要な取り組みの一つは、おそらくデジタル技術によって、家で一人で食事をしている人達を結び付けることで可能になる、共食をいかにセンスハックするかに関係している。これに対する最善の方法を見つけることは、私にとってここ数年間で最も興味深い取り組みになりそうだ[46]。

ここまで、家での生活や食事の際の五感の役割を見てきたが、この章でまだ検討していない場所は、家の中の多感覚的場所の一つである、バスルームだ。

お湯に入る

近頃、人口のわずか4%しか定期的なお風呂のための十分な時間を確保しておらず、76%の人がシャワーの速さと安さと効率のほうを好むようだ。ある世論調査によると、イギリス人の3分の1の入浴頻度は1週間に一度以下で、5分の1の人はまったく浴槽には入らない★。多くの人にとって、特に入浴は時間がかかるので、シャワーのほうが好まれるのはよく理解できるが、シャワーを選んだ人はすでにシャワーヘッドの下で人生の6カ月間を無駄にしていることを心に留めておくべきだ。6カ月だよ――考えてみたまえ[47]!

入浴は確かに文化的には当然のこと、個人的にも極めて大きな違いがある一つの領域である。多くの西洋人がシャワーまたは入浴で一日をスタートさせるのを好む一方で、たとえば日本のように、極東では一般的にゆったりした入浴は一日の終わりに楽しむ。寝室の章で見るように、一日の終わりにお湯に浸ることは入眠を助けることを考えると、これはそれほど

悪い考えではないだろう。北米のアメリカ人はパワーシャワーが大好きで、イギリス人のバ

スタブにつかることへの愛着を「気取っている」と思っている。北米の読者がこの問題を取

り上げる前に言っておくが、イギリス人の入浴好きは、多くの従来のイギリスのシャワーは

特に北米の付属品と比べたとき、水の勢いが弱いこととは何の関係もない。

ここで、私はある比ゆ的な熱湯〔get into hot water は比ゆ的に苦境に陥るという意味がある〕に入ろうとしているのだが、私は習慣的な長い温浴に夢中になっている者の一人だということを認めなければならない。シルヴィア・プラス〔アメリカの作家〕が「温浴もきっと治せないことがいくらかあるに違いないが、私はその多くを体験したことがない」と言うとき、私は絶対に彼女を支持する。これは私たちの最も偉大なリーダーの一人である、ウィンストン・チャーチルが大好きだったすばらしいことだ。彼は1日2回、とても熱いお風呂に深々と入ったものだった。そのお風呂は温度計係のアシスタントによって、初めは98°F（36・7℃）に設定されたお湯で満たされていた。一度ウィンストン卿が無事にお風呂に深くつかったら、その温

★これは幾分私の母方の祖父に似ているように思われる。というのも彼は1年に1回しかお風呂に入らなかったのだ――問題は彼はシャワーも使わなかったのだ。

度は104°F（40℃）[48]に上げられるのだった。しかし思うに、根本的な問題は、そもそもなぜ誰かが温浴を気持ちがいいと思ったかだ★。さて、健康的観点から、イギリスのラフバラー大学〔レスターシャー、ラフバラーにあり、イギリス最大級のキャンパスを持つ大学〕とアメリカのオレゴンの両大学の研究によると、温浴は血圧を下げ、炎症を軽減するのに役立つだけでなく、カロリーの消費を助けることが証明されている。たとえば、ある研究によると、少なくとも104°F（40℃）のお風呂に1時間入ると、かなり精力的に30分歩くのと同じカロリー（正確には140カロリー）を消費するようだ。一方、フィンランドの研究では、頻繁にサウナに入ると男性の心臓まひや心臓発作の可能性を軽減するのに役立つと証明されている[49]。

その一方で、一日を、身を引き締めるような冷たいシャワーで始めるのも、どうも健康にいいらしい。最近の無作為抽出試験の結果によると、一日を熱い（から冷たいまで）シャワー★★で始めると、パフォーマンスと健康の両方のためになるらしい。特に、少なくとも1カ月間毎日、冷たいシャワーを浴びた成人の間で、自己申告による病欠の29%の減少が実証されている★★★。この数字を大局的に見てみると、規則的運動は病欠の35%の削減につながっている。シリコンバレーの技術起業家も真似をして、彼らのますます多くがいわゆる「ポジティブストレス〔心身に有益なストレス〕[50]」を誘引するために、一日を冷たいシャワーで始めると言明しているらしい。ツイッター（株）の創立者でCEOの億万長者ジャック・ドーシーを見てごらん。噂では彼は頭脳の明晰さの向上を促進するために、一日2回サウナの間に氷風呂に入るらしい。

近年では、解説者が水の消費を減らすようにと皆を優しく説得したがっているように、健康上の利点を無視して、私たちの入浴習慣は疑問視されている（一回の入浴は約80リットルの水を使い、8分間のシャワーは約62リットル使う）★★★。これまでは、主に、トイレのタンクにゴムのレンガを入れて、排水時の水の無駄な使用を減らすように奨励されている、古い家の浴室の使用者の話だったが、皆がもう少し水の使用を減らすように注意を促すために、私たちの五感をハックできるかどうか考えている人たちもいる。ここでのもう一つの可能性は、排水音を大きくすることかもしれない。ある研究では、この簡単なセンスハックは、人々に

★ この問題について進化心理学者が決まって考えることはまったく理解できない。
★★ あなたにとって快適な温かさで、好きなだけ長いシャワー、しかしその後、最大で90秒間の冷たいシャワーで終わりなさい。
★★★ 古代ローマでは入浴は一連の熱せられた部屋を移動し、最後は水風呂で終わるという慣習に基づいていた。
★★★★ ただ、パワーシャワーの中には136リットル（30ガロン）も水を使うものもあるので、どの入浴形態が効率的かという問題は多少不確かになることは心に留めておくべきだ。

水流が高いと納得させ、潜在的に、彼らが使っているすべての水の量に気付かせることに役立っているようだ。[51]

あなたはこれまで、シャワージェルからバスソルトまで、いかにいい香りがするか気が付いたことがあるだろうか？　私たちが洗髪後、髪が絹のように柔らかで光沢があると思っているのは（少なくとも髪の毛があると想定して）、タオルの柔らかさと同様、匂いの影響であることを考慮すると、私たちのホーム＆パーソナルケア製品の嗅覚成分にも関係している点に注意すべきだ。[52]同様に、私の好きな研究の一つで、研究者たちは、顔のしわを、たとえ一時的ではあっても取り除くのに功を奏しているのはどんな有効成分でもなく、モイスチャークリームに加えられているリラックス効果のある香りだけだと証明している。だから、私たちは今やとても清潔になり、バラの香りもしていることだし、靴を履いて庭に出よう。

3
庭
Garden

私には告白することがある。私は昔、大変なわんぱく坊主だった。低学年のころから、万引きしたり、悪臭弾を爆発させたり、化学実験室で物を爆発させたりしていた。そして、捕まると、私の努力の成果に対して、その名もぴったりのペイン先生からお尻にゴム底の靴を食らっていた。私はサイズ6の運動靴を校長室に持っていった日のことを今でも鮮やかに覚えている。結局、私はペイン先生からそれは靴ではないと怒鳴りつけられ、彼の巨大なサイズ13の靴で尻を優しく撫でられたのだ。年月が経つにつれ、事態はますます悪化していき、ついには13歳かそこらの時、他の少年の顔に高濃度硝酸を「投げつけた」ことに対して、学校のすべての先生と級長の前で、公開むち打ち刑を受けた。言い訳になるかもしれないが、私は化学の先生が部屋にいない間にそのびんをおどして振り回して、私の強敵（A・S・と呼んでおこう）を怖がらそうとしただけだったのだ。しかしながら、あいにく私はびんのガラスの栓のところを持っていて、決定的な瞬間にびんが腐食性の大部分の中身とともに私の手からすり抜け、テーブルの上に砕け散り、私のクラスメイトにそれがはねかかったのだ。私の行動を好転させたのが、イギリスで禁止される前の、私の学校での最後のむち打ち刑となった、この公開むち打ち刑だったのかどうかはわからない。しかし、理由が何であれ、まもなく私の成績は上がり始めた。一年かそこらのうちに私はクラスのビリからトップになり、そして、その後は知っての通りだ。

振り返ると、もう一つの重要な変化がこのころ起きた。私は学校のオリエンテーリングクラブに入り、すぐに夢中になった。やがて私はほとんどの週末や幾晩も、イギリス北部の森や荒野や森林中を地図とコンパスを手に走り回り、紅白の旗を見つけては、自分のカードにスタンプを押した。★ 突然、私はほとんど毎日のように自然の最大の豊かさに触れるようになったのだ。私の行動や、最終的には学校の成績の好ましい変化の原因になったのは、多感覚刺激の生活習慣への**この**変化だったのだろうか？ 当時はそんな考えが頭をよぎることもなかったが、今では多くの研究が、私たちにとって、自然との触れ合いがどれほど深く有益であるかを証明している。

ほんの少しの自然でさえも、私たちの気分やパフォーマンスを向上させ、健康を増進することが証明されている。[1] 自然の中で過ごす時間が長くなればなるほど、その恩恵は増すだろう。だから、もうずいぶん昔、私の行動、そして人生を好転させたのはむち打ちに関連する

★ オリエンテーリングは一種の制限時間のある宝探しである。ただ実際には宝物はない。

痛みや屈辱ではなく、むしろすべてあの自然との触れ合いだったのだ。★序文で見たように、現代の根本的問題は、私たちが感覚的側面との接触を失っているように思われることだ。今や多数派となっている都市居住者が、室内で過ごす時間がますます増えていけば、当然、自然との接触や、自然が与える多感覚刺激を失うリスクは高くなるだろう。かつてマーク・トライブ〔カリフォルニア大学バークレー校建築学名誉教授〕が「Must landscape mean?（風景は意味を持つべきか?・）」というタイトルのエッセーで書いていたように、――「現代はもう一度、五感との関連から庭について吟味すべきときだ」[2]。

多くの人にとって、庭は自然との触れ合いが多いところである。★★ただ、もちろん地元の公園や森林も多くの人が行きやすい場所だ。ある統計によると、庭を持っている人の数が減っている一方で、庭のない人が以前よりも多くの時間をガーデニングに費やしているという興味深い結果が出た。イギリスでは自分の庭を利用できない家の数は2020年には260万になるだろうと推定されている（これは2010年の216万、1995年の160万からの増加であり、庭の所持数において、約2%の世帯の低下を表している）[3]。一方、2018年、アメリカではガーデニングを趣味にしている人は、芝生と園芸用品の小売販売にこれまでで最も多い、470億ドルを支出し、平均的世帯の支出も503ドルと最も多かった。これは前年数から約100ドルの増加である。[4]

本章において、私は自然の効果の恩恵に関する証拠について再吟味したい。すでに、序文で、生活に植物を取り入れるプラスの効果について言及したが、この後、医療健康管理の章で、何世紀もの間、特定の病院の際立った特徴となっている、癒しの庭をのぞいてみよう。しかし、さしあたり、自分の庭を利用するお得感を感じてもらうために、エクセター大学医学部〔イギリスのデヴォン州エクセターにある国立大学〕と王立園芸協会〔ロンドンにある、世界最古の、最も権威のある園芸団体〕からの最新の研究を取り上げてみよう。庭を持っている約8000人のイギリスの住民を対象としたその研究では、庭を利用していない人の61％に対して、利用している人の71％が健康だと報告していることが明らかになっている。精神的安定や活動レベルの上昇の観点から立証されているこの違いは、高所得地域に住んでいる人々と、より貧しい地域の人々を比較したときの違いと同等だ。だから、ガーデニングをしていようと、単にくつろいでいようと、庭で過ごすことは本当に私たちの健康に良いのだ。[5] 自然の効果への大きな関

★ 私が今教えているサマーヴィル・カレッジ（オックスフォード大学のカレッジの一つ）で規律学生部長を務めていたとき、体罰を復活させようという私の試みが他の同僚に（もちろん）拒否されたので、私にははっきりわからない。
★★ もしあなたが水に近いところに家を持っていたらさらに良い。あるいはかつてイギリスの女優、アンドレア・ライズボローが言ったように、「水に近い家に住むことには何か素朴で牧歌的なものがある」

心は、北米の著名な社会生物学者、E・O・ウィルソンの影響力のある示唆によって引き起こされた。それによると、人間は、生物親和性《バイオフィリア》〔生命愛〕を持っている。つまり私たちは生き物に対する生まれつきの好みを持っているようだ。

自然の効果

何千年も前から、人々は自然との触れ合いは有益なのだと直観的にわかっていた。極東の道教の信者はすでに書物でガーデニングや温室の健康上の恩恵を唱道していた。[6] 同様に、古代ローマの住民も、自然との接触を、都市生活の騒音や混雑、その他のストレスの解決策として高く評価していた。[7] ニューヨーク市セントラルパークの設計者の一人である、フレデリック・ロー・オルムステッドは1865年に「印象的な特質をもつ自然の風景を時折静観することは……人の健康と活力にとって好ましいというのが科学的事実だ」と書き記している。[8] さらに近年になると何人ものロマン派の詩人や小説家、哲学者、芸術家が、自然と親しく交わる喜びに私たちの注目を集めて、輝かしいキャリアを築いた。実際、2019年12月にフィンエアーの機内誌『ブルーウィングス』に登場した記事の小見出しの「今日の真の贅沢は自然とつながり、あなたの五感が再び機能していると感じることだ」という一文は、まさにその考えを表している。

最近、日本や韓国では多くの研究者が「フォレストバス」――「**森林浴**」として知られている――を試してみようかと思っている人に対して、実行を奨励している。森林浴という用語は、自然の風景、音、匂いや感触にさえも細心の注意を払いつつ、環境への意識的没頭を指している。★森林浴をしている人は、免疫反応の増強だけでなく、ストレスレベルの低下も認められている。[9] もしあなたが森林浴を始めたら、意識的に息を吸い込むことをお勧めする。興味深いことに、極東では、自然の嗅覚器官への恩恵が強調されているようだ。森林浴の焦点はフィトンチッドと呼ばれる揮発性物質にある。木から発生する、この抗菌有機化合物にはα―ピネンやリモネンのような木材エッセンシャルオイルが含まれている。嗅覚への注目は、この分野における非常に多くの西洋の研究にありがちな、自然の風景や音の重視とは著しい対照をなしている。

実験室場面でのストレステストで、意図的に誘発されたストレスは短時間の自然との触れ合いの後、より早く回復する。実験室でストレスを誘発する標準的実験とは、「ほとんどの

★とはいえ、それは必ずしも環境保護主義を意味しているわけではない。ただそれもまたあなたの健康にとっていいことだ！

人が簡単に解ける問題です」と全員に知らせたうえで、高難度のテストに挑戦させるものだ。または、ストレスの多い映画を見させることである。そのようなストレスの後、ストレスの生理学的マーカーの心拍数と皮膚伝導性は、人工的環境よりも自然環境にいるときのほうが、より早く基本レベルまで戻る。[10]

自然の有益な効果は、一生を通じて表れる。したがって、現代の産業社会に住んでいる私たちのほとんどがいわゆる「自然体験不足」に悩まされそうだ。[11] 時々、子供たちを自然の中に連れていくことは、たとえそれが平日のちょっとした都市農業だろうと、昔の私のような手に負えない若者のためのアウトワードバウンド〔1941年にイギリスで生まれた世界33カ国、220カ所以上の拠点を持つ非営利の冒険教育機関〕のコースだろうと、有意義なのだ。実際、私たちは皆現在よりもっと自然と関わる必要があるのは証拠から明らかだ。高齢者に関しては、2005年に『ランドスケープリサーチ』誌にオットソンとグラーン〔ともにスウェーデン農業科学大学の研究者〕が発表したある研究では、老人ホームの居住者が庭で一時間過ごした結果、室内で同じ時間休んでいるのよりも、楽に集中できるようになるとの報告がある。

対照実験〔一因子を除き他は同一条件で行う実験〕はこれで終わりにするが、いわば野放し状態——つまり実世界での、人々の行動はどんなものだろうか。ある研究で、イギリスで2万人に6カ月間、アイフォーンによって一日のさまざまな時点で百万回以上のアラートが送られた。彼らのアイフォーンのGPS衛星が25平方メートル以内にいる所有者の位置確認に使われた。彼らがたまたまどこにいようと、また何をしていようと（運転中は除外してほしい）、ユーザーはスマートフォンのアプリを通して、その時点で彼らがどれくらい幸せに感じているか、彼らが何をしようとしているか報告した。結果は明確だった。屋外にいるときに質問された人々は、屋内にいるときに答えた人々よりも、実際はるかに幸せだった（その研究の著者によると著しく、大いに幸せだった）。さらにこの特定の実験計画に関しては、天候、日光、活動、交友関係、時間や曜日のような交絡因子〔統計モデルの中の従属変数と独立変数の両方に肯定的または否定的に相関する外部変数〕はすべて管理されていた。[12]

しかし、そのような実生活調査は、まさに因果関係の問題が生じる。たとえば、先述の結果に対して、他の解釈も考えられる。つまり、私たちは気分が沈んでいるときは、機嫌がいいときよりも、単に出歩きたくないだけかもしれない。しかしながら、発表されている他の何百もの、注意深く管理された介入研究〔意図的に原因を与える群と与えない群で結果の発生状況の差を調べる方法〕を総合すると、因果関係は反対方向に働いているように思われる。つまり、自分自身や住んでいる世界に関して、私たちを幸せな気分にしているのは自然との触れ合いなのだ。[13]しかし、自然の効果はどれほど正確に明らかにされるのか？　自然との触れ合いによって、単に、社会的交流の機会が増加するだけなのか？　最も私たちのためになっているのは、運動やレクリエーションに関わる機会だろうか？　むしろ、それはより基本的なレベルで、ウイルソンのバイオフィリア仮説〔人間は自然や他の生活形態とのつながりを求める生来の傾向を持っているという仮説〕が示唆しているように、植物と動物、両方の生きているものとの触れ合いの結果だろうか？　ロジャー・ウルリッヒ〔スウェーデンのチャルマース工科大学建築学科、医療建築センター教授〕によると、この分野における他の主要な指標の一つは、自然の効果の核心部ともいえる、心理的なストレスからの回復である。

自然との触れ合いが、なぜ私たちの健康に良いのかを明らかにする試みは、注意回復理論（ART）に由来している。[14] この特別な見解の中心的提案者であるレイチェル＆スティーブン・カプラン夫妻〔ともにミシガン大学の心理学の教授〕によると、私たちの注意の集中力――彼ら言うところの「自発的注意」を回復する能力を助長するという点で、都市環境よりも自然環境のほうが有効であることがわかっている。基本的に彼らの考えは、一部の人が示唆しているように、自然は穏やかに人を引き付ける、または魅了するというものだ、つまり、自然はボトムアップで〔肉体から脳へ〕、刺激主導方式で効果的に私たちの注意を引く。★ 次に、このおかげで、私たちはトップダウン〔脳から肉体へ〕で自発的注意資源を再び満たすことができる――これが自発的注意疲労からの回復だ。この資源は人工環境の中で精力的に活動する傾向がある。たとえば、私たちが人工環境の中で遭遇する、すべての車、歩行者、広告や娯楽を通り抜けようとするときに、それは精力的に活動するので、私たちは心身ともに疲れ果て、消耗しそうだ。

そのような見解を支持するために、カプランとミシガン州アナーバー〔ミシガン大学がある文教都市」の彼の同僚は、一連の実験を実施した。その実験で、人々は地元の樹木園かまたは繁華街に時限式の散歩に出かけた。参加者は事前に気分アンケートに記入しており、散歩から帰ってきた後、再び記入した。さらに彼らは複雑な数字を逆に繰り返すなど精神的な負荷が大きい課題を実行した。一週間後、参加者はルートを取り換え、彼らの間で注意深く条件のつり合いがとれるようにした。その結果から、自然の中の散歩は重点的に彼らの実行機能——つまり、決定したり、ある仕事を別の仕事よりも優先させる能力を向上させることが明らかになった。一方、脳の中心的注意ネットワークのその他の二つの重要な構成要素である、彼らの警戒、オリエンテーション機能は影響を受けなかった。[15] 12人を対象として行われた、ある小さな追跡研究では、参加者に自然の写真、あるいは都市の光景を見て評価させる一方で、異なった一連のタスクを使って、同様の結果が証明されている。職場の章で同じタイプの研究に戻ろう。

バイオフィリア仮説とARTは、自然効果の根本的原因に関して、やや異なる予測をし

★実際、ウィルソンの生物親和性《バイオフィリア》の「生命や自然現象への生来の注目」という定義と関係がある。

ている。バイオフィリア仮説によると、生き物の中に身を置くことには何か有益なものがある。一方、カプラン夫妻によると、重要なのは、穏やかに私たちの注意を引き付けるために、自発的注意資源が最も必要とされない、自然環境の中に身を置くことだ。両方の前提にいくらかの真実がありそうだ。一方、自然との触れ合いはストレス軽減にも役に立つと主張する他の研究者たちもいる。[16]

本章ではこれまで、私たちの庭や、その他の場所での自然との短期的触れ合いの成果に注目してきたが、長期的にはどうだろうか？　最新の発見によると、私たちの脳は、特定のタイプの自然の近くに住むと、結果的に変化するという。この興味深い結論に到達するために、ドイツの研究者たちはベルリンの３４１人の高齢者の脳をスキャンして、その結果を、彼らが住んでいる１キロメートル以内の森林範囲の密度を入れて修正した。より密集した森林地域に住んでいる人々は、都市や緑の都市空間に住んでいる人々に比べて、著しく完全性の高い扁桃体、つまりより高濃度の灰白質を持っている傾向があった[★17]［扁桃体は情動処理に関わる脳の中央にある小さな領域である］。対照的に、広々とした緑地や荒れ地、または川の近くに住んでいる年金受給者には、そのような関連性は発見されなかった。

私たちの健康と幸せに明らかに有益であるならば、なぜ私たちはもっと出かけようとしないのか？　それが本格的な森林浴ではないにしても、今以上に庭ですごしたり、さらにちょっとしたガーデニングであろうと外に出ようと思わないのか？　なぜ、地元の公園を散歩したり、ジョギングするといった、何か私たちの健康と幸せに有益なことをしようと思わないのだろうか？　その答えは、長年にわたって都市部で見受けられる、自然の生息地の着実な破壊と関連している。[18]一方で、私たちの感情予想能力には妥当な限界がある。[19]私たちは、日常的活動や、手足または親をなくすといった人生の大きな出来事が、私たちをどのような気持ちにさせるかを予測するのが苦手だ。そして、もしあなたが自然に浸ろうと決めたら、どれくらい幸せな気持ちになるかを予測することも例外ではない。天気のいい日に戸外に散歩に出かけるのは、地下道を同じように散歩するよりも、あなたの気分に有益なのは、心理学者でなくても気が付くだろう。しかし、うまく予測できないのは、どれくらい幸せ感が増すかだ。自然との触れ合いのメリットは顕著だと思っているにもかかわらず、それほど外出しない理由はどのように説明できるだろうか？　それは、お馴染みの想像力の欠如である。要するに、私たちは自然との触れ合いがどれくらい私たちのためになるか気付かないだけだ。[20]

★しかし、これらの調査結果を解釈する際に、より密集した森林地域がたまたま都市の郊外にあったことと、私が思うに、金持ちも同様であることは注目に値する。繰り返しになるが、因果関係は、著者たちが主張するほど、絶対的に明快ではない。

眺めのいい部屋

最も重要なのは自然の光景、音、匂い、または感触だろうか？　確かに（他の感覚的合図のない）自然の光景自体が、私たちの精神的、肉体的幸福をかなり増幅することは証明されている。ペンシルバニアの病院で10年間にわたって実施された小さな初期研究において、病室の窓がレンガの壁ではなく、自然（夏季には落葉樹の枝葉）に面しているほうが、患者は胆嚢手術からより早く回復することがわかった。[★21] 同様にミシガン刑務所で実施された別の観察研究では、中庭に面した監房に投獄されている囚人よりも、農地や森に面した監房にいる囚人のほうが、医療需要は著しく低かった。つまり、プラスの健康結果のカギとなったのは、自然の光景だろう。[22]

自然の音も私たちの幸福には効果的だ。不快な聴覚刺激として定義づけられる騒音被害の健康への悪影響には、多くの証拠がある。[23] その騒音を自然の音に代えたなら、すぐに気分が良くなるのは明らかだろう。スウェーデンの研究者たちによれば、自然の音の下では、道路交通騒音に悩まされているときよりも、精神的に疲れる数学のテストからより早く回復するようだ。[24] コロナウイルスに突然襲われたとき、多くの新聞評論家が、もはや交通騒音にかき消されることなく、窓外の鳥の声を楽しむというような、ロックダウン関連の小さな楽しみについてコメントし始めたことは注目に値する[★★25]。

しかし、知覚される生物多様性が大きければ大きいほど——この場合、鳴き声が聞こえる鳥の種が多ければ多いほど——自然のサウンドスケープは有益であり、より元気を回復させるのは驚くべきことだ[26]。そのような見解は、確かにウィルソンのバイオフィリア仮説と適合する。しかし、私たちは主に室内で生活しているため、オフィスやショッピングモールやアロマテラピースパ等で最近耳にする、どんな自然の音も有線放送の可能性がある。一部の会社は、注意力の散漫を減らし、プライバシー感を提供するために、実際に、仕切りのないオフィスで自然のサウンドスケープを試し始めてさえもいる。

言い換えれば、私たちはますます人工の自然に触れており、これは、この後言及する問題を提起している。「私たちが媒介感覚器で自然を再生しようと試みたら、逆に失われるもの

★一流の科学雑誌『サイエンス』にウルリッヒによって発表されたこの研究は、その後数年の間に4000回以上も引用されている。一方で、それぞれのグループにはわずか23人の患者しかいなかったのは驚きだ。これは今日の基準によれば、非常に小さなサンプルである。ウルリッヒがタイトルに「かもしれない」と入れたのは不思議ではない。

★★興味深いことに、都会の鳥の鳴き声は、都会の低音の交通騒音等に対抗しようとして、年々高くなってきている。

は何か？」建築家やデザイナーやその他の人々が、録画された自然の光景や録音された音や人工の匂いさえも提示することで、自然の恩恵を捉えようとするとき、この問題はカギとなる。ただ、私が思うに、空港での森の音や、おもちゃ屋でのジャングルの騒音は（両例ともに、後の章で検討する）、聞いた人は誰でも場違いと感じる、強い現実的危険がある。そのような状況では、私たちに聞こえている音は、見ているものや感じている匂いとも、ほとんど明白な関係がないだろう。私たちにとって、そんな感覚的インプットのちぐはぐな組み合わせは、処理するのが難しく、結果的に不快の感情価であるため、好まないだろう。

自然の**匂い**の有益な効果を考慮するとき、人はすぐにアロマテラピーの領域に引き込まれる。私たちの健康や幸せに有益な、ラベンダーやかんきつ類、サイプレス、そしてペパーミントのようなあらゆるエッセンシャルオイルについて考えてみてほしい。あなたはこれらの多くの香りから食べ物を連想したがるかもしれないが、それらは根本的に自然の匂いだ。同時に、自然はまたひどい臭いがすることも忘れないことが大切だ。ちょっと農場の肥料の悪臭を考えてみよう。私たちの脳は、心地よい、または（家の匂いのように）はっきりしない匂いに適応し、気付かない傾向があるが、不快に思う臭いには適応しないように思われるのはかなりの皮肉だ。これは、特に、バタリー式養鶏場〔ケージ内で鶏を飼育し、放し飼いにしない養鶏場〕や、ゴミ捨て場の近くに住んでいる誰にとっても不運である。科学者によると、私たちの脳は不快な臭いに潜在的に「危険」というレッテルを張る。だから、私たちはその認識を保持し、その源の追跡を続けることができる。しかし、この方法は、脳が無害と分類した、無視しても問題がないような、心地よい、またははっきりしない匂いの場合にはまったく当てはまらない。[27] 悪臭にとても悩まされている人にとっては、あまり慰めにはならないが、少なくとも覚えておいてもいいだろう。

自然の**味覚**についても忘れずに触れなければならない。ロンドンのチェルシーで見かけるような伝統的薬草園、[28] またはデビット・マス・マスモトの２００３年の本『*Four seasons in five senses: Things worth savoring*（五感の四季――味わう価値のあるもの）』に出てくる、カリフォルニアで彼が栽培している桃に向けた、哀愁のある抒情詩について考えてみてほしい。人類学者が指摘しているように、人間の歴史の99％はもっぱら狩猟―採集民としての暮らしだった。それに比べると、農業はほんの一瞬しか続いてきていないし、そして都市の風景は瞬きに過ぎない。[29] だから、結局のところ、自然効果は、私たちの祖先に食べ物（ゆえに自然の味覚）と安全を与えてくれそうな環境に住むように促した、先天的欲動に起因しているのだろう。

後は自然の感触を残すだけだ。意外に聞こえるかもしれないが、（ツリーハグは言うに及ばず）観葉植物に触れると、子供や大人の両方の健康や幸せにプラスの効果を与えることがある。[30] たとえあなたが都心部を抜け出せなくても、定期的なガーデニングは自然と触れ合うすばらしい方法だ。もちろん、どんな場所でもガーデニングはマインドフルな〔自分の身に今起きているとこに意識を集中させて、自分の感情・思考・感覚を冷静に認識して、現実を受け入れる状態）活動、つまり、私たちの周りの自然の感覚的特質や、それが四季の変化とともにどのように変化するかに注意を喚起する活動だ。園芸を趣味にしている人は自然界との触れ合いが喚起する「魅惑」について語ることがある。彼らが言うには、植物の成長を見守っていると、その視覚的刺激による注意補足によって、私たちの自発的注意力の回復のために必要なゆとりが得られるらしい。[31]自然の感触について考えるとき、私たちはそよ風の皮膚に当たる感じや、背中に感じる太陽の暖かさや、顔に当たる雨の感触についてじっくりと考えるべきだ。言い換えると、私たちは自然に触れることができるが、一方で自然もまた私たちに触れてくるのだ。

自然の恩恵の格付け

ここまで、自然の効果に関する限り、それぞれの感覚が個別的にどんな貢献をしているか見てきた。ここでは、ある種の感覚階層が運用されているかどうかの問題に取り組んでいきたい。序文で、私たち人間は視覚的に優勢であるという概念に巡り合った。つまり、自然観察による有益な効果は、必然的に自然に耳を傾ける効果に勝るというのか？　自然を感じるよりも、自然の匂いを嗅いだほうがいいのか？　今のところ、私たちにはそのような問題に対して、満足のいく答えがない。とにかく、これは適切に取り組むには繊細な問題だ。ある感覚を別の感覚と比較することは、リンゴとオレンジを比較するのに少し似ている。私にとって重要で扱いやすい問題は、より多くの感覚が適切に関われば、自然の効果は拡大されうるかだ。自然の光景を見たり、音を聞くことは、個別の感覚の長所を生かすよりも、より効果的なのか？ 同様に、多感覚刺激のパターンは、もしそれが見たり、聞いたり、感じたり、匂ったりするものだとしたら、調和する必要があるのか、またはそれは重要ではないのか知りたいものだ。[32]

より具体的に言えば、森か公園を散歩しながら、同時にヘッドフォンでドラムンベース〔電子音楽の一種〕またはデスメタル〔ロック音楽の一種〕を聞いたら、その結果はどんなものになるだろうか。ガンガン響くサウンドトラックの音は和らげられるのか、または形はどうあれ、視覚的に誘発された自然効果を損ねるのか、または減少させるのか？★ また、一日中ヘッドフォンを付けていたり、スマートフォンの画面にくぎ付けになっている人々については、どう考えればいいのか？ それでも彼らは自然から恩恵を被っているのか？ これらはまさに、私が町から数マイル離れた所にある老人ホームに母を訪ねる際に、イギリスの田舎を自転車

★ あるいは、少なくともスタックとグンドラック（1992年）によると、アメリカで、この種の音楽がラジオで流される時間数とそれに関連した自殺率を考慮すると、さらに悪いのは、カントリーミュージックである。

で走りながら、いつも頭に浮かんだ問題の類である。この場合、私が心配しているのは、主要道路からの交通騒音や排気ガスだ。そのすべての騒音と汚染物質は、私が自転車で通り過ぎていた美しい自然から生じているかもしれない恩恵をも打ち消したのか？ まだ誰もこの問題に精力的に取り組んでいるとは言えないが、調査によると、自動車騒音は、視覚的光景の鑑賞力や記憶を明らかに損ねるようだ。多くの研究によれば、アメリカの国立公園の写真を見ている人は、同時に彼らの耳に道路交通騒音や、またヘリコプターの音が聞こえていたら――これは幸運にも実際、グランドキャニオンを訪れることができた人々の耳をぶしつけに襲った不協和音であるが――大自然の風景の記憶障害と、鑑賞力のはるかな減少を示していることが立証されている。[33] ある研究では、キャンピングカーの騒音は、自然の音だけが聞こえているときに比べて、人々の美的評価を30～40％も減じている。ほとんどの人がバイクの音が特に邪魔だと思っているようだ。再生中の鳥の鳴き声の多様性と、スクリーンに映し出されている静的な都会の風景に対する人々の評価との間の相関関係は証明されている。[34]

ここで心に留めておくべき重要な点は、私たちの五感はあらゆるときに相互に作用していることだ。すでに見てきたように、五感のどれか一つを通して受け取ったものは間違いなく、他の感覚の中で起きているかもしれない、どんなことにも影響し、拡大したり、逆に弱めたりすることもある。私たちの自然に対する認識や反応が、この点において異なっているわけがない。特定の環境に対する私たちの反応を理解するには、まず、五感のいくつかの感覚の中で同時に起きていることを見極める必要がある。この後の章で、これに関連する多くの例に出会うだろう。しかし、同時に、自然の刺激の源について、私たちがどのように考えているかも重要だ。私たちが見たり、聞いたり、匂ったり、または感じているのは本当に自然なのか、あるいはただのデジタルや人工的再生なのか？

自然のタイミング

自然は体のリズムを整えるのに役立つ。室内であまりにも多くの時間を過ごすと、基本的に一定のパターンの多感覚刺激——朝一番の、一日の遅い時間と同じくらいの明るさの、または薄暗い周りの光——のせいで、人はそのうちに病気になる。私たちが逸しているのは、私たちの体内リズムを自然のリズムと同期させるのに役立つ、周囲の光の日周変動のような、同期の感覚的合図だ。だから、遠く離れた目的地に到着したとき、時差ボケの解消には自然光を浴びることをお勧めする。★ 自然光の色合い、または色も一日の間に予想通り変化する。写真家は早朝の冷たい青い色合いの中よりも、午後遅くの黄金色の光の中のほうが、人が良く映えることを百も承知だ。[35] 実際、カラーの室内灯によって夜明けの青色をまねることは、自殺率の低下はさておき、人々の注意力を高めるのに驚くほど効果的手段を提供する。[36] 私たちが一日の間に規則的に変化する環境で進化してきたとすれば、私たちがその中で多くの時間を過ごしている、媒介感覚器（室内灯など）はこれを模倣するように設計されているはずだ。この点において、庭に出ることは本当に役に立つだろう。

しかし、他の五感の自然のリズムはどうなのか？　私個人としては、特に夏場の明るくなる午前4時半に鳥がチーチー、チッチッと鳴き始めるときなど、夜明けの鳥のさえずりについて知りたいと思うことがある。私の寝室の窓外の大きな木からの騒音は、私の注意力や目覚めにとって、青い光を浴びるのとほとんど同じくらいの効果があるようだ。それでも、朝の鳥の鳴き声は勘弁してほしいときもある。朝の鳥のさえずりの構成と夕暮れに聞かれるものとは異なっていることを考えると、そのような自然の音が持つ注意喚起力の程度（つまり、重要なのは、強さや音量や鋭さだけでなく、刺激のタイプも）に関しても、違いが生じるだろう。雄鶏のコケコッコーという鳴き声は私たちに何をもたらすのだろうか？　その実験の結果を見てみたいものだ。

自然はまた一日の時間帯によって、多かれ少なかれ良い香りがする。日中や夕方はよりいい香りがするが、夜や朝一番はそれほどでもない。だから、太陽が沈んだときだけ、人をうっとりさせるような香りを放つ植物、たとえば「the caballero de la noche」（the dark knight、夜の騎士）（別名ヤコウボクあるいはナイトジャスミンとして知られている）は少なくとも私たち人間にとっては、比較的匂いがなく、嗅覚的特徴がない、涼しい夜の空気を背景にして、際立っている。昔々、イギリスの地主は、部分的理由としては、彼らが、いや彼らの庭師がその中で育てているすべての植物や花のゴージャスな香りを捉え、保持するのに役立つように、館の外に壁に囲まれた庭を造ったものだ。しかし、今日では、非常に多くの植物が、見栄えをよくするために品種改良されている。つまり、残念ながら、見栄えのよさといい匂いの間には、通常交換条件があるので、香りの多くが失われていることになる。壁に囲まれた庭には意味がなくなってしまうのだ。ほとんどの植物が両方ではなく、いずれかの手段で、自らを目立たせるためにそれらの貴重な資源を使う。★★ もちろん、多くの人が私たちもスーパーマーケットのきれいだがおいしくない果物や野菜について、まさに同様の問題に直面して

★ 学者生活を始めた当初、私は欧州宇宙機関のクルーワークステーションで働いていた。私は、真冬にそれも自然の日内周期に関係なく、何カ月にもわたって、洞窟かスカンジナビアのはるか北に閉じ込められている、宇宙飛行士について読んだことがある。そのような研究結果によれば、私たちの内部時計は外部基準がなければ、私たちが思うような24時間周期ではなく、約22・5時間周期で進むことが証明されている。

★★ 野生のラン（つまり、フラワーショップ用に育てられたものではない）は、どうやらこの点に関しては数少ない例外の一つのようだ。偶然にも、この花はケラーとウィルソン（1993）の本『*The biophilia hypothesis*（生物親和性仮説）』のカバー写真に使われている。

コロンビアの雲霧林（熱帯・亜熱帯地域の山地で霧や雲が多く湿度の高い場所に発達する森林）にある私の家

いると言うかもしれない。

コンスタンス・クラッセン〔カナダのモントリオールに本部を置く、マギル大学の客員研究員〕は彼女が記した1995年の本『*Worlds of Sense: Exploring the senses in history and across cultures*（感覚の世界―歴史的、異文化間の五感の探求）』において、バラに対する私たちの気持ちの分析を通して、感覚風景の経時的進化を図表で示している。彼女は、数世紀にわたる、西洋の作家、詩人、庭師の作品を隈なく探した後、プリニウス〔古代ローマの博物学者、『博物誌』の著者〕のような昔の作家は、薔薇の描写を香りに集中させていたが、現代の作家は薔薇の色や他の視覚的特性を強調する傾向があることを発見している。1896年に出版された、『イングランドにおけるガーデニングの歴史』の著者であるアリシア・アマースト〔イギリスの園芸家、植物学者〕から次の引用を見てみよう。「今日のバラ園は中世の庭の所有者を驚かせ、そのさまざまな形態や色は彼らを当惑させるでしょう。さらに、彼らは、一部の最も見た目のいいバラには、本質的なバラの特質、その甘い香りがないことに気付くだろう！」

サンタンデルシト、私の隠れ家〔サンタンデルシトはコロンビアの県、サンタンデールの愛称〕

最近、私は多くの人と同様、パソコンの画面の前でほとんどの時間を費やしているか、会議やミーティングの移動中に交通渋滞に巻き込まれているような気がする。私はコロンビア人と結婚しており、幸運にも私たち夫婦はボゴタ〔コロンビアの首都〕郊外の大農場を相続した。この雲霧林での私の日課は、極めて過酷なガーデニングだ。私は雑草の除去に時間を費やしているが、その雑草は驚くほどの生命力と粘り強さで育っており、それがガーデニングの極めて過酷なところだ。私たちには果物やハーブを育てる多くの時間がある。果物のカテゴリーには、さまざまな区別のつかない柑橘類（レモン、オレンジ、ライム、マンデリンの実際人が考えられる以上の多くの交雑品種）や、私が自信をもって育てている激辛の唐辛子植物のほかに、多くの他の珍しい果物の種もある。何週間も表門から出ない。まさにピーター・メイル〔イギリスの作家、南仏のプロヴァンス地方に関する著作が多い〕だね。しかし、自然を見たり、聞いたり、匂いを嗅いだり、感じたり、味わう効果はとても強力で、それらが本当に魔法を引き起こしているのではないかと思うほどだ。私の書き方は、思うに、考え方さえもこの熱帯の楽園に浸っている日が重なるにつれて、変わって来ている。以前に出会った単純接触効果について覚えているかい？

だが、同時に、コロンビアのその緑豊かな熱帯雲霧林は、イギリスの田舎とは明らかに異なる環境を構成している。そこで、自然はタイプによって良さが異なるのかという、問題が生じてくる。森や観賞用の庭よりも海岸のほうが良いのか？　植物園や樹木園は、野生の雑木林やサバンナ、ジャングルより高い回復機能を提供するのか？　また、コロンビアの雲霧林は、オックスフォードの私の家のすぐ近くにある氾濫原〔洪水等で運ばれてきた土砂、小石などが堆積してできた平地〕、ポートメドウよりも本当に回復力が強いのか？　もちろん、人工的な環境で自然効果をセンスハックしたいならば、これらは答える必要がある。それはそうだが、西洋の好みは広々とした草原である一方、日本人作家、谷崎潤一郎が自身の美学についてのエッセー『陰翳礼賛』で、日本人は種類の豊富な密植を好むと書いているとき、もし谷崎が正しいとしたら、文化的相違にも、もっと敏感になる必要があるかもしれない。

幸運にも、研究者たちはすでに、よく整った空間とより自然な空間との比較を始めている。大まかにいえば、彼らの発見は、あなたの庭がよりインフォーマルなレイアウトであればあるだけ、良いという見解を支持している。★ また、研究によれば、人々は砂漠や草原の光景よりも森かツンドラのほうを好むことが証明されている。植物園は好きな順番の中間あたりに位置している。[37] もちろん、生物親和性仮説によれば、私たちは植物園や樹木林は、より回復力があるはずだと予測したかもしれない。というのも、植物園や樹木林は種類が豊富であれば、自然の森で出会うよりもはるかに多くの生物多様性を訪問者に提供するのだから。しかし、群衆密度自体が、自然の中に身を置くことの有益な効果を弱めることもあるので、それも考慮に入れる必要がある。さらに、見方を変えれば、自然（つまり、動物）の音は植物温室ではしないはずだ。最後にここで、調和の問題が出てくる――動物の音は植物の光景と調和する必要があるか？　研究によれば、そうあるはずだが、ただ、もちろん、調和していないこともよくある。

しかし、自然の美点をほめたたえる一方で、動植物は、それぞれ非常に危険だったり、まったく有毒であり得ることも忘れてはいけない[38]（ここで私はコロンビアの私の庭の多くのタ

★19世紀のイギリスと北米の「ワイルド・ガーデン」（自然風の庭、野草の庭）、14世紀の日本の回遊式庭園や18世紀後期の風景式庭園はすべて「インフォーマルな」カテゴリーに当てはまるだろう。また、私がかつて、若手特別研究員をしていたケンブリッジ大学のセント・ジョンズ・カレッジの裏手にある荒野もこのカテゴリーに入るだろう。

ランチュラ、まれには致命的ともなるヘビ、そして、何気なく触れた後数週間も続けて、耐えられないほどかゆい発疹を招く葉を持つ植物のことを考えている。）だから、自然と私たちとの**生来**の親和性（生物親和性）が、ヘビのように見えたり、動いたりする生き物や、実際、ヘビやクモそのものに対する同様に強い恐怖、生物恐怖症《バイオフォビア》と調和しているのは驚くにはあたらない。生物恐怖症は、これらの先祖代々の脅威に対して、恐怖を抱いたり、嫌悪感を発達させるために、進化した心構えの反映のように思われる。[39] 私たちの感覚的反応の多くが、媒介されたり、学習されたり、状況依存であるが、１９９０年に最初に出版された、ダイアン・アッカーマン〔アメリカの作家、自然主義者〕のベストセラー本である、『*A natural history of the senses*（感覚の自然史）』の方向性に即して、信じたくなる。つまり、彼女は生命、少なくともある種の自然に対する基本的な反応は、それが生物親和性であろうと生物恐怖症であろうと、生来の性向に基づいていると言っている。[40]

　自然効果の進化的説明（ストレス回復理論）が頻繁に提唱されている一方で、知覚的流暢性〔ある刺激に複数回接触することで、刺激の情報処理レベルが上がること〕の観点からの別の説明も、納得できる。つまり、私たちは自然の風景を処理するのは簡単だと思う。そのわけは自然のフラクタル〔部分と全体が同じ形となる自己相似性を示す図形〕な配置は、私たちの視覚体系が進化して処理できるようになった統計データと一致しているからだ。[41] ジョイとバン・デン・ベルグによると、「自然の環境と要素の自己相似性——とりわけそのような形や光景——は、小さなそれら自体のコピーから大規模に構成されているという事実から明らかだ。[42]」たとえば、一本の木についてちょっと考えてみてほしい。すべての枝は――最大のものから最小のものまで――木全体の縮小版である。実際、これはどういうことかと言うと、自然の光景の一部は、その光景の他の部分にありそうなものをすでに私たちに知らせているのだ。言い換えると、自然環境は多くの場合、深い知覚的予測可能性や重複性によって特徴づけられている。これは結果として処理の流暢性を向上させる。対照的に、都会のシーンは個々の場合で、とても異なって見える刺激から構成されている傾向があり、すべてのさまざまな刺激が私たちの注目を引こうとしている。そのせいで私たちは、その光景のジスト〔光景を瞬間視したとき、即座に認識される印象情報や意味的カテゴリーなど〕を理解するのがはるかに難しくなる。その仮説は確かに人々が自然の光景を処理、理解するスピードの速さと首尾一貫しているように思われる。リーバー〔オスロ大学の心理学の教授〕と彼の同僚がここ20年間、多くの出版物で実証しているように、処理の流暢性は通常、プラスの効果を伴うことを想定すれば、この仮説は、私たちがそれほど脅威のない自然の光景に引き付けられる理由を説明してくれるだろう。[43] 処理の流暢性の概念は、この後の章で何回も触れることになろう。

幸福のための自然のセンスハッキング

自然効果の原因と結果に関して、ここで取り組む必要がある、多くの問題がある。しかし、今のところ心に留めておかなければならない重要な点は、センスハッキングのいかなる考察も、自然環境と、何千年にもわたって私たちが進化して処理するまでになった、多感覚刺激のパターンに対する私たちの反応から始めなければならないということだ。私たちが仕事、運動、遊び、ショッピングや休養で多くの時間を費やしている環境が、自然の理想から逸脱していればいるほど、あまり幸せになれないし、生産的にもならないだろう。自然との触れ合いは、たとえそれが短期集中的であっても（回数を増やすべきだろうか？）、顕著な回復的効果を及ぼす可能性があり（そして、これは証拠に基づいており、過言ではない）、また、私たちの気分や健康、幸福にも同様の効果を及ぼすことがある。あなたが生物親和性仮説を受け入れる、受け入れないにかかわらず、これは膨大な量の科学的証拠によって証明されているのだ。[44]

自然の経験は明らかに気分の向上に役立つことがあるが、同時に、認知疲労、否定的思考の繰り返しやストレスを減らすのに役立つ。[45] 評論家の中にはさらに踏み込んで、意識的で多感覚的な自然との交わりの、より精神的な利益を称えている人もいる。[46] 私たちは五感のすべてを通して自然を体験しているということは覚えておくべき重要な点だ。だから、私たちと私たちの大切な人の両方の健康と幸せを向上させるには、できるだけバランスの取れた自然な感覚刺激を習慣的に確保すべきだ。これは、誰もができる最良のことだろう。そして、幸いにも庭を持っている人は、庭に出て、これらの利益に触れられる、すばらしい機会に恵まれているのだ。

だが、ここで、自然の十分な恩恵を受けるためには、自然の近くにいることを知っているだけでは十分ではなく、本当に五感のすべてで自然を体験しなければならないという点に留意すべきだ。これと意見を異にする人は誰でも、リゾートホテルの部屋が、パンフレットにあるような、海か田舎の景色に面した部屋ではなく、海から離れた、都会の単調な中庭に面した部屋だったとしたら、どのように感じるかちょっと考えてみたほうがいい。★

スペースの大小にかかわらず、住んでいる所が熱帯または温帯気候であろうと、すべての戸外のスペースが私たちのストレス値を下げ、健康を改善する重要な機会を提供するという

★これはE・M・フォスター（イギリスの小説家）の1968年の小説『眺めのいい部屋』の中心となる背景である。

認識が重要だ。それなら、イギリスの多くの国内紙がコロナのロックダウンの間、自家菜園を推奨していたのは不思議ではない。しかし、あなたがどこで自然とのつながりを持とうと、たとえば、家の裏庭であろうと、地元の公園や森であろうと、できるだけ多くの感覚を使って自然を楽しむことをお勧めする。自覚がないとしても、あなたの社会的、認知的、情緒的健康のためのそのメリットは十分に労力を費やす価値がある。

4

寝室

Bedroom

睡眠は他のどの活動よりも多くの時間を使う。平均すると私たちは、人生の約3分の1を睡眠に費やしているか、少なくとも費やそうとしている。睡眠を時間の浪費と思うか、一日の至福の時と思うかにかかわらず。わずか4、5時間の睡眠で効率的に働いていたというマーガレット・サッチャーやロナルド・レーガンのような伝説的人物が、のちに認知症を発症したのは聞いたことがあるだろう。それはただの偶然ではない。健康上のリスクを減らしたければ、私たちは皆、(望もうが望むまいが)習慣的に一晩に7、8時間の質のいい睡眠が必要だと示唆する証拠がある。これらのリスクの中には認知症から肥満まで、またガンから心臓病までが含まれている。睡眠不足は心血管疾患〔主に動脈硬化により、血管が狭窄し、酸素を豊富に含んだ血液の臓器への供給が不足する疾患群〕、脳血管疾患、肥満を含む15の主要な死因のうちの七つと関連付けられてきた。[1]

最近、睡眠研究は一大産業だ。北米とイギリスに住んでいる人の3分の1から3分の2が習慣的に十分な睡眠がとれておらず、他の先進国でも同様だという現実を考慮すれば、驚くにはあたらない。[2] 実際、不眠症は慢性疼痛に次いで二番目によく知られた精神的疾患だと考えられているが、現在の有病率は約33%で、9%が毎晩睡眠障害が起きると報告している。[3]

大衆紙によれば、私たちはかつてないほどに睡眠不足らしい。多くの有名な睡眠科学者も同じことを声高に主張している。リヴァプール生まれで最近はカリフォルニアを拠点にしている、世界的なベストセラー、『睡眠こそ最強の解決策である』の著者マシュー・ウォーカー〔カリフォルニア大学バークレー校の神経科学、心理学教授〕は「睡眠不足は蔓延している」と主張している。ウォーカーによれば、１９４２年には6時間以下の睡眠で何とかやっていこうとしていた人は８％未満だったのに、２０１７年は私たちの２分の１がその睡眠時間だという。

睡眠時間が少ないと長生きしない

一晩6時間未満の睡眠は、誰にとっても怖いほどの悪影響がある。ランド研究所〔カリフォルニア州サンタモニカに本拠地を置くアメリカ合衆国のシンクタンク〕の２０１６年のレポートによれば、彼らは７、８時間の睡眠をとっている人よりも、死ぬ可能性が確実に17％以上ある。もしあなたが45歳以上で睡眠時間が一晩6時間未満であれば、生涯において心臓発作と脳卒中になる可能性がそうでない人の２００％以上ある。[4] ティル・ロネンバーグ〔ドイツ、ミュンヘンのルートヴィヒ・マクシミリアン大学、医学心理研究所の教授〕は、トップクラスの科学雑誌『ネイチャー』において、私たちの睡眠時間は50～１００年前の先祖に比べると、一晩に１、２時間短いと示唆している。アメリカ合衆国の疾病管理予防センター（ＣＤＣ）は、睡眠不足を「公衆衛生問題」だと言明するまでに至っている。[5] 証拠をまとめると、不眠症が社会にもたらす経済的コストがいかに大きいかが理解できる。ランド研究所のレポートによると、その費用は、GDPの数％と推定されている（たとえば、日本ではGDPの2・29％で1380億ドル相当、合衆国ではGDPの2・28％で4110億ドル相当、そしてイギリスではGDPのかなりの割合の1・86％で500億ドル相当）。[6]

週平均睡眠時間の1時間の増加により、一人当たりの収入が短期的には1％、長期的には大体5％増加する。一方、バイタリティ〔イギリスの民間医療保険専門の保険会社〕が2019年に実施した「イギリスの最も健康的な職場」調査の結果は、収入と睡眠の質との相関関係を明らかにしており、年収10万ポンド未満の人の57％が不眠症を報告している。これに比べて、年収が15万ポンドを上回る人の不眠症は23％に過ぎない。しかし、収入と睡眠の質との因果関係は、はっきりしていない。[7]

私たちの社会的、認知的、情緒的健康にとって、熟睡が重要だという認識の高まりは、「睡眠衛生」〔質の良い睡眠を得るために推奨される行動・環境の調整技法〕や「睡眠工学」〔ITやAI技術を用いて、睡眠の質や量、メカニズムを解明し、さらに睡眠を操作し、睡眠の質を向上させること〕のような概念の出現につながっている。ここでの基本的な考えは、必要時間分のきちんとした睡眠を得ようと悪戦苦闘している人々を助けるために、多くの研究の証拠に裏付けされた適切な習慣を確立しようというものだ。次のことは心に留めておくべきだ。私たちの睡眠は約90分周期で、その周期中にノンレム睡眠〔深い眠りで脳も体も休んでいる状態。急速眼球運動が見られない〕、続いてレム（REM）睡眠（その状態では眼球以外すべてのものが活動停止している）、その後の徐波睡眠〔ノンレム睡眠のうち、出現する脳波の特徴として低振幅徐波が中心となる睡眠、深睡眠〕が含まれている。記憶を固定するために本当に必要なのは、最後の徐波睡眠だ。

簡単な解決策には、運動量を増やすことからセックスまですべてが含まれる。★ 専門家によると、私たちは就寝前の最低3時間は食事をすべきではない。これは「睡眠衛生」の向上のためなのはもちろんのこと、私たちのウエストラインのためでもある。夜間の飲酒もまた、カフェインやその他の刺激物の摂取と同様、睡眠の質を下げる。[8] ほとんどの人がこれらの提案を知っていながら、理由は何であれ、無視しようとする。入眠前の時間を減らし、睡眠効率を改善し、そしてもう少し元気よく、ぱっと目覚めるのに役立つ、皆が使える感覚トリックがある。

逆説的だが、睡眠の質を向上させるための行動療法の一つは、単にしばらくの間、睡眠を

★あるいは、ハーバード大学医学大学院の科学者たちが、きちんとした睡眠のための最高のヒントを教える際に、皮肉っぽく言っているように「あなたの寝室での活動を、睡眠とセックスのみに制限するのは役に立つかもしれない。」

制限することである。オックスフォードの研究者たちが開発した睡眠改善アプリSleepioは、多くの人にとって、睡眠パターンと行動の再教育に非常に役立つことがわかっている。そのアプリはユーザーが睡眠パターンを記録するのに役立つだけでなく、計画的睡眠スケジュールを提供し、とにかく手始めに、睡眠時間を制限する。そのアプリは有効性が認められ、今や国民保健サービスの部門全体で運用が開始されつつある。長い目で見れば、認知行動療法は不眠症の治療に効果があると証明されている。また、短期的にはベンゾジアゼピン受容体作用薬として知られている催眠薬も使用できる。しかし、テマゼパムのような薬（かつて私も処方されたことがある）を使用する際の副作用には、中毒、記憶障害、男性の乳房の成長、そして出生異常が含まれる。私の場合は、胸が大きくなっただけだったので運が良かったと思う！　さらに睡眠薬は、間違った睡眠を促進するため、徐波睡眠の向上には何の役にも立たないのだ。もしそれだけではあなたを薬から遠ざけるのに不十分ならば、睡眠薬はガンを引き起こすかもしれない。[9]

　睡眠健康産業は２０１８年には３００億ポンドの価値があったが、その数字は２０２０年までには2倍以上になると推定されている。神経科学に触発された、幾分もっともらしい、多くのセンスハックを提供して、あなたの睡眠の質の改善を約束している会社は、爆発的に成長している。

眠り込む

あなたは眠りにつこうと必死になって、羊の数を数えたことがあるだろうか? もしあるなら、残念だが文字通り時間を無駄にしていると言わざるを得ない。少なくとも、オックスフォードの以前の同僚の一人である、アリソン・ハーヴェイ教授〔カリフォルニア大学バークレー校の心理学の教授〕は、ずっと以前からこの迷信が誤りだと証明している。ハーヴェイが、不眠症のあるグループに対して、うとうとしているときに、否定的な考えを抑えるのではなく、羊の数を数えさせたところ、入眠の時間は平均10分遅くなった。それならば代わりに何を考えるべきなのだろうか。滝や、休暇中の穏やかでくつろいだ光景を目の前に思いうかべるようにすると、入眠の時間を約20分早めるのに役立ったという研究がある。心地よい精神的イメージを維持するには認知的に多大な努力を要するので、不眠症に苦しんでいる参加者すべてが、否定的な考えや気がかりなことを思いめぐらさずに済んだのである。[10]

光に目がくらむ

あなたはスマホを横に置いて一緒に寝ているだろうか? それはやめたほうがいい。北米の1000人を対象とした2015年の調査によると、私たちの71%がスマホと一緒に寝ている。3%はスマホを手に持って、13%はベッドの上か中に置いて、その他の55%はすぐ手に届くところに置いている。[11] 私たちの多くが直面している、居眠りに関する問題に取り組む際に、環境の感覚的側面に一因があると考える必要がある。最近、夜に人工光に晒されていることが非難の対象になっている。その人工光の多くは夜に画面を見ているときに生じている。2015年の研究によると、[12] 就寝前の2、3時間、発光電子書籍リーダーで読書する人は、活字本に比べて、寝入るのに時間がかかるうえに、夜間に眠くなりにくく、メラトニンの分泌量も少ない。★ また、体内時計が遅れたタイミングを示し、翌朝の目覚めも良くない。★★ 多くの人が、週に数回は就寝前の1時間以内に、何らかの電子機器を使っていることを考えると、この調査結果は特に重要だ。実際、人々の間で、電子機器への過剰な依存に対する危険性の自覚が高まってきている。このような状況で、評論家の中には、機器製造会社自身が、ブルーライトから皆を守るために何か対策を講じる責任があるのか、疑問を投げかける者もいる——ブルーライトは私たちの脳をだまして、起きる時間だと思い込ませることがあるので特に危険だ。★★★[13]

警告——照明またはテレビを付けたまま寝ると、体重増加や肥満のリスクが増加する。これはノースカロライナ州にある米国国立環境健康科学研究所（NIEHS）が発表した、コホート研究〔疾病の要因・特性と発症の関連を調べるため、対象集団（コホート）を決め、その要因・特性を持つ群と持たない群に分けて観察する研究手法の一つ〕によるものである。これらの研究者たちは5年間にわたって、35歳から74歳までの４３００人以上の女性を観察した。人工光無しで眠っている人と比べて、夜に光に晒されている人は体重が5キロ（11ポンド）以上重い。[14] 人工光は体の自然な時計を混乱させ、遅らせ、正常なホルモンバランスを狂わせているように思われる。これらの結果は、就寝前後に、できるだけ光を除去することによる潜在的利益を示唆している。たとえ視覚的刺激が、自己申告の睡眠の質に顕著な影響をまったく与えなかったとしても、また、因果関係は特定できないという事実にもかかわらずだ。それなら、センスハッキングは、何かを加えるのと同様、不必要な環境的刺激源を取り除くことでもある。

夜間の人工光への露出を減らすのに役立つ具体的なセンスハックの観点から、次の提案のいくつかを試してみたらどうだろうか。最も重要なことは、就寝前の2、3時間は明るいス

★ メラトニンは松果体（脳の中心部に存在する、卵型の内分泌器）から分泌される、睡眠覚醒周期の調整を助けるホルモンである。日中はレベルが低いが、一度太陽が沈むと上昇し始める。

★★ とはいえ、参加者たちは4時間連続で最高光度の発光機器で読書しなければならなかったことは注目に値する。

★★★ 夜明けの青色光は、一日の他の時に見られるものとは多少波長が異なっている。

クリーンを見るのを避ける、いわゆる細胞の夜間外出禁止令を行使することだ。ただし、私のように、やむなく夜にさまざまな電子機器を使う場合は、専用の眼鏡をかけるか、ブルーライトを除去するようなアプリをダウンロードすることだ。モバイル機器の中には、太陽が沈んだら自動的に表示画面が暖色系の色に変わるような夜間設定があるものもある。もし寝室に照明が必要ならば、暗赤色の常夜灯はどうだろうか。通常他のライトの色ほどメラトニンレベルに影響しない。[15]

夜に光への露出を減らすべきだという概念は、商業機器、Dodowの背後にある考えに一見、反しているだろう。Dodowはあなたの寝室の天井に照射されるとき、伸縮する、青色の光の輪を放射する。睡眠障害を抱えている人は、ほとんど瞑想的な方法で、その輪が大きくなったとき、息を吸い込み、小さくなったとき、息を吐きだすことで、同じリズムで呼吸するように促される。しかし、Dodowを試したことがあるジャーナリストが多くいる中で、私が見る限りでは、この機器がより良い睡眠を助長することを示す証拠は未だにない。それに、短波長の青色光の選択は特にまずい考えのように思われるのだが、製品関係者によれば、その光はとても薄暗いので、あなたの目を覚まさせることはないらしい。

就寝前？

私は研究者として、多くの時間を費やして、歯磨き粉の多感覚的デザインについて熟考してきた。いつも不思議に思うのは、いかに私たちが昼夜を問わず、同じ配合の歯磨き粉を使っているかだ。私たちの生理的要求と心理的要求は、朝と晩とでは異なっているように思われる。とにかく、私たちが朝食と夕食にどれほど違ったものを飲んだり食べたりしているか、ちょっと考えてみたらどうだろう。朝はカフェイン入りの飲み物、そして寝る前はカモミールティーか、何らかのハーブティーを飲むだろう。それも、カモミールティーが睡眠を促進する証拠がほとんどないにもかかわらずだ。[16] 一部の人は、スキンクリームには昼と夜用があることを知っているかもしれない。それなら異なった歯磨き粉もあってもいいではないか。爽快で覚醒的なミントの香りは朝一番に私たちを元気にさせ、朝のぼんやり状態を回避するのに効果的だ。まさに必要なものだと、私は確信している。しかし、これは一日の終わりに、リラックスして寝る準備をするときには欲しくないものではないか？★

★ 世界の一部の地域には、歯磨き粉はオレンジや甘草を含む多様な風味のものもある。

熟睡

あなたは夜にどれくらいの頻度で、不快な騒音で目が覚めるだろうか？　環境騒音被害は、多くの人にとって大きな問題であり、実際に肥満や死亡率の増加につながる。ＷＨＯ（世界保健機関）によると、憂慮すべきレベルの騒音は、西洋だけでも百万年以上の健康寿命の喪失につながっている。原因のほとんどが、騒音性の睡眠障害や苛立ちのせいだと考えられる。騒音が問題になるのは、あなたが寝付こうとするときだけではない。すでに眠っている時でさえも問題になりうる。夜間の騒音は日中に経験する同レベルの騒音よりも、心血管の健康に有害かもしれないという提言もある。[17] 夜間の不測の背景雑音を遮断するのに効果的な、私の好きなトリックの一つを紹介しよう。穏やかに海岸に砕け散る波のような自然の音を利用することだ。それが利用できないなら、同期ミスのラジオからのホワイトノイズ（あらゆる周波数成分を同程度に含む雑音、「シャー」と聞こえる音）で十分間に合う（まさにこの目的でホワイトノイズ発生器を販売している会社もある）。

このラジオのセンスハックを利用した後、時折、翌朝静けさの中で目を覚まし、夜中にラジオを消したに違いないと思いながら、それから、数秒後、ホワイトノイズの音が突然、再びはっきり聞こえたことがあった。★ ラジオの音がうるさい人の隣に住んでいる人は、あなたのラジオを同じ局に合わせ、同等の音量にしてみてごらん。騒音レベルは変わらないだろうが、あなたの脳は、遠くの大音量のラジオよりは、むしろ近くの静かに感じるラジオを無視するほうが、ほんの少しだけ楽に感じるはずだ。この不思議なセンスハックは少なくとも試す価値はあると思う。とはいえ、テレビを付けたまま寝込んだ人の体重増加についてわかっているだけに、あなたが寝入ったらスイッチが切れる「スリープ」機能が付いたラジオをお勧めする。

最近大見出しになった、眠りを助長するための一風変わった解決策の中には、Calm 携帯アプリ〔一種の瞑想アプリ〕を通して利用できる、ジョン・マッケンローの朗読による『*The rules of tennis: a love story or But seriously: the rules of tennis*（テニスのルール―ラブストーリー、しかし真面目に―テニスのルール）』がある。あなたはどうだか知らないが、私はむしろPzizz――自然の音のブレンド、心地よい音楽や瞑想ガイドを再生するアプリ――を聞きたいものだ。他には、オンラインで、エヴァ・ロンゴリアやマーゴット・ロビーのよ

★この特別な現象は、私たちの脳に、恒常的刺激源を無視する傾向があるのが原因だ。起きぬけに、私たちの注意力が適切に機能し始めるのには、通常2、3秒かかる。

うな女優からのＡＳＭＲ（エイエスエムアール、自立感覚絶頂反応）〔聴覚や視覚への刺激によって、頭や背筋などがゾクゾクとする、心地よい感覚〕コンテンツにアクセスすることだ。誰かがささやいたり、紙のカサカサという音を出すとき、一部の人が経験する首筋を走るゾクゾク感は、彼らを優しくリラックスさせて、眠りに誘うのに役立つだろう。また、ユーチューブにも、いくつかの自然の音の8時間ループがある。

一晩考えたまえ

以前、耳にしたことがあると思うが、ある問題を一晩考えることは本当に役に立つのか。『ネイチャー』誌に発表された、ある興味深い研究によると、睡眠は、日中の睡眠時間と同等の期間や、夜間の覚醒状態の時よりも、人々が洞察問題〔解決するのに発想の転換を必要とする問題〕を解く可能性を増加させているという。これは「アハ！　体験」と呼ばれるものだ。実際、ぐっすり眠った後は創造的な解決策は3倍アップした。さらに、私たちは睡眠中に音と匂いの新しい関連付けを学習することができる。その上、日中に学んだ刺激に関連した音や匂いを、徐波睡眠中（深睡眠中）に提示すると、人々の記憶の強化が促進される。しかし、結果にウキウキする前に、これらの研究に関係している学習は本来、かなり単純だということは覚えておく必要がある。だから、今のところはまだ、睡眠中に外国語の学習ができるというような証拠はない。ただ、ボキャブラリーを増やすといった、一部の限定的能力は確かに不可能ではないだろう。[18]

お休みなさい

就寝の2、3時間前に、わずか10分でも、(足でも体でも) 熱いシャワーを浴びたり、お風呂に入ると、眠りにつきやすくなる。[19] あるシステマティック・レビュー〔特定の臨床上の疑問に答えるために、あらかじめ明確に定義された手法に従って網羅的に知見 (論文) を収集し、評価し、統合する方法〕とメタアナリシス〔特定の臨床上の疑問に答えるために、収集した効果指標の値を統計学的に統合する解析手法〕の著者たちが言うパッシブボディヒーティング (PBH)〔温浴等で受動的に体温を上げること〕も睡眠の質にプラスの影響があり、徐波睡眠を増やす。理想的な夜の入浴温度は、40〜42・5℃ (104〜108・5°F) だ。タイミングさえ合っていれば、8・6分、あるいは36%、眠り込むのが早くなる。温かいお風呂やシャワーを使うと、血液の循環を促進し、逆に深部体温を下げることになる。体内時計は、それを寝る時間の合図と捉える。私たちの体温は就寝直前に自然に下がり、そして就寝中に下がり続け、午前4時頃、最低温度に達するのだ。だから深部体温をできれば約1℃下げるために、できることは何でもやったほうがいい。なぜなら、これが入眠の大事な要素だからだ。横になるのも有効だ。この姿勢の変化は体の深部から四肢への熱の放散を促すからである。

『ネイチャー』誌には「温かい足は速い入眠を促進する」というタイトルの論文がある。その論文は、足を温めると、眠りにつく時間を減少させると断言している。この特定のセンスハックが機能する理由は、手足は頭とともに動脈血流の増加による体温調整が最も有効な肌の部位だからだ。それなら、常識的に考えれば、湯たんぽを入れて寝るのが好きだったら、それを胸に抱きしめて寝るよりも足の近くに置いたほうが早く寝入るだろう。体のもう一方の端である頭のところで、関連アプリを使って、体温調節枕、Moonaを試すことができる。もう少しハイテクな物としては、ソムノックス・スリープロボットはどうだろうか？　これはゆっくりと「呼吸する」、あなたが抱きやすいソラマメ形のずっしりとしたクッションである。[20]

睡眠の質の観点からは、外気温も重要だ。たとえば、外気温が30℃（86℉）に上がると、睡眠の質は低下する。寝る部屋の温度が18〜25℃（64〜77℉）に上がると、睡眠は30分少なくなると予想できる。つまり、ぐっすり眠りたいならば、静かで暗く涼しい環境が最も必要だ。温度を程よい快適な涼しさ（16〜24℃、61〜75℉）に保ち、そして部屋の換気に努めるべきだ。どんな雑音も耳栓か「ホワイトノイズ」で最小限に抑えたほうがいいだろう。光は目覚めの時を知らせる感覚的合図だから、できる限り光を遮るのに役立つ重たいカーテンか、遮光カーテンか、アイマスクを利用しなさい。[21] 最近、眠りの改善が証明されている、もう一つのヒントは子供の子守歌「ロッカバイ・ベイビー」にあるように、ゆらゆら揺れることだ。[22]

ベッドサイドテーブルに鉢植えを置いたらどうか？

ベッドサイドテーブルの鉢植えはあなたの眠りを助長する。特にある種の観葉植物は、風邪や胸苦しさを撃退し、また不眠症との戦いにも役に立つことがある。[23] たとえば、イングリッシュアイビー（セイヨウキヅタ）は空中のカビを捕らえ、ほんの数時間でほとんどを除去してくれる。一方、アメリカ航空宇宙局によると、アロエは空気清浄に最適な植物の一つだという。アロエは、一晩中、酸素を放出すると同時にベンゼンやさまざまな洗剤やプラスチックの成分、多種のワニスや床材に見られるホルムアルデヒドのような大気汚染物質の吸収、分解を促進するからだ。マダガスカルアレカヤシを見かけたら、大気汚染物質を吸収するという観点から、トップになった植物だと知っておいて損はない。それは、空気中に水蒸気を放出するため、潜在的に風邪や副鼻腔炎の人の呼吸を楽にする可能性もある。[24] 室内の空気の悪さという問題とその取り組みの重要性は、大気汚染の悪影響によりヨーロッパだけで年間最低9万9千人が死亡しているという、控えめに見積もった提言によって、強調されている。[25]

あなたはフクロウかまたはヒバリか？

あなたは夜遅くまで起きていて、朝は午前10時か11時前には起きたくないタイプか、それとも早く寝て、早起きするのが好きなほうか？　好きな睡眠パターンには、個人差があるのは、よく知られている。人口の約30％は宵っ張りで、40％は早起きで、残りの人は中間あたりに入る。早起きの人は、宵っ張り人間よりも、幾分早い体内時計を持っている傾向がある。UKバイオバンク〔イギリスの長期大規模バイオバンク研究。疫学研究において、遺伝的素質や生活習慣、体質などがさまざまな疾患に対して与える影響を調査する〕や、遺伝子検査サイト23andMe〔米国のシリコンバレーにある、DNA検査キットの販売をしているバイオテクノロジー企業〕で働いている研究者は約68万人の被験者に、活動モニターを使って睡眠のタイミングを測ってもらった。ゲノム規模でのデータを使って、351の早起き関連の遺伝子座が確認された。早起きの人の5％が、最も多くの「朝型」対立遺伝子を持っており、その対立遺伝子が最も少ない5％の人に比べて、平均25分早く目覚めることが証明されている。[26]宵っ張り人間にとって良くないニュースを紹介しよう。夜更かしは気分障害、業績不振、死亡のリスク増加といったさまざまな健康問題と関連している。

一部の研究者は、睡眠・覚醒サイクルを調整するために、夜更かしの人の感覚をハックできるかどうか、調査してきた。その際、方法論的に安定した、ランダム化比較試験研究デザイン〔評価の偏りを避け、客観的に治療効果を評価することを目的とした研究デザイン〕を利用した。設定した時間に光を浴びて、いつもより早目の起床と就寝時間を設定し、食事時間やカフェイン摂取や運動管理を入念に決定するだけで、22人の夜更かし人間を再プログラム化し、睡眠時間を変えずに、睡眠・覚醒サイクルを平均2時間早めることが可能だと証明された。[27] そのようなセンスハッキングが長期的には死亡率の低下を助長するかどうかは、未来の研究が究明すべき興味深い問題である。正確には、夜更かし人間が納得して、そのプログラムを続けていければの話だが。特に大手製薬会社が、体内時計に基づいた新しい睡眠薬を開発しようとして23andMeのデータをしきりに入手したがる理由は容易に理解できる。[28]

第一夜効果

新しい場所での初日は、眠りに就くのに苦労するのは、私も同じである。毎週2、3日は「メッセージを伝えるために」遠方の都市に出張するので（少なくともコロナウイルスに襲われるまではそうだった）、これは深刻な悩みの種だ。ベッドは超快適で、ホテルはとても豪華かもしれないが、それでもなお、その馴染みのない環境には私を眠らせない何かがある。これは第一夜効果（ＦＮＥ）と言われる、よく知られた現象である。研究者は、それを半世紀以上前に確認していたが、そのしくみを解明し始めたのは、つい最近だ。睡眠科学者によれば、私たちが馴染みのない環境で、必死に眠ろうとしているときはいつでも、脳の片側には夜警のように監視している脳がある。この点に関して、海洋性哺乳類や鳥によく似ている——イルカやアヒルを考えてみたまえ。彼らも、脳の片側だけで眠っているのだ。たとえば、マガモは捕食リスクが高まるにつれて、片目を開けて、眼を開けたのと反対側の脳で眠る傾向がある。[29]

いかに時差ボケであろうと、新しいホテルに泊まったり、あるいは友人の家に初めて泊まる場合は、いつでもどこでも、必ず第一夜効果に苦しむことになっている。この進化的に根付いている反応は、今日、役に立たないのは明らかだ。結局、宿泊先が格安のトラベロッジであろうと、高級なシャングリラホテルであろうと、今時、クローゼットに捕食動物が潜んでいるはずがないのだ。しかし、問題は残る。その環境に馴染みがないと判断するのに、脳はどの感覚的合図を利用するのか。それは匂いか、聞きなれない音か、ドアをたたく音か、パイプの鳴る音か、そんな類のものだろうか？　ここでのセンスハックは、私たち自身の家で気が付く何らかの感覚的合図の再現を試みる必要がある。たとえば、家で芳香剤かリネンスプレーを使っていたら、旅行するときはそれを持って行くのをお勧めする。それは感覚をハックし、「あなたの夜警」に警戒レベルを下げるよう、納得させるのに役立つだろう。同じ場所に滞在する機会がある場合は、いつも同じホテルの、できれば同じ部屋（特に、部屋の壁が柔らかい色合いの青に塗られていれば。イギリスにある２０００のトラベロッジホテルの調査によると、この部屋の色は宿泊者の熟睡を最も促進する）に泊まることだ。[30]

多くの人がすでに利用しているセンスハックは、耳栓を使って、背景雑音を遮断することだ。ここでの、私の提案は、耳栓を特に右の耳にぴったりはめ込むことだ。その理由は私たちの右脳が眠っている間、見張りに立つのは、少なくとも初めは、いつも左脳だからだ。ゆえに、眠りをセンスハックするためには、警戒を続けている左脳への妨害を最小化し、あなたを頻繁に起こさないようにする必要がある。いつも警戒を続けているのは左脳なのに、なぜ必ず右の耳にぴったりと耳栓をはめ込むように提案したのか不思議に思うだろう。その理由は、私たちの五感のほとんどが反対側に投影するからだ。体の一方の側で感じることは何でも、また、一方の耳に入ってくる音は、少なくとも初めは、反対側の脳で処理される。反対側に投影しない唯一の感覚は、進化的にはるかに古い、匂いの感覚である。ここでは、左の鼻腔は直接、同側の左脳に投影する。ほら、ご存じの通り！

次に新しい場所に泊まることになったとき、耳栓と芳香剤が、前ほど睡眠をとるのに効果がなかったら、安心したまえ。第一夜効果は、まさにその名前が示すように、本当に一晩しか続かないので、時差ボケがなくなれば、その後はいつもの眠りだ。

睡眠不足

新米の両親は、新しい家族が誕生した最初の数カ月、あるいは数年後でさえも、慢性的睡眠不足にストイックに耐えることがよく知られている。そんな極度の睡眠不足に苦しんでいる人は皆、２００４年に４チャンネルで放映された、イギリスのリアリティテレビ番組『シャタード』の出場者のように感じているに違いない。その中で、10人の出場者集団は10万ポンドの賞金を獲得するために、最後まで戦って、気の毒なことに誰が最も長く起きているか確かめた。★ 結局、アメリカのＤＪのピーター・トリップは１９５９年にこれを試したが、２０１時間――つまり８日以上――という不眠の最長世界記録を達成した後、最終的に神経衰弱に悩まされる結果となった。『シャタード』の優勝者はクララ・サザンナーという名前の19歳の警察士官候補生だったが、彼女は１７８時間、目を開け続けた後、賞金を獲得した。[31]

睡眠不足の文献によると、新米の親は感情移入ができない可能性が高く、社会的交流もかなり困難になるようだ。それでも十分にひどいのに、それに加えて、彼らは極度に怒りっぽく、短気で、集中力がなく、常に疲れる傾向がある。[32] しかし、ここで、ちょっとしたセンスハッキングをしたいと思っている、すべての新米の親たちにとっての朗報がある。大人が十分な夜の睡眠を取るのに有効だと証明されている、多感覚的操作の多くは、親子両方に、さらに良く作用するということだ。

たとえば、ラベンダーの香りのお風呂と、マッサージを就寝時の定期的習慣にすると、乳幼児の睡眠の質と時間を改善するだけでなく、母親の気分も向上させる。また幼児と親の両方のストレスレベルも下がる。幼児に関する親の懸念の多くが、事例の20～30%で発生している、睡眠障害に関係していることを考慮すると、この領域での効果的なセンスハックの開発は最も期待される。[33] 私自身、ジョンソン・アンド・ジョンソンの感覚広報担当者として長年従事しており、よりよい睡眠のために、新生児と養育者の間の、バランスの取れた多感覚刺激の組み合わせの重要性を伝えようと、世界中を旅して、小児科医や看護師たちに語り掛けている。[34]

しかし、小・中・高生はまったく睡眠が足りていないと示唆している、山のような証拠がある。国立睡眠財団によると、ほぼ90%の高校生が、推奨される睡眠時間を確保しておらず、さらに悪いことに、その睡眠時間は年々短くなっているという。これは健康や学業達成に深

★『ギネスブック』は危険な行動を助長するのを恐れて、この記録の認定を止めた。これは、彼らがいまだに活火山の火口での綱渡りの最長記録を認定していることを考慮すると、かなり皮肉である！

刻な脅威を与え、もっと厄介なことに、取り返しがつかない結果になるかもしれないと言われている。この場合、学業成績を向上させるために、十分に試行されたテクニックは、単に学校の始業時刻を遅らせることだ。[35]

しかし、まだ学校の始業時間が変更されていない、慢性的睡眠不足のティーンエージャーにとって、睡眠時間を一晩に43分間多く確保するのに効果的な解決策がある。ちょっとした認知療法と併用して、睡眠の最後の2、3時間、20秒ごとにカメラのフラッシュとよく似た、短時間の光の点滅（非常に低速のストロボに少し似ている）の露光が関係している。スタンフォード大学のランダム化臨床試験の結果によると、その治療法はスタートから一カ月以内に、子供たちを目覚めさせずに、効果的に彼らの体内時計のリセットを助長する明確な効果が表れたという。さらに、このグループの後続研究では、最初の研究で導入された20秒の間隔よりも、8秒ごとの光の点滅のほうが体内時計の変化を倍増させることが証明された。[36] それなら、より多くの教育委員会が始業時間を遅らせる措置を講じるまでは、これが最高の解決策だろう。

ラベンダーの香りは、興奮した認知症患者を含め、高齢者に効果的だと証明されている。[37] すべての証拠が、年を取れば取るほど、睡眠時間が減少している事実を指摘していることから、効果的な眠りのセンスハッキングは特に重要だ。ある報告によると、50％の高齢者が、寝付きの悪さと夜中の目覚めを訴えている。特に心配なのは、短期間に使用が限定されているにもかかわらず、高齢者が長期間、睡眠薬づけにされている状況だ。

睡眠の匂い

４人の高齢の老人性認知症患者に実施された、治療介入について報告している研究がある。４人のうち３人はそれぞれ、７カ月、１年そして３年間、睡眠薬を服用していた。★　２週間の基準検査の後、患者はさらに２週間、睡眠薬の服用を中止された。案の定、彼らは平均１時間、睡眠時間が減少した（これは反跳性不眠として知られている）。しかしながら、研究の最後の２週間に驚くべき結果が起きた。その間、夜間の病棟には、ラベンダーの香りが拡散されていた。睡眠レベルが、患者が睡眠薬を服用している期間に見られた同じレベルに戻ったのだ。この結果によって、その研究を支持している著者たちは、高齢者や虚弱者の睡眠障害の治療において、匂いへの露出、言い換えれば、匂いのセンスハッキングは、現在の投薬に比べて、より安全であるのは言うまでもなく、より経済的ではないかと考えるようになった。[38]　２０１２年までに発表された証拠の体系的レビューに基づいて、フィスマー〔ウエストミ

★しかしながら、非常に小さなサンプルサイズであることにご注意。

ンスター大学、レジリエンスセンターの筆頭コンサルタント〕とピルキントン〔ウエストミンスター大学の上級研究員〕はラベンダーを吸入する有益な効果に対して、「慎重な楽観主義」を提案するようになった。その著者たちの忠告は、人々のくつろぎや熟睡の促進に関して、ラベンダーの有効性を明確に裏付けるには、より多くの研究が必要だというものだった。しかし、これは、メタアナリシスに関しては、常にあるらしい。ラベンダーは、数世紀前から演劇や小説に、くつろぎや睡眠を促進するものとして登場しているのに、いまだにその有効性に関して、まったく具体的な提案ができていないとは、さらに驚きだ。[39]

未来の研究では、ラベンダーの主成分であるリナロールの薬理効果だけでなく、その匂いと、以前それを経験したかもしれない場所に関連する、心理的影響も証明されるだろう。先の報告を支えることになるが、ある研究で、カフェインを多量に接種したネズミは、気化したラベンダーオイルの下では、92%も活動が鈍った。しかし、興味深いことに、これらの影響は、匂いを嗅ぐことができなかったネズミには及ばなかった。[40] アロマテラピーの特性である、ラベンダーと睡眠やくつろぎとの、真偽の定かでないつながりを評価する際の問題は、関与している研究者が、約500の異種があるラベンダーの中のどの種を分析したのかを明確にしていないことだ。さらに、合成の匂いと自然のエッセンシャルオイルでは何か有意義な違いがあるのかも、明らかになっていない。

私たちの夢をセンスハッキングする

あなたは明晰夢想家か？　明晰夢想家は、自分の夢をコントロールできる、非凡な能力を持った人に与えられた名前である。明晰夢想家は、自分が夢を見ていることに気付いており、夢の中で起こっていることに、影響を与えることができる。ほとんどの人が人生のある時点で明晰夢を見るという証拠がある。しかしながら、多くの愛好家の集団が、もっと頻繁に明晰な夢を見ようとして、夢のセンスハックに関心を持っている。たとえば、匂いの放出は私たちの夢に影響を与えるだろうか？　研究者は、長年にわたって、夢の内容に影響を与えようとして、人々が眠っているとき、水を掛けることから、光や音や振動、そして（ハンモックで眠っている参加者に関して）動きの管理まで、すべてのことを試してきた。しかし、テクノロジーと専門技術の新興産業が明晰夢の増加を約束しているものの、その科学的根拠は、ひいき目に見ても、薄弱である。さらに、これらの感覚介入の表面的有効性を裏付ける研究を行っている人の多くが、彼らの洞察を商品化しているため[★]、利益相反の恐れに関する必然的な懸念を招いている。だからと言って、必ずしも非倫理的なことが行われているわけではないが、私としては、それらの商品に大金をつぎ込む前に、何らかの独立した、査読付きの比較研究を見たいものだ[41]。

起きなさい――いい加減目を覚ましなさい

あなたは朝一番の、目覚まし時計の、耳障りでしつこい音が大の苦手だろうか？　もしそうなら、それはあなただけではない。目覚ましは私たちが定期的に晒されている、最も不快な音の一つであることは、調査で明らかになっている。確かに、もっといい方法があるのではないか？　昔、労働者を起こすのに使われたのは工場のサイレンで、それより以前は、夜明けの短い波長の青色光だったかもしれない。イギリスでは、かつて春には、最近ではあまり聞かれなくなってきたが、鳥のさえずりが自然のしつこいモーニングコールとなっていたものだった。また、しばらくの間、ティーメーカー目覚まし時計があったけど、覚えているかい？　その理屈は、突然の大きな音よりも心地よい香りで起こされたほうが、耳障りでないかもしれないということだ。最近では、人工的に夜明けの明るい光を再現できる、多様な革新的な目覚まし時計がある。[42]

現在、若者が時計として最も利用しているモバイル機器には、多くの目覚ましオプションがある。★★ 2014年、オスカー・マイヤー〔アメリカの食肉やランチョンミートなどの加工製造会社〕は限定版のベーコンの匂いがするアイフォーン目覚ましアプリを製造した。人々は、ジュージューという音とともに、プラグインカプセル〔プラグに差し込み、電源を入れると香りのカプセルに詰め込まれたフレグランスを放つ匂い機器」からベーコンの焼ける匂いが出てくる、この匂い対応のスマートフォンソリューションに熱狂的に飛びついた。ほぼ5000人に郵送された、この嗅覚的に強化された多感覚介入は、市場で大成功を収め、多くのメディアやオンラインでも報道された。ただ、匂いそれ自体はあなたの目覚めに役立たないので注意する必要がある。これはこの販売促進に添付されている、「想像力が開花するとき、この匂いだけがあなたを最高の目覚めに導くでしょう」という主張に反している。[43]

私たちを起こしてくれないのは、匂いだけではない。親にとって心配なことに、昔ながらの家庭用火災警報器では、徐波睡眠中の子供はまったく目を覚まさないだろう。独自にカスタマイズされた火災警報器は、はるかに良く機能するようだ。たとえば、ある研究で、従来の音の火災警報器が鳴ったとき、目を覚ましたのは24人のうち半分強だったのに比べて、事

★ Dream Light、Dream Link、Nova Dreamerの名前の付いた製品や、面白そうなハーンのElectric「Dream Machine」を販売している(イギリスの心理学者、Keith Hearneには同名の著書、『*The Dream Machine*(夢の機械)』がある)。
★★ 2011年頃は、16~34歳のほぼ60%が時間を把握する主な手段として、彼らの携帯電話を使っていた(参照 https://today.yougov.com/topics/lifestyle/articles-reports/2011/05/05/brother-do-you-have-time)。今日、その数字は明らかにもっと高い。

前録音の、親からの子供の名前の連呼、続く「目を覚ませ！　起きよ！　部屋を出よ！」という命令で、一人を除くすべての子供たちが目を覚ました。さらに、従来の警報器の場合と比べて、2倍以上の子供たちが、避難手順を首尾よくこなし、その結果、昔ながらの警報器での3分に対して、平均で20秒しかかからなかった。もし本当に火事が起きたら、そんな簡単なセンスハックが生死を分けるかもしれない。[44]

睡眠慣性［睡眠から覚醒状態に切り替えができない一過性のぼんやり状態］

多くの人にとって難しいのは、眠りに落ちることだけではない。目覚めることもまた難しい。その上、それだけでも大変なのに、「睡眠慣性」、または１９６８年にある研究者が『ネイチャー』誌に執筆する中で、魅力的に名付けている「睡眠酩酊」として知られている、眠りの長期的余波がある。その認知機能障害の持続時間と重症度は、あなたの最近の睡眠歴と目覚めの睡眠段階の両方に掛かっている。当然のことながら、睡眠慣性は、深い徐波睡眠から目覚めた場合は、より顕著である。『ガーディアン』紙に、睡眠の最も浅い段階で目覚めさせるアプリについて書いている評論家によると、「その効果はとてもやさしく快いので、人魚に髪の毛を撫でられながら起こされているような感じがする」らしい。ある研究グループによれば、睡眠慣性が私たちの認知能力に与える悪影響は、正味8時間の睡眠の後でさえも、目覚めた後、2～4時間も続くことがあるという。[45]

それならば、多くの人がこの毎日の集中力不足に対抗するために、コーヒーに手を伸ばすのも当然だ。理由は何であれ、カフェインを避けたい人にとっての良い知らせは、カフェインレスのコーヒーでも、無気力を改善できるということだ。少なくとも、あなたがカフェイン入りのコーヒーの愛好者であれば、の話だが。さて、前出の歯磨き粉の例に戻ろう。朝一番に歯を磨くとき、口をミントの泡でいっぱいにすると睡眠慣性に対抗するのに、何らかの効果があるのだろうか？　私は効果があると思う。または、この点に関して、コーヒーよりも良いのは、ある進取的な新興企業が数年前に発売した、カフェイン入りのPower Energy歯磨き粉だろう。[★] コルゲート・パーモリーブ社〔ニューヨークに本拠地を置く多国籍企業。洗剤類、ペットフードなど日常生活用品を開発、製造、販売する〕は、2013年にカフェインパッチを取り付けた歯ブラシの特許を申請した。私たちを覚醒させるという観点から、香りの高いボディソープを使ってシャワーを浴びるのとほぼ同じ効果があるのだろうが、いまだに、この特別な「香り・感覚」戦略に関する研究はそれほど多くはない。[46]

★ カフェインは胃壁より歯茎を通してのほうがより早く吸収される。しかし、その効果の持続はより短い。

睡眠慣性は、宇宙飛行士や、長距離の定期航空便のパイロットにとって、特に関連する問題である。訓練豊富な両グループの乗組員はたまに、予期せぬ飛行中の緊急事態に対応するために突然目覚める必要がある。実際、結果的に150人以上の死者を出した2010年のエア・インディア・エクスプレス墜落事故の一因は、飛行中の仮眠から目覚めたばかりの機長の、不適切な判断だったかもしれない。睡眠不足は、チャレンジャー号爆発事故は言うに及ばず、スリーマイル島とチェルノブイリ原発事故にも、エクソン・バルディーズ号原油流出事故（この場合、アルコールもまた関与していたかもしれない）にも関係があるとされてきた。夜勤で、仮眠から起きたばかりの当直の医師や、看護師による決断にも、同様に悪影響が出るだろう。[47]

刺激的な一杯のコーヒー以外に、睡眠慣性の影響を打ち消すのに役立つ可能性があるセンスハックには、美しい旋律の音楽がある。2020年に発表された論文で、メルボルンのオーストラリア人研究者グループは、そのような音楽とともに目覚めると、目覚めのときにいつも経験する集中力不足を打ち消すのに効果的だという。彼らは自己申告のオンラインアンケートを用いて、50人のグループが経験した睡眠慣性の重症度を、目覚めの際の音楽に応じて評価した。少なくとも、通常の目覚まし時計で起こされるのに比べて、美しい旋律の音楽がダントツの一位であり、軽快な音楽が私たちの注意を集中させるようだ。研究者たちの考えを知りたければ、ザ・ビーチ・ボーイズ〔アメリカのロックバンド〕の１９６６年の「グッド・バイブレーション」、またはザ・キュアー〔イングランド・ウエスト・サセックスのタウン、クローリー出身のロックバンド〕の１９８５年の「クロース・トゥ・ミー」が最適だ。一日をもう少しクラッシックなもので始めたい人は、ベートーヴェンの「エリーゼのために」か、アントニオ・ヴィヴァルディの「四季」はどうだろうか。[48]

夜明けの光はあなたを目覚めさせられるか？

これとは別に、朝、明るい光を浴びると、幸福感と主観的な気分、それに認知機能に、有益な効果があると証明する多数の文献がある。ある研究で、明るい人工照明と、夜明けのシミュレーションライト及び単色の青色光とを比較した。明るい夜明けの人工光が、認知能力に与える恩恵は、睡眠を6時間に限定した第一夜のみ明白だったが、主観的気分や幸福感の評価は、続く実験室での二晩のほうが高かった。一方、単色の青色光を浴びると、体内時計の位相〔リズム〕リセットの兆候が見られた。一部の進歩的な空港は、長距離飛行後の乗客を青色光で迎えている。ひざの後ろに明るい光を当てると体内時計のリセットに役立つという考えを聞いたことがある人に対して、残念ながら、その主張を裏付ける証拠はない。だから、アドバイスするならば、差し当たっては静かに待つべきだろう。[49]

規則的な熟睡の確保が、私たちの社会的、情緒的、そして身体的健康に与える深い恩恵が明らかになるにつれ、早起きと短時間睡眠への信仰がついに薄れ始めている。だから、睡眠効率を最大化する一方で、より多くの人が、より多くの睡眠時間を取れるような最善の方法を見つけることが、ますます重要になっている。近い将来、睡眠のセンスハッキングは、認知行動療法計画と併用されるのではないかと思う。最新のモバイルテクノロジーを利用した睡眠のさまざまな段階への多感覚介入も、それほど遠くはないだろう。実際、すでに、SleepBot、Somnuva、Zeez SleepやSimba Sleepのような、まさに睡眠への多感覚介入を約束する、睡眠アプリや、モバイルアプリが登場している。

　シリコンバレーでは（かつての）不眠症の人のお気に入りは、スマートリング「Oura Ring」である。それはあらゆる生理学的測定を記録し、一方で、関連アプリが寝るべき時間を教えてくれる。世界中を旅しているイギリスのハリー王子が２０１８年のオーストラリア旅行の際に、これらの一つをつけているのが目撃されていたのは不思議なことではない。ツイッター社の創業者であり、ＣＥＯのジャック・ドーシーも愛用者だ。そのような解決策のおかげで、私たちが望むならば、たまたま宵っ張りであろうと早起きであろうと、すぐに睡眠衛生★を最適化し、自分好みにできるだろう。

私たちは本当にかつてないほど睡眠不足か？

睡眠の主題から外れる前に、私たちはかつてないほど睡眠不足かという問題に立ち返る必要がある。これは確かにメディアや多くの睡眠研究者から聞かれる問題提起だ。もちろん、私たちは慢性的に睡眠不足であるという提言は、睡眠ハッキングの新興産業を支えるのにも役立っている。多くの人が睡眠について悩んでいるのは明らかであり、睡眠不足は健康や幸福にとって非常に悪いのも明白だ。しかし、私たちの大多数が、かつてないほど睡眠不足だという悲観的見解は、スティーブン・ピンカー〔カナダ生まれのアメリカの認知心理学者、実験心理学者〕とその他の人々によって概説された、広義な見解に反している。多くの否定論者が私たちに何を信じさせようとしても、その見解では、多くの指標で、私たちの生活はこれまでよりもはるかに良いとしている。歴史を振り返ってみると、アリストテレスからナポレオン・ボナパルト、チャールズ・ディケンズまで、睡眠不足を訴えている有名人には事欠かない。

★ リーナス・ヘルス（エジンバラの情報処理会社）の2019年の調査によると、約4分の3のイギリス人がすでに自分の睡眠を記録している。

重要な問題は、睡眠は前向きな動向に反している領域の一つなのかということだ。1万8千人強のイギリス人が、三つの時点―1974〜1976、2000〜2001と2014〜2015のうちの一時点で記入した、睡眠時間日誌がある。少なくとも、その日誌の入念な分析に基づいた、オックスフォード大学の私の同僚による調査研究では、状況はそうではないかもしれない。彼らの結果によると、私たちは、1970年代よりは一晩に平均45分多く、睡眠を取っているようだ。それなら、状況は私たちが思い込まされているほど悪くはないだろう。さらに、ある事前登録〔実験を始める前に、第三者に研究の仮説とデータの収集・分析計画を提出しておくこと〕のコホート研究による、最新の結果も、夜間に画面を見ている時間だけが、子供たちの現在の睡眠時間に対するごくわずかな影響だとしている。[50] だからと言って、睡眠時間をもう少し増やすことが、多くの人にとって、メリットがないというわけでもなく、むしろ、以前に比べて、私たちは眠りが浅いと気付かせてくれる。だから、私たちの携帯とタブレットをしまって、眠りをもう少し楽しもう。

5
通勤
Commuting

運転は、最も危険な行為だ。私は女子学生に言っているのだが、大学生活において、彼女たちの最も確率の高い死因は、運転中のボーイフレンドの手中にある。[1]何十年たっても速度が上がっていない、数少ない活動の一つだ。[2] 現在、世界の多くの巨大都市（1千万以上の住民を有する都市と定義されている）の平均速度は時速約9マイルで、2030年までには時速約2マイルに下がると予測されている。つまり、大抵の場合、歩くか自転車のほうが賢明だろう。だから、車で通勤している多くの人が、ストレスを感じるのも当然だ。[3] 北米の人は1日平均1時間、運転をしている。[4] 販売会社のCMによくあるように、他の車が目に入らない状況で、新車を運転するなどというのは、現実ではない。私たちは皆、どこかで交通渋滞にあったり、車の排気ガスを吸ったりして、イライラしている可能性がはるかに高いのだから。

車は多くの人にとって購入するものの中で、家に次ぐ高額の買い物だ。だから、メーカーがセンスハッキングのやり方を完全にマスターしているのも不思議ではない。外観、音、匂いそして感触さえも、まさにしっくりくる印象を与えるように細心の注意を払って、巧妙に作り上げられているのだ。とはいえ、通勤もまた、流動状態である。そのわけは、新型コロナウイルス感染症によってもたらされた、公共交通機関の利用における変化や、電気やハイブリッド車、半自律走行車の台頭、無人自動車の出現の兆しにもある。間もなく、空飛ぶ車だって出現するかもしれない。確かに、これらのアイデアを実現するための技術的課題は急速に克服されつつあるが、現実問題として、進化論的に非常に不自然な活動に関する重要な心理的課題を忘れてはならない。私たちの脳は運転するようには進化して来なかったのだ。だから、多くの人が車酔いをするのだろう。

実在するものとしないもの

車は多感覚デザインの典型的なケースだ。視覚、音、匂い、そして感触さえ通して、ドライバーに無意識にしっくり感を伝えるように、すべてが設計されている。車のエンジン音から、ドアが閉まるときのバタンという心強い音まで、そしてドライバーが手に感じる車のキーの重さから、新車のすてきな匂いまで、すべてが注意深く設計されている。第二次世界大戦以降、ドライバーの感覚のハッキングに関しては、あらゆる分野の中で、最も多くの研究が行われてきた。その目的は、ドライバーに最適な多感覚経験を提供するためだ。センスハッキングがこれほど高度な技術、むしろ科学の域に達している分野は他にはない。実際、運転に伴う多感覚経験のハッキングのされ方を注意深く検討すると、そのようなハックが、いかに他の分野で応用されうるか、または、序文で見たような、車や他の物体上のスマイルのように、応用されてきたか、明らかになるだろう。★

やはり、「新車の匂い」から始めよう。新車の独特の匂いは、世界で最も心地よい感情価〔喚起される感情の質的な違いを規定するもので、ポジティブとネガティブを両極とした軸によって表現される〕を持った匂いだろう。しかし、実際の車の匂いは、うだるような暑さの車内のプラスチックが出す、あらゆる揮発性の有機化合物からの、わずかに魚臭い臭いなので、これは幾分皮肉だ。本物のクルミ材の内張りや皮張りのシートは、遠い昔のことになってしまった。昨今の「新車の匂い」は、香りラボからの混合物であることが多い。たとえ革を目にしたとしても、それは大抵見せかけで、牛革の合成アロマを染み込ませたものだ。自動車会社は、車内の匂いの適正化を深刻に捉えている。自動車工場には、車内を適切な組み合わせの化学薬品で満たすことで、ドライバーが匂いを嗅いだときに、独特の快く満足感のある匂いを届けられるように、チーム全体で取り組んでいる人々がいる。奇妙に聞こえるかもしれないが、新車の匂いランキングさえもある。

しかし、新車の匂いには基本的に快いものはない。生まれつき、その匂いが好きな人などいないだろう。むしろ私たちは、褒美、食べ物の場合は味覚だが、車の場合は、高価商品に関連する匂いを好きになるように学習するのだ。多くの人が車に与える快の感情価は、まさに連合学習〔人や動物が、刺激と反応について、その関連を学習するプロセス〕の絶好の実例だろう。しかし、連合学習を正しく理解すれば、本当に経験を一変させることができる。連合学習に関する好例は、イギリスのロールスロイスの所有者たちからの事例報告だ。彼らはよく自慢の車を、点検、修理のためにミッドランズ〔イギリス・イングランドの中央部の地域〕に送っていた。愛車が戻ってくると、彼らは言ったものだ。「ワーオ！　新車みたいだ」。確かにそれはよく調整されており、そして磨かれてもいるが、重要な変化は新車の匂いだ。それは、革と木の香り高い混合物で、1955年型のシルバークラウドの独特の匂いを捉えている。言うならば、この車のコロンは車が客に戻される直前に、車内にスプレーされる。ロールスロイスの車体メーカーのSCゴードン社の代表取締役のヒュー・ハドランドによると、「私たちが何をしたか人々にはわからないが、彼らの車はもっと良い別物になって戻ってくると言う」。だから、次に車を売る時には、専門家からヒントをもらったらどうだろう。車に新車の匂いを吹きかけると、試運転のために誰が車を借り出そうと、確実に、魅力的な取引条件で車を売ることができるだろう。新車の匂いを吹きかけても、違いはなさそうだが、すべての研究が、絶対影響

★私は学者生活の長きにおいて、車の研究の世界から、洞察や新しい考えを取り入れ、それらをポテトチップや圧縮消臭缶まですべてのデザインに応用してきた。

があると示唆している。[5] センスハッキングするには、一度に、匂いは一つにすること。

ブルーン、ブルーン――エンジンの音はいかに大事か？

自動車メーカーは、高級ブランドの所有者が、自分の車のエンジン音に競合ブランドのものとは明確に異なる音を期待しているのを、百も承知だ。メルセデスは、BMWやポルシェのエンジン音と違わなくてはならない。とはいえ、技術の進歩により車内は、車外で起きているほぼすべてのことから音響的に隔離されている。これは実際問題として、車内の人には、事実上、何も聞こえないということだ。しかし、この静寂は、決してドライバーが望んでいるものではないし、そのために有り金をはたいたものでもない。彼らは、すばらしい買い物をしたことを確信させてくれる、独特のエンジン音に気付かせてほしいのだ。それならば、神経音響学者が、エンジン音が持つべき特定の性質を明らかにするのに、大いに力を注いでいるのも当然だ。[6] 現場のエンジニアは、車内のすべての音を首尾よくデザインした後、同じくらいの時間をかけて、うまく車内に戻すのだ。つまり、あなたが聞いているエンジン音は十中八九、人工的だ。実際に、その人工のエンジン音と、車内で実際に聞こえるエンジン音を比較した者もいる。

２０１５年、ゼネラルモーターズ社は、エンジン音を発生する電子的方法の特許を申請した。一方、フォルクスワーゲン・ゴルフのモデルには「サウンドアクター」〔人工的エンジン音を再生するために使用される車両オーディオシステム〕を内蔵しているものもある。これらのサウンドアクチュエータ〔エンジン音や排気音を人工的に作り出し車内に流す装置〕はエンジン音を増幅する。今やエンジニアは、ドライバーに彼らの車は少しだけより強力だと確信させるために、一部のファミリーカーにも、唸り音を加え始めている。[7]たとえば、プジョー３０８ＧＴｉには、複数のオートモード設定があり、ドライバーが「スポーツ」モードを選択すると、エンジンは突然、唸り始める。それだけでなく、車内の背景照明も白から真っ赤に変わる。そんなに簡単なことで、自分が運転している車がより強力だと確信するものだろうか？　この種の手法は効果があると示唆する研究もある。運転ビデオゲームを利用した、ある実験研究によると、車の音が大きいと、より速く走っているように見えるようだ。[8]一方、別の研究で、走行映像を見ている人は、本物そっくりの車内騒音レベルを5デシベル下げたら、実際の60キロの走行スピードを10％過小評価した。[9]これは、ドライバーは、エンジン音を車のスピードに関する診断合図として捉えているからだろう。あるいは、音は、多感覚的統合の結果、過ぎ去る風景の速さのような、スピードへの視覚的合図の知覚に、直接影響を与えるかもしれない。赤い照明に関しては、赤い車も赤い電車も、それらを見ている人に、他の色よりも音が大きく聞こえると証明されている。[10]

電気自動車がもたらす危険について、白熱した議論が続く中、私たちが聞いているエンジン音が「本物」ではないかもしれないという社会的認識がますます表面化してきた。道路交通騒音に関する苦情が多いことを考えると、音の静かな車は名案のように思われる。しかし、一方でその静けさが致命的にもなりうることも忘れてはならない。低速では、電気自動車は事実上音がしないので、歩行者や他の道路利用者は、視覚障害者も含めて、車がそこにいることにまったく気が付かない。実際に、２０１８年のあるレポートは、歩行者がハイブリッド車や電気自動車にひかれる可能性は、従来のディーゼル車またはガソリン車よりも40％高いと示している。[11] だから、現在多くの国で、電気自動車に低速時の人工的エンジン音を付加するように要求しているのも当然だ。電気自動車の音が厳密にどうあるべきかは、まさに神経音響学者や販売会社が取り組むべき問題だ。★

あなたにはその品質が聞こえるか？

車のドアの開閉音に関しては少し異なっている。車のドアを閉める音は決して静かになることはなかった。しかし、広告主が百も承知しているように、ショールームにいる消費者に、彼らの前にあるのはとてもすばらしい買い物だと安心させるのに役立つのは、頑丈なドアが閉まるときの、確かな**ドスンという重厚感のある音**だ。契約成立に本当に役立つのは、まさにその種の音だ。フォルクスワーゲンやルノーのような自動車メーカーは、ドアの開閉音の設計に多くの時間を費やしてきた。そして、フォルクスワーゲンは、真にすばらしい音と思えるものを作り上げた後、彼らのテレビ広告、「まさにゴルフのように」でそれを繰り返し使っている。そのキャンペーンは、フォルクスワーゲン・ゴルフのドアの閉まる音は、その他の同様のモデルよりもはるかに良いという概念に基づいている。この広告の暗黙の主張は、文字通り、あなたにはその品質が聞こえるということだ。

しかし、音のデザインに関して、車のドアの音以外に私の好きな例がある。それは、車のショールームを訪れたとき、私たちの3分の1がとるらしい行動である。つまり、ダッシュボードをげんこつで軽く叩いて音を聞く。これは一度購入した正気な人なら、誰もしないことだ。しかし、それは、客が車のショールームでどのモデルにしようかと決めているその瞬間に、状況を一変させることがある。[12] それなら、一部の自動車メーカーが、ダッシュボードを軽く叩いたときの、適切な音の開発に取り組んでいるのも不思議ではない。何と言っても、

★これは初代の『スター・ウォーズ』の舞台装置家にかつて降りかかった問題、すなわち、ライトセーバー（映画に出てくる光のサーベル）はどんな音を出すべきかという問題を彷彿させる。

それは、クラクションの音とともに、車の販売の驚くほど重要な推進要因なのだ。[13]

高級車市場では、車のデザインに、細心の注意を払っている。たとえば、ベントレー・コンチネンタルGTでは、インディケーターの音すらも旅行用携帯時計のチクタクという音を真似て、巧妙に作り上げられている。この特別な音は、歴史と遺産、文化と階級との関連から選ばれた〔フランスでは、時計の起源は、「将校の時計」として知られており、1812年、皇帝ナポレオンのために、初めて発明されたことから、歴史的遺産であり、文化的階級を反映していると考えられる〕。

「手の平にしっくり馴染むように」

車は感触も大事だ。手にした車のキーの重さをちょっと考えてごらん。それはしっくり感が必要だよね？　感触は、前述した聴覚と嗅覚の合図のように、契約成立のための、微妙な感覚的合図として利用されることがある。この点に関して思い出されるのは、大恐慌時代にシェルダンとアレンズ〔エグモント・アレンズはアメリカの工業デザイナー、編集者〕によって進められたアプローチだ。彼らの1932年の著書『*Consumer Engineering*（消費者工学）』からの重要《キー》な助言は、ダジャレで失礼〔車のキーと「重要な」を懸けている〕、「手の平にしっくり馴染むように」だった。車の感触の重要性に関する彼らの見解を考慮すると、これらの先駆的な研究者たちの著書から、長々と引用する価値がある。

手は、目に次いで、受け取りを伝える最初のセンサーだ。手の判定が好ましくなければ、見た目がいくら魅力的なものでも、それにふさわしい人気を得ることはないだろう。一方、手に馴染むようにデザインされた商品は、無意識のうちに、好意的に受けいれられる。しかし、何がその後の購入を決定するのだろうか？　自動車購入の決定的要因は、フリーホイール〔惰性で走行すること〕やクロムの飾りの装置ではなく、ドアの取っ手、ハンドル、内張りの感触である。[14]

「黒色だったら、どんな色でもご要望にお応えします」。これはアメリカの自動車メーカーで実業家のヘンリー・フォードが発した有名な文句だ。★　実際、色はあなたが思っている以上に重要だ。オンライン販売による、２００万台以上の車を分析した結果、人々が最もお金を出したがらないのは、ゴールド色の中古車だった。黄色の車は、その珍しさのせいで、値段よりも高い価値を維持している（ただ、一部の国ではその色はタクシーを想像させるかもし

★黒は色の欠如が特徴的な、無彩色なので、この発言は完全に正確というわけではない。その発言の出所もまた、疑問視されている。

れない）。一方、赤い車は、どんな色よりも速く走り、多くの騒音を出しそうに思われていることを考えると、交通警官の厄介になった人にとって望ましくない色だろう。[15]

テクノとリアルタイム対戦ゲームの関係は？

しかし、車の見かけの走行速度に影響を与えるのは、塗料の色やエンジン音だけではない。少なくとも、ある研究で、学生にさまざまな種類の音楽を聴かせながら、ビデオゲームか、シミュレーターで運転させたときは、そうではなかった。アップテンポのテクノミュージックを聴いている場合は、少し静かな音楽に比べて、運転が速くなり、より多くの仮想道路交通法を破ったのは明白だ。[16] 興味深いことに、そのような興奮する状況でも、運転手は他の車に全然注意を払っていないわけではない。むしろ、彼らの視覚的注意は車の真正面の道路に焦点が絞られている。つまり、彼らは正面以外の周辺で起きている多くのことを見逃す傾向があるのだ。[17] そのような調査結果を考えると、アメリカのある研究結果は憂慮すべきだ。その研究では、多くの男性ドライバーがカーステレオを83〜130デシベルの耳をつんざくような音量で聞いていると証明している[18]（もちろん、テクノミュージックを好きな人は、スピードを出すタイプの運転手である可能性が高いということも考えられる）。

安全運転を促進するために、ドライバーの五感をハックするという観点から、韓国の自動車メーカー、ヒュンダイはある提案をした。同社は2018年のジュネーブモーターショーで、交通渋滞でのイライラの削減に役立つように、一部のモデルにリラックス効果のある音楽を送り込むことも考えていると示唆している。つまり、車は、ドライバーのストレスを感知したら、Spotify〔音楽ストリーミングサービス。スウェーデン企業Spotify Technologyが運営。広告なしで、数千万の曲を楽しめる〕のような音楽配信サービスから「癒しの音楽」を検索、再生し、同時に車内の照明を暗くするというわけだ。[19]

テクノロジーによる注意散漫──ながら運転手の注意喚起

運転中の電話でのおしゃべりは、事故にあうリスクを4倍にする。これは多くの国で、酒気帯び運転によるリスクとほぼ同等だ。[20] 意外なことに、電話を持つという手動の側面は、主要な問題ではない。手持ちであろうとハンドフリーであろうと、リスクはあまり変わらない。根本的問題は注意を目と耳に、効果的に振り分けられないことだ。特にこの点で厄介なのは、（たとえば、モバイル機器で）聴覚的注意は話し相手に集中しており、一方、視覚的注意は前方の道路にあるという事実だ。現代の多くのテクノロジーに関して、私たちが抱えている問題は、さまざまな情報を、さまざまな方向から同時に提示できることだ。★

脳にとって、注意を複数の場所へ分割するのは困難だ。実際、1990年に私が学術研究を始めたのは、まさにその問題に取り組むためだった[21]。学部での研究プロジェクトで、話者の声と、唇の光景が、それぞれ異なった場所から来た場合、騒がしい状況下では、他の人が話していることを聞くのは困難だと証明できた。何と言っても、私たちは、一つの場所から来るすべての感覚的インプットに注意を払い（それが捕食者のものであろうと獲物のものであろうと）、視覚と音を統合してきた結果、より早く反応できるように進化してきたのだから。残念ながら、エンジニアはインターフェイス〔車のハンドルやペダル、メーターなど、車と人を視覚、聴覚、触覚でつなぐ装置や手段〕や警告信号を設計する際に、私たちの注意資源に対する、そのような認知的制約についてほとんど考えてないようだ。

私は、2000年代初期に、学部時代の研究を心理学のラボから現実的環境に広げ、リーズ大学のリリー・リード博士とともに働けることになった。私たちはハイファイ〔音や画像の再生に当たって、原音や原画を忠実に再生している状態〕の運転シミュレーターを使って、ある研究を実施した。その研究は、人が二つの声の一つを選択的に復唱しながら、仮想の道路網に沿って運転をするというものだった。時々彼らは脇から聞こえてくる声を無視しながら、真正面からの声が言っていることを復唱しなければならなかった。またあるときには、彼らは逆のことをしなければならなかった。運転中の二重課題解決能力は、脇からではなく、正面から聞こえているときのほうが、わずかではあるが示差的に良かった[22]。その意味合いは単純だ。話し相手の声がフロントガラスから聞こえてくるようにすれば、同時に二つのものに注意するのがかなり楽になり、結果的に、車の運転も若干安全になるだろう。しかし、残念ながら、そのアイデアはうまくいかなかった。マイナス面としては、同じ方向を見たり、聞いたりするのは確かに楽だが、道路状況がとても厳しいとき、誰かの声が、あなたが見ているのと同じ方向から聞こえてきたら、その声の音を遮るのは、はるかに困難だからである。★★

「それは急ぎではない」

運転中の携帯電話操作は道路上での死因の単独一位である。人々は携帯操作中に、道路から、どれぐらい目を離しているか、まったく気付いていない。それは文字通り、致命的活動だ。研究によると、運転中の携帯操作で、事故にあうリスクは驚くことに23倍にも跳ね上が

★もし、これは乗客と話している運転手と同じだと思っているならば、それは間違いだ。乗客は道路状況を把握しているので、運転手が集中すべきときがわかっている。だから、それに応じて会話を変化させたり、一時的に止めたりできるのだ。

★★ここで困難な道路状況に直面したとき、どれくらいの運転手がラジオの音量を下げたり、消したりするか考えてみたまえ。

る。[23]さらに悪いことに、携帯を操作しながら運転する人は道路から8秒以上目を離していることが繰り返し証明されているにもかかわらず、彼らは周りで起きているすべてのことに気が付いていると誤解している。最も恐ろしいのは、ドライバーはほんの一瞬しか目を離していないと思い込んでいる点だ。そのような数字を見ると、私がさまざまな会議で、その危険を強調し、法律の改正を求める運動をしているわけがわかるだろう。私だけが心配しているわけではない。携帯操作中の十代の若者が、次々に運転中に重傷を負ったり、亡くなったとき、一部の携帯電話会社もマスコミの悪評に危機感を募らせ、アメリカのAT＆Tの強力な「それは急ぎではない」キャンペーンのような、積極的なキャンペーンを展開している。

しかし、それでも運転中の携帯操作はなくならない。そこで、注意力を削ぐような車内のすべてのテクノロジーに対抗する唯一の方法は、受信したばかりのメールがどんなに面白くても、ドライバーの注意を道路に引き戻すような、より効果的な警告信号を開発することだろう。この目的を達成するために、私とオックスフォード大学のクロスモーダル研究所の同僚は、過去数十年間、世界最大手の企業とともに、ドライバーの脳を効果的にハックするために、機能性が強化された警告信号の設計に取り組んできた。[24]

たとえば、私たちは、一度に一つの感覚を刺激するアラートよりも、多感覚アラートのほうが注意散漫のドライバーの注意を引き付けるのにより効果的だと証明した。また、多感覚的警告信号が、脳が処理できるような類の刺激に似せて設計されていれば、つまり、大体同時に同じ方向からくる多感覚警告であれば、よりよく機能することも明らかにした。ほとんどのエンジニアはまだ、これを理解していないようだ。

誰かが忍び寄ってきて、突然、後ろからあなたを驚かせたら、どれほどびっくりするか、ちょっと考えてみたまえ。私たちはこの現象を新しい警告信号に生かすことができた。ドライバーの視線を道路に戻すという観点から、ドライバーの真後ろから、たとえば、ヘッドレストに取り付けたスピーカーを通して、音を出すだけで、これまで思いついたどんなものよりもはるかに効果的な警告信号を送れることを証明したのだ。しかし、なぜこの領域から出される音はそれほど効果的なのか？　それは、脳には、頭の真後ろの領域を監視する特別な回路があるからだ。ここは鏡に映してしか見ることがないので、私たちが、ほとんど考えない領域だ。しかし、認知神経科学者がニアレア・ペリパーソナル・スペース〔後部付近の脳が認識可能な手の届く空間〕と呼ぶ、後頭部の70センチ（27・6インチ）以内の空間で、聞こえる、広帯域のザーッという雑音は、自動的で無意識の防御反応を引き起こす。[25]それなら、ドライバーの脳をハックして、彼らの視線を道路に戻したければ、ここは警告信号を出す理想的な場所である。

居眠り運転

今日、運転中の眠気は道路上でのもう一つの大きな問題だ。その問題の規模がある程度、わかるように説明しよう。千人のオーストラリア人のドライバーを対象とした調査によると、80%が眠気に襲われながら、運転したことがあると報告しており、20%が比較的頻繁に「居眠り運転」をしていると認めている。[26] すべての交通事故の中で、10〜30%が運転中の運転手の居眠りに起因する。[27] そのような状況下では、ドライバーを効果的に起こす警告信号が必要だ。昔、人々を核シェルターに避難させることが差し迫った問題だったとき〔冷戦時代にアメリカ市民をソ連の核の脅威から守るため〕、聴覚警報の最適設計を目的とする、米軍の資金提供によるすばらしい研究があった。1963年、オイアとハーディックは霧笛からクラクションまで、純音〔振動波形が一つの正弦波になっている音〕からザーッという雑音まで、数百の異なる音の、警報能力を評価し、広範な研究結果を発表した。私のお気に入りは、どっと逃げ出す象と泣き叫ぶ赤ん坊だった。急いで付け加えると、どちらもこれまで導入されていない。[28] 確かに、一部の警報音は他の音よりも効果的だ。問題は、注意喚起や警報の潜在能力は、不快感に比例する傾向があることだ。[29] それゆえ、課題は100デシベルのクラクションが出す不快感を、まったく感じさせずに、ドライバーを起こすことだ。この点に関して、最寄りの核シェルターに向かうようにと知らせる音を一般市民が今まで聞いたことがあるとして、ドライバーはそれよりも頻繁にこの警報音を聞くことを覚えておくべきだ。私たちの研究では、重要な意味のある合図、直観的かつ即座に認識できる合図として、車のクラクションの音に大々的に取り組んだ。その音は注意すべき、何かが起きているという概念を効果的に伝えるはずだ。[30]

ドライバーを起こすために、電気ショックを与えることについて話し合っている人々もいる。[31] または、高度高速道路交通システム〔情報技術を用いることで、事故や渋滞、環境対策など、さまざまな道路交通問題を解決するためのシステム〕によって、車がゆっくりと車線から逸脱していることが検知されたら――これはドライバーの居眠り運転を示唆しているので――、彼らのお尻を振動させる。[32] この頃、以前よりも多くの車が、何らかの情報を伝えたり、注意を喚起するために、ドライバーに振動を与えている。ばかばかしく聞こえるかもしれないが、検討する価値はある。皮膚は体全体の16～17％を占めており、最大の感覚器官なのに、運転中はほとんど使われない。研究者はペダルから座席の後ろまで、シートベルトからハンドルまで、すべてのもの――実際、ドライバーが接触する車のあらゆる表面――を振動させようと試みた。

1967年に、ジョン・W・センダース〔カナダ、トロント大学教授、2019年没〕は、ある研究を発表した。その中で、彼は、ドライバーに視界を遮るサンバイザーをつけさせて、テスト走行させた。サンバイザーが下がったとき、センダースはストップウォッチをスタートさせ、ドライバーが道路を再び見る必要があるまでの時間を計った。また、強力な耳あてで継続的にドライバーの聴力を弱め、厚い手袋を使って触覚を遮断し、ノーズクリップで嗅覚を遮った。実際、この研究は、運転の90％は視覚であるという統計事実につながり、運転文献のあらゆるところで引用されている。[33]

また、センダースはその後、専門的技術の働きを評価するために、ボストンのタクシードライバーを使って、公道上でこの企画を繰り返した。これは、だれも倫理委員会について聞いたことがない時代だからこそ、実施できた類の研究だ。しかし、私は本当にここでの発言には気を付けなければならない。というのも、センダースの研究をちゃかしたせいで、彼の娘と気まずくなったことがあるからだ。私は気付かなかったが、彼女はケンブリッジのマイクロソフトで行った講演の聴衆の中にいたのだ。最後にその老人から連絡をもらったときは、百歳近かったが、彼自身は元気で、まだ研究に興味を持っており、私たちは２０１９年の彼の死の直前まで、わけのわからない科学的問題についてメールを交換し続けていた。

自然の効果を促進する

居眠りドライバーを起こすための、警告信号をさらに効果的にするよりも、むしろ、過ぎ去る風景について、もっとじっくり考える人もいるかもしれない。それが、ハイウェイ・イングランド〔イギリス政府所有企業。高速道路や主要幹線道路の運営、維持、改善を担当する〕による2018年の発表の背景にある洞察だった。その発表によると、2021年までに、彼らは、多くの高速道路や主要幹線道路を改善するために、150億ポンド投資する予定だという。退屈な直線道路は運転中の居眠りの原因になるというのが彼らの考えだった。景色のいい道路を導入すると、論理的には、居眠り運転の可能性を減らすのに役立つはずだ。言い換えると、先に遭遇した、自然の効果を利用して、安全運転を促進するのだ。しかし、運転中の自然との触れ合いが、具体的にどんな役に立つのか？　確かに、自然の中での運転は、準市街地や、立て込んだ環境の中をゆっくりと進むよりも、知的能力に対して害が少ないかもしれないとする研究もある。

　ある研究で、ドライバーに、かなり困難なインスタグラムの解読に長時間取り組ませたとき、景色のいいパークウェイのドライブの短いビデオを見た後のほうが、同時間、普通のハイウェイや立て込んだハイウェイのドライブのビデオを見た後に比べて、イライラ感が少なかったという結果が出た。[34]　一方、別の研究では、都市の沿道の光景のビデオよりも、植物に覆われた沿道の光景のビデオを見た後のほうが、怒りや敵意、恐怖の感情が減少しただけでなく、ストレスからのより大きな回復力を示した。[35]　しかし、どんなに素敵な景色でも、前方の道路に注意を集中させ続けている間に、背景に消えていくと言う人もいるかもしれない。[36]

一方、道路交通当局が、市街地の交通騒音削減の試みとして提案している、「地下」道での運転は、さらに楽しくない。多くの人がこれを最も不愉快な経験だと思っていることを考えると、ドライバーにとって、何かしらの景色を見ることがいかに重要かわかる。[37]

車が登場するずっと以前、ルネサンス時代の建築家、レオン・バティスタ・アルベルティは、道路は気持ちのいい景色で満たされるべきだと書いている。[38] 1920年代後期に、タコニックステイトパークウェイ委員会は、この提案に忠実に、ニューヨーク市といくつかの州立公園、キャッツキル山地、アディロンダック山地〔ともにニューヨーク州の山地〕を結ぶ、103マイルのハイウェイを建設した。この道路は、第一に、将来この曲がりくねった道路を運転する人が感じる喜びのために建設されたという点で独特だ。『ニューヨーク・タイムズ』紙に投稿した、ジャーナリストのマーク・ヒーリーは、ウエストチェスターからコロンビア郡まで走っている、この特別なパークウェイのドライブを「夢のようだ」と描写しており、別の著述家は、「それは110マイルの絵葉書であり、すべての季節に私がこれまで見た中で、最も美しい道路だ」と描写している。「タコニックステイトパークウェイには看板がまったくなく、おぞましいドライブインや、料金所、ガードレールもなく、トラックもいない。そこに豊富にあるのは木である。沿道に並ぶ木々であり、中央分離帯のオーク、松、楓の木立だ」とヒーリーは書いている。[39] 今日、そんなプロジェクトにお金をかけるような変わり者がいるとは想像しがたいことを考えると、このアイデアを最初に思い付いた人々の先見の明に拍手を送るしかない。特筆すべきは、このアイデアには、フランクリン・D・ローズヴェルト〔アメリカ合衆国第32代大統領〕の指揮の下、資金が提供されたことだ。その景色は、たとえ、運転中に見ても、永続的な自然の証として際立っている。ただ、運転能力が同じで、これらの風光明媚な道路と、退屈な運転での事故率を比較した結果について、もう少し知っておくのも面白いだろう。

運転行動の変化は、J・L・Gubbelsによる１９３８年版『*American highways and roadside*（アメリカの高速道路と沿道）』からの次の引用によって、説明される。

> ＡＢ間の最良の道路は、経済的で、安全で、面白い道路である。高速道路交通の67％が喜びのためであり、それは変化に由来していると推定される。ＡＢ間の計測距離が40マイルであろうと、43マイルであろうと運転手はまったく気にしない。もし余計な3マイルのおかげで、遠くの小川の景色を長い間、楽しんだり、丘の上から、牛や馬や羊が草を食べている広い窪地を見下ろし、農夫が干し草を刈ったり、黒い芝土を掘り起こしているのを見たり、張り出している木のアーチの下で、前方の道路が神秘的にカーブしているのを目にすれば、彼は余計な数分間を惜しまないだろう。[40]

都会の環境は、自然の景色とは異なって見えるだけでなく、音も匂いも異なっている★ことを考えると、運転から得られる楽しみに関係なく、そのような聴覚的、または嗅覚的合図は、私たちの気分や心の状態に影響するのか、知りたい人もいるかもしれない。何と言っても、タコニックステイトパークウェイのハドソン川沿いをカーブしているときよりも、交通渋滞にはまったときのほうが、大気汚染が鼻腔を刺激する可能性ははるかに高い。匂いは本当に重要だという見解と首尾一貫して、研究者たちはロサンゼルスで報告されている交通事故の数が、いかに大気汚染と相関関係があるかを強調してきた。[41] よく考えてみると、他のすべてが同じであれば、大気汚染が増えれば増えるほど、大気汚染を引き起こしている車がそれだけ多く路上にいることが想定されるのだから、この相関関係は驚くほどではないだろう。

しかし、その一方で、車の窓を閉め、エアコンを最強にしていると、香り高い田舎を運転しているときでさえも、まったく匂いを嗅ぐことがないかもしれない。これが、数年前、あるイギリスの自動車会社が、彼らの車ための香りディスプレイ〔香りを提示する装置〕の開発を検討することにした一因だった。その発想はＧＰＳで車の位置を定期的に確認し、車内に適切な自然の人工的香りを送り込むように機器に指示するというものだ。もし鼻腔が、松の木の匂いや雨の降った直後の大地の匂いによって刺激されれば、森の中の運転がどれほどはるかに楽しいか、ちょっと考えてみたまえ。興味深い発想のようだが、完全に、多感覚的調和だ。

香りのディスプレイの話が少し突飛に聞こえるならば、シトロエン〔フランスの大手自動車メーカー〕のことを考えてみたまえ。数年前、彼らは換気装置を通して九つの香りが出てくるC4モデルを発売した。香りは、「旅行」、「活力」、「健康」のイメージと一致するように作られた三つの香りの、三グループに分けられた[42]。最初の三つの交換用カートリッジは無料、つまり車はレフィル購入が必要になるまでの6カ月間はいい香りがするだろう。2014年にメルセデスも、一部のモデルで顧客に嗅覚ディスプレイを提供した[43]。しかし、レフィルにお金をかける価値があると人々に納得させるのは、最終的に困難だろう[44]。

もちろん、人工的な自然の香りを放出するのにそんなハイテク機器は必要ない。ドライバーは何十年も前から、香りをしみこませた、ボール紙の松の木をバックミラーにぶら下げている。しかし、その解決策の問題は（家の章で見たように）、脳はすぐに心地よい、自然な香りに適応する傾向があるのだ。だから、車のドアを開けたときには、その香りに気付くか

★しかし、アップルヤード、リンチ、そしてメイヤーが1965年（『The view from the road』17頁）に書いているように、「車の運転感覚は主として動きと空間の感覚であり、連続的変化の中で感じられるものだ。音や匂いよりも視覚が主要な感覚だ（中略）音や匂い、感触、天気は、歩行者の経験に比べると、すべて希薄化される」

もしれないが、その後はあまりそれについて考えないだろう。[45] このことから、少なくとも、ドライバーを匂いに集中させるという点では、風景に調和した香りの放出に関する限り、定期的な香りの放出は大きな期待が見込める。

　数分ごとに数秒間、ペパーミントの香りを放出すると、かなり退屈なものはもちろん、種々の反復行動課題において、人々の認知能力を向上させる。[46] だから、居眠りドライバーを起こすのに、前述の大音量の不快な聴覚警報よりも、香りのディスプレイが利用される可能性が非常に高い。シナモン、ペパーミント、ローズマリー、ユーカリ、またはレモンのような、刺激的な香りを放出するほうが、同じ目的を達成するのに、はるかに嫌悪感の少ない方法だ。

　通常は、二つの感覚を刺激するほうが、一つの感覚を刺激するよりも良いようだ。ある日本人チームは、ありとあらゆるものを使って、居眠り中のトラック運転手に一撃を与えようとした。これには、ハンドルを通して伝えられる電気指マッサージ、酸素スプレー、グレープフルーツの香りのひと吹き、そして**最高傑作**は、スルメを噛むことが含まれていた。★ それでも、この特別な研究に参加した9人のトラック運転手の口頭報告によると、注意を喚起し続けるという観点から、感覚的合図は多ければ多いほど良いということだ。[47] もちろん、理想的には、疲れている運転手は誰でも休憩すべきだ。しかし、彼らが実際にそうしているのを確認できるまでは、ちょっとした嗅覚的刺激剤（スルメも含めて）が、ドライバーの感覚をハッキングする効果的な方法かもしれない。

嗅覚的刺激の観点から、あおり運転の発生率を減らするために、ラベンダーのような落ち着いた香りの利用を検討している者たちもいる。[48] アロマテラピーのエッセンシャルオイルの放出も、ストレスのたまったドライバーを落ち着かせ、安全運転に役立つかもしれない。[49] そして、もちろん、それが大気汚染関連のあの不快な臭いを消すのに役立てば、なおさら良いのだが。[50] 運転席からのちょっとしたマッサージを追加すれば、すべてがすぐにうまくいくと私は確信している。

いわゆる高度道路交通システムは、今や、生理信号のモニタリングによって、ドライバーがどれくらいストレスを感じているか、リラックスしているか、また、眠気を感じているかを追跡できる。ストレスの明確な兆候には、ハンドルの固い握りしめや、急ブレーキがある。頻繁過ぎる瞬きや、ドライバーの音声返答のトーンの独特な変化や、イントネーションのパターンの変化は、ドライバーの心理状態に関する有用な手掛かりを提供する場合がある。しかし、ここで重要なのは、運転手の声だけではない。指示する声を変えるだけで、運転手が車内の口頭指示に従う確率を変えることも可能だ。『フルメタル・ジャケット』の軍事訓練

★いや、私は最後のものについても確信はない。

教官のように大声で指示すれば、ドライバー・サポート・アシスタントのアレクサやシリのように滑らかな口調の場合とは、非常に異なった（たとえば、より即座の）反応を引き出すだろう。[51]

危険な解決策

最終的に、どんな安全介入が導入されたとしても、真の課題は、リスク補償の現象〔安全対策が進み、危険が低下したと認知すると、人間は以前よりも危険性が高い行動をする傾向がある〕から生じる。私たちは、運転行動を調整して、一定レベルの知覚リスクを生み出す傾向があるらしい。だから、運転を安全にするための何らかの新しい介入――たとえば、強制的なシートベルトの着用、またはアンチロックブレーキ〔車の急ブレーキをかけたとき、タイヤがロックするのを防ぐことで、安全に止まれるようにした装置〕――が現れるや否や、道路上で何をしようと、車はドライバーを（おそらく）守ってくれるとわかるとすぐに、さらなるリスクを冒し始める。[52] 私のお気に入りの提案は、ハンドルに、本物であろうと、バーチャルであろうと、大釘をつけることだ。[53] これはドライバーの知覚リスクを劇的に増やし、その結果、彼らはより注意深く運転するだろう。独創的だろう？

正直に言って、ハンドルに大釘をつけるのは実践的ではないが、ドライバーのリスク知覚の観点から、ドライバーに正しい行動変容を促すために、何か他にできることはないだろうか？　私は数年前、世界的な自動車メーカーと共に、まさにそのようなプロジェクトに従事していた。私たちの目的は、ドライバーの脳をハックして、何があったのかまったく気づかずに、もう少し恐怖を感じさせることだった。その発想はしごく簡単である。私たちはフロントガラスの運転手の側に、彼らに意識させないように、恐ろしい映像を投影しようとした。認知神経科学研究によると、怖い顔——たとえば誰かの白目を見て★——が提示されたとき、たとえそれらが誰の心にも残らないほどの短い間、点滅したとしても、それでも脳の恐怖回線路を作動させうる。[54] 残念なことに、私たちはこの特別なセンスハックを、実現することができなかった。しかし、国際的な報道機関がこの計画を聞いたとき、とてもすばらしい報道をしてくれた。

★あるいはさらに良いのは、映画『シャイニング』の中の「ジョニー登場！」のシーンで、狂った管理人を演じている、ジャック・ニコルソンの顔をちょっと想像してみたまえ。

「とても心配」――そもそもなぜ私たちは車酔いをするのか？

車が着実に動いている間、体は、私たちは動いていないと言う。しかし、他の感覚は、私たちは動いていると言う。体の位置感覚と、動きの感覚、それぞれ、自己受容感覚と運動感覚は、脳に私たちは動いていないと知らせるが、内耳の三半規管の中での液体スロッシング〔三半規管の中の液体（リンパ液）が頭の動きによって動くこと〕、いわゆる平衡感覚は、脳に私たちは**本当に**動いていると伝える。感覚の不一致または混乱は、神経毒〔神経系の働きに作用する毒、生物由来の神経毒には、ヘビやサソリの毒等がある〕を摂取した結果の一つとしても起こる。だから、進化論的観点から、潜在的な毒を取り除くために、最後に食べたものを吐き出そうとするのは理にかなっている。[55]だが、車酔い回避の観点から、最良の方策は、景色から目を離さず、視覚が、通常通り機能して、他の感覚からの矛盾したインプットを支配し、たとえ、必ずしもそのように感じなくても、すべての感覚に、あなたは本当に動いていると納得させてくれるのを願うことだ。★

私たちの脳は、運転を念頭に置いて進化してきたわけではない。この事実は、多くの人が、乗客として、読書など、道路以外の何かに集中しているときに、車酔いをする理由を説明するのに役立つかもしれない。進化的に言えば、私たちが最後に食べた栄養価の高い食事を吐き出すことは、特に賢明な行動とは思われないだろう。この明らかに不適応な行動を説明するための興味深い提案は、ミシェル・トリーズマン教授〔オックスフォード大学、認知心理学者〕からのものだ。私は、1997年にオックスフォードで教鞭をとり始めたとき、彼の実験室を引き継いだ。★★『サイエンス』誌に掲載されたある論文の中で、ミシェルは車酔いをする人の25～50%にとっての問題は、異なった感覚に入ってくるインプット間の不整合かもしれないと推測している。

車酔いをしないとうぬぼれている人は、ちょっと待ってくれ。その問題は、半自律走行車を乗り回し始めるや否や、猛烈にあなたを襲う可能性がある。その状況を想像してみたまえ。

★ 通常、私は車酔いをしないが、10歳かそこらのとき、リーズからイルクリー（ともに北イギリスの西ヨークシャーの都市）までの約12マイルの旅行中に、窓の無いバンの後部座席に後ろ向きに座っていたときのことをしっかりと覚えている。何ということだ。いやあ、目的地に着いた時、私は吐きそうだった！　しかしこの場合、私をひどい目に合わせたのは、私には動きに関する視覚的合図がなかったという事実とともに、（私が後ろ向きだったことを考えると）加速と減速の異常なパターンだったと思う。確信を持って言えるのは、一度で十分だということだ！　私はもちろんその間違いを繰り返すことはなかった。病気誘発学習は、私たちが示す最も迅速で強固な反応の一つだ。

★★ 彼は私が序文で名前を挙げた教授たちの一人ではない。

あなたは、車の中で、あなたが操縦権を取り戻す必要があると車から告げられる、まれな機会を待っているのだ。これは認知人間工学者にとって、真の難題を引き起こす。ドライバーは、ほとんどの時間、まったく何もせずに、常に準備万端の状態で座っているのは極めて退屈だと感じるかもしれない。[56] 必要な事態が起きたら、すぐに操縦を引き継げるように、十分注意を払いながら、好きな映画やネットフリックスの番組を楽しんでいたら、それは暇つぶしに役立ちそうだ。しかし、これはまた、車酔いを誘発する理想的な状況――つまり、人が移動している車以外の何かに集中している状況――を作り出す可能性がある。だが、他に手立てがないわけではない。というのも、その問題に効果的に取り組む、センスハッキングの解決策を思い付いたと主張する科学者たちが、特許を申請したからだ。彼らの主張によると、コンピューター機能を持つメガネで、運転手の周辺視野の中に光を照射して、車外での移動を真似ることで、脳を騙し、車酔いを回避できるのだ。自動運転車市場が2035年までには630億ポンド相当になることを考えると、この特別な問題の効果的な解決策を見つけ出すのは極めて重要だ。[57]

行く手に広がる道のり

通勤も含めて、移動には近い将来、何らかの根本的混乱が起きそうなのは確かだ。テスラ

〔カリフォルニア州サンフランシスコ・ベイエリア地域内のサンタクララ郡パロアルトに本社を置く、アメリカの電動輸送機器およびクリーンエネルギー関連企業〕は２０１７年のこれまでで最も安い製品、モデル３を含む、多くの新しいモデルを発売している。だから、すでに、電気自動車は私たちの身近にあるのだ。半自律運転は現在、北米の多くの州では合法であり、また、同様の案が近い将来、世界の他の場所でも、展開されることは、（死亡事故にもかかわらず）確実視されている。ならば、最大手の自動車メーカーさえも、従来車を製造する前途が、今後何十年もあるのか疑問視するのも当然だ。最近、個人輸送業界への妨害は業界大手のフォードやトヨタよりも、グーグル、アップル、ヌートノミー〔自動運転車開発の米新興企業〕、リフト〔カリフォルニア州サンフランシスコに本社を置く配車サービス企業、ライドシェア業界で、ウーバーとトップ争いをしている〕あるいはウーバー・テクノロジーズのような会社から来る可能性がはるかに高くなっている。[58] 電化やカーシェアリング、または自動運転が台頭してくれば、自動車会社が、長年にわたって多額のお金を費やし、高価な市場キャンペーンを張って作り上げてきた伝統的ブランドはますます脆弱に見えてくる。自動車輸送機関が、いよいよ、ライドシェアアプリ部門のようになってくれば、従来の大手の車メーカーが現代の主流に居続けるように奮闘するのも当然だ。[59] しかし、これから何が起きようと、通勤者の脳は、職場や他のどんな場所にも運転していくようには進化してこなかったことを考えると、この部門で最も成功した、影響力のある組織になるには、脳をセンスハッキングするための、最適な方法を考え出す必要があるのは明らかだ。

6

職場

Workplace

日本語には**過労死**という言葉がある。文字通り、働きすぎで死ぬことを意味している。あまりにも深刻な問題であるため、2018年、日本政府は、労働者の残業時間を制限する法律を導入した。1カ月で100時間以内、そして年間最大720時間だ。そのような長時間のオフィスワークの文化は、日本以外では類を見ない。全世界の労働者は、起きている時間の多くを、他のどの場所よりもオフィス内で過ごしている。たとえば、アメリカでは、1週間の平均労働時間は現在、34時間強である。これはメキシコの最大週間平均労働時間の約43時間や、ドイツの最小週間平均時間の26・5時間と同程度だ。一方、2019年の報道によると、「長時間のオフィス勤務はあなたの『体内時計を狂わせる』ことがある」という見出しが示唆しているように、イギリス人はヨーロッパで最も長時間働いている。[1] 確かに、これらの全国平均には、個人差は反映されていないが、多くの人が通常、週60〜70時間働いていると報告している。『ハーバード・ビジネス・レビュー』のあるレポートによると、高額所得者の62％が、週、50時間以上、35％が60時間以上、10％が80時間以上働いている。[2] スタンフォード大学のジョン・ペンカヴェルは、第一次世界大戦中に週70時間働いていたという、女性の軍需労働者の分析（これは、その分野では古典的研究である）を行っている。皮肉なことに、その研究によると、彼女たちの仕事量は、週56時間しか働いていない人とあまり変わらなかったようだ。[3]

多くの人が実際に楽しんでいるのであれば、仕事に多くの時間を費やすのはそれほど悪くはないだろう。しかし、そんなことはめったにない。多くの調査が、労働者のストレスレベルと離職は増えるばかりだと強調している。たとえば、2011〜2012年のギャラップ調査によると、注意散漫や、やる気のない労働者による、生産性の喪失は、アメリカだけでも約45百億〜55百億ドルだったという。レポートの著者によると、「2012年の終わりには、（中略）アメリカの労働者の中で、職場で熱心に仕事に取り組み、全力を尽くしているのは、30％だけだろう」。52％はやる気がなく、18％は仕事が嫌いだと認めている。また、2017年の調査で、70％以上のオーストラリア人が、仕事でストレスを感じていると報告している。[4]

今日、都市社会では仕事関連のストレスは、心血管疾患からうつ病まで、筋骨格疾患から背中の痛みまでのすべてを含む、多くの非感染性疾患〔不健康な食事や運動不足、喫煙、過度の飲酒、大気汚染などにより引き起こされる、ガン、糖尿病、循環器疾患、呼吸器疾患など、生活改善によって予防可能な慢性疾患〕に対して、重要な影響力を持っている。一部のトレンディな会社は、滑り台やロッククライミングウォール（たとえば、シティ・オブ・ロンドンの超高層ビル、22ビショップのガラスのクライミングウォール）から、ゴーカートや射撃練習場まで、あらゆるものを導入して、その問題に取り組もうとしている。しかし、多くの従業員は、支援や正しい評価のほうが良いと言っている。[5] 他の解決策に、マッサージがある。フロリダのティファニー・フィールドと彼女の同僚によると、昼休みの15分間のマッサージで午後の集中力が高まるようだ。この研究に加わった幸運な参加者たちは、5週間、毎日マッサージを受けた。悪い話じゃないよね。[6]

職場での感覚的アンバランス

私たちは、生活の90％を屋内で過ごすようには進化して来なかったのだ。だから、前述の否定的結果は驚くにはあたらない。屋内（つまり、ほとんどの人が働いている場所）で長時間過ごすと、感覚的刺激のアンバランスによって多くの健康問題を引き起こすと言われている。たとえば、北部地域では、季節性情動障害（ＳＡＤ）は大きな問題だ。冬場の慢性的自然光不足のせいで、日照時間の短い、日中のオフィスアワーにめったに外に出ない人々は、簡単にうつ状態に陥る可能性がある。問題の規模をある程度伝えるとすれば、マンハッタンだけでも２００万人もの労働者が、冬場の日光不足の悪影響に悩まされていると推定される。解決策は、自然光を真似た明るい人工照明を浴びること、または、どこか陽気で暖かいところに引っ越すことだ。十分な採光の確保が、職場での能率や幸福度を高める、最も簡単で効果的なセンスハックだ。[7]

無駄のないデザインはいかが？

時の経過とともに、職場の本質そのものが変わった。18世紀のイギリスの事業家であるジョサイア・ウェッジウッドは、職場を清潔に保つという考えによって高く評価されてきた。現在、オフィスデザインに対する「無駄を徹底的に排除した」アプローチが広く浸透しているのは、彼のおかげだろう。[8] しかし、２０１９年に『エコノミスト』で指摘されているように、オフィスデザインは常に変化している。

20世紀初頭、初期のアメリカ人経営コンサルタント、フレデリック・テイラーが促進したように、オフィスは、工場の配置を模倣して、監視下にあるタイピスト事務員を何列も並べて配置し、効率の最大化を目指した。１９６０年代、あまり堅苦しくないオフィス用室内デザイン（「オフィス環境デザイン」）が、ドイツから海峡を越えて広まった。１９８０年代は「キュウビクルクルファーム」〔部屋を間仕切りで小さく区切ったオフィス〕が導入された。今日、オープンプランオフィス〔間仕切りのないオフィス〕や未指定の「ホットデスク」〔誰でも使える机やコンピューター〕は階層のフラット化と、打ち解けた雰囲気の促進を目指している。[9]

シックビルについて語る

「ＳＢＳ」は「シックビル症候群」を意味する略語だ。これは健康障害の苦情が、予想以上に多いビルに由来する名称である。１９８２年、世界保健機関は、その状態を「室内気候に起因し、ビルの居住者が知覚している、粘膜や皮膚のさまざまな症状」と定義している。最も一般的な症状は、無気力、頭痛、鼻や喉の炎症、そして目の炎症だ。スウェーデンの推定によると、約12％の女性従業員と４％の男性従業員がこの病気に冒されているという。ちなみに、世紀転換期に、イギリス経済に対する損失は、年間約６億ポンドで、会社の給与の総額の約２％になると推定されていた。

西洋におけるＳＢＳの最初の報告は、１９７０年代の原油禁輸措置の間に現れ始めた。原油禁輸措置の影響で、多くのオフィスビルの換気基準が下げられたのが原因である。ＳＢＳは窓を開けて、新鮮な空気を取り入れられるビルよりも、主に自然換気が乏しく、密閉されたビルのほうが多発する傾向がある。適切な換気不足は、オフィスビルの家具や塗装膜から放出される揮発性有機化合物（ＶＯＣｓ）の増大の原因になりうる。換気不足のビルでは、皆が継続的に吐き出す二酸化炭素レベルも、理想的とは言えない。ＳＢＳの急激な増加の多くが、大気汚染や空気中の「未知の」(つまり、慣れていない)匂いと関連付けられている。ただ、(それが適切な表現であるとすれば)気を付けるべき匂いに関しては、いまだに具体的な説明はない。[10]

近年、職場でのSBSの報告は、やや減少しているように思われる。明確な因果関係のメカニズムが確立されていないために、評論家の中には、十分に裏付けされたSBSの初期の大流行の多くは、特定の環境的要因ではなく、集団ヒステリー(集団のメンバー全体に、同じ激しい精神的動揺が広がること)を反映したのではないかと思う者もいた。中には(その病気には何らかの精神的要素があるのではないかと暗示しつつ)、「病んでいる」のは従業員なのか、ビルなのかと疑問を抱く者さえもいた。原因が何であれ、室内空気汚染のレベルを下げるのに役立つことは何でもSBSの症状を軽減し、職場の生産性を高める可能性がある(ある研究では、タイピングのスピードが6%向上したと報告されている)。[11]

日光不足や知覚空気質の悪さ、そして多大な背景騒音(のちに話題にするテーマ)関連のこれらの病気はどうすればいいのだろう。集中力の維持を助長し、ストレスレベルを低下させ、創造的思考を促進するために、職場をセンスハックするとすれば、他に何ができるだろうか。本書の初めで言及した研究結果を踏まえると、多くの研究が、職場に自然を取り入れるメリットに焦点を置いてきたのは明らかだ。しかし、その話題に移る前に、仕事中のパフ

未来の事務員、エマ。赤い目、猫背、頭痛や他の多くの健康問題を抱えている。仕事の未来に関する最新のレポートによれば、私たちが職場での習慣を改めない限り、これは私たちの未来の姿だ。フランス、ドイツ、イギリスの3000人以上の従業員にインタビューした結果、職場環境が変更されなければ、90%の従業員がそのような問題に悩まされ、仕事をするのが困難になるという。インタビューを受けた人のうち、すでに50%が眼病を訴えており、49%は背中の痛み、48%は頭痛に悩まされていた。

オーマンスや健康に影響する、環境におけるさまざまな基本的な感覚的側面を見てみたい。[12]私たちは、習慣を改めなければ、オフィスデザインの専門企業、フェローズ〔1917年にイリノイ州シカゴで設立された、シュレッダーに代表されるビジネスマシンからインターネット関連分野に至る幅広い製品を販売しているグローバル企業〕による最近のレポートに書かれているエマのようになってしまう恐れがある。[13]

エアコンは性差別主義なのか？

エアコンの適切な温度に関して、男女間の違いがあるのは明らかだ。オフィス環境が暖かすぎると倦怠感の原因になるが、暖房について不満を言う女性はあまりいない。むしろ、逆の問題を抱えている可能性がはるかに高い。つまり、彼女たちはエアコンの設定温度があまりにも低いオフィスで働いているため、暖を取るために、着込む必要があるのだ。熱快適性の男女間の違いも大きい。ある研究によると、最も著しい相違は、欧米（北米）の男性と、日本人女性との間にあるそうだ。日本人女性は、西欧の男性が好む22・1℃（71・8℉）よりも、平均、3・1℃（5・6℉）高い環境温度を好む。一般的に、男性は熱を発生する筋肉量が女性よりも多いために、代謝率ははるかに高い（実際、代謝速度は最大30％速い）。残念なことに、数十年前に規定されたビルのガイドラインは、体重約70kgの40歳の男性を最も快適にする温度に基づいていた。近頃は、多くの女性が黙って震えている状況を放置することはない。エアコンは性差別主義だという声高な苦情が増えている。代謝率は年齢と共に下がる傾向がある。つまり、年配の従業員も高いオフィス温度を好むと考えれば、エアコンは年齢差別主義でもある。

明らかな解決策は、単にエアコンの平均温度を上げることだ。しかし、オフィスの温度に関する限り、納得できる平均温度はないだろう。ただ、室内温度も職場のパフォーマンスに影響するので、エアコンの設定温度に関する戦いは、単なる熱快適性以上の問題だ。500人以上の男性と女性を対象とした研究によると、16〜31℃の広範な温度範囲において、女性は室内温度が高いほど、数学と言語課題において良い成績を収めることが証明された。一方、男性の場合はその逆だった。また、エアコンの温度を上げた際、女性の成績の上昇は、男性の成績の低下よりも大きかった（女性の場合、温度が1℃上昇するごとに数学と言語課題の成績が1〜2％向上したのに対し、男性の場合、1℃当たり、約0・6％の微減だった）。さらに、その研究の著者たちは、男女混合のオフィスにおいて、（ほぼ均等なジェンダーバランスを前提として）室内温度を上げれば、全体的に業績が向上するだろうと提言している。しかし、同時に、オフィスビルのエネルギー効率に関する環境への懸念が高まるにつれて、暖房に対する支出拡大の正当化はますます困難になってきている。[14]

「暖かい感じの」塗料や照明の色によって熱快適性を維持しつつ、冬の暖房コストを削減できるかどうか検討している革新的デザイナーもいる。人間は寒色系の青よりも、暖色系の黄色の光を浴びたときのほうが、やや低めの室内温度で満足するという説がある。だが、そのような視覚的に誘発された温暖効果（0・4℃の上昇と同等）が、現実の環境で、どれほどの違いを生み出すかは未解決のままだ。[15] ただ、暖色系の色の利用には単なる熱効果以上のものがあり、明るい色合いの塗料や照明は、（家の章で確かめたように）私たちの気分や環境にも影響することを忘れてはいけない。[16]

エアコンをめぐる問題はなくなりそうもない。革新的解決策は、すでに多くの高級車に見られるような、温度管理された座席かもしれない。研究者は、赤外線監視装置でオフィス住人の皮膚温度を計り、それに応じて個別に暖房や冷房を調節できると証明している。さらに、この熱快適性に対する、個人対応のアプローチは暖房や冷房コストを20〜40％削減したという。この削減率は馬鹿にならない。オフィスビルの省エネに対する関心が高まるにつれて、コスト節減措置は、一層重要になってくるだろう。[17]

誰もが仕事中、疲れを感じている

最近、仕事中に眠くなったことはないだろうか？　今世紀初頭に、全米の約3万人の労働者を対象とした全国調査で、「あなたは過去2週間で、活動能力が低かったり、睡眠不足だったり、倦怠感がありましたか」という質問をした。それに対して、回答者の約40％が、「はい」と答えた。私たちの覚醒レベルは、概日リズム〔生物体に本来備わっている、約24時間周期で変動するリズム〕にしたがって変化し、昼近くや午後、特に昼食をたっぷり食べた場合は、多くの人が眠くなる傾向がある。心理学者によれば、私たちは適度の覚醒レベルで、最高の力を発揮する。だから、環境的合図が覚醒レベルの調節、管理を促進するかが重要な問題になる。[18]明るい照明の照射やＢＧＭは役に立つとされている。明るい人工白色灯は、主観的覚醒の改善につながる。２００６年の学術誌『Sleep』に掲載されている、あるレポートでは、明るい午後の光は、昼食後の眠気に取り組むのに効果的だという。[19]また、ＢＧＭは倦怠感を緩和し、工場労働者やタイピストの生産性を10～20％も改善するらしい。しかし、皆が聞きたい曲を探すのは困難だ。だから、ヘッドフォンを利用した、個人向けの音楽を推奨する人もいる。[20]

ペパーミントや柑橘類のような覚醒効果のある香りは、私たちを元気づける有効な手段になるかもしれない。一方で、ラベンダーのようなリラックス効果のある香りは落ち着かせてくれる。たとえば、ストレスの多い会議の後は、デスク周りの香りを変えるといいかもしれない。この簡単なセンスハックは、精神的リセットに役立ちそうだ。ただし、柑橘類のような心地よい香りに変えても、雑然とした机が片付いて見えるわけではないのでご注意。[21]

多くの人にとって、昼食後の覚醒を保つだけでなく、終業時には、リラックスできるような職場環境が必要だ。このように環境刺激に対する要求は常に変化しているにもかかわらず、環境の特性は固定的だ。それゆえ、職場での健康や生産性の維持を考える際に、この固定的特性の用途は限られてくる。つまり、特定の塗料の色があなたの覚醒維持に役立つとしても、一日の終わりにあなたが望むものではないかもしれない。知能型照明ソリューションは一日の間に環境刺激のパターンを変えるための、柔軟な方法を提供する。この分野での最も興味深い研究は、四章で遭遇した夜明けの青色光に関するものだ。そのような短波長（４６０ナノメートル）〔ナノメートルは10億分の1メートル〕の青色光を浴びると、たとえ短時間でも、覚醒や認知能力を高める。[22] ゆえに、眠気を感じたら、この青色光は、うってつけだろう。

私はここ15年間、塗料や香りの企業と連携して、環境の人々への影響を評価し、職場業績拡大のための多感覚的設計戦略を支援してきた。「従業員の生産性を高める特定の塗料の色があるか？」は、約20年前にデュラックスペイントのために研究した課題だ。知的能力のさまざまな側面に対する色の効果に関しては、多くの研究がある。[23] オックスフォードで、私たちは長い間、いくつかの塗料の色は職場での業績を著しく上げることを証明しようとしてきた。その結果、周囲の照明やスクリーンの色合いや明るさを変えることが、効果的なセンスハックだとわかった。そして、明るい照明は、当然のことながら、覚醒的環境をもたらした。

色の効果に関しては、２００９年の『サイエンス』誌に登場した、マータ〔イリノイ大学アーバナシャンペーン校コンピュータサイエンス学部助教〕と朱〔東京工業大学、工学院、機械系、助教〕による、注目すべき研究がある。この研究によれば、赤のスクリーンを凝視すると、スペルチェックを向上させ、一方、青のスクリーンは、創造的問題解決を促進するという。しかし、私たちの研究では、この世間の注目を浴びるような効果を再現するのは困難だと判明した。[24]

創造性のセンスハッキング

創造性と言えば、多くの事業革新ワークショップを諦めた経験がある。私はコンサルタント業務の多くの時間を、まあまあ魅力的なホテルの、窓のない地下室に閉じ込められて、過ごした。白い壁、角張った表面、窓無しで自然光がまったく入ってこない地下室。片隅に放置された、悲しげな鉢植え以外に自然のかけらもなかった。一体誰が、そんな環境が革新的思考を促進すると考えたのだろうか？　事業革新会議の企画担当者の多くが、適切な人材を十分な期間集めることができれば、会議の環境自体はそれ程重要ではないという誤った考えのもとで行動しているようだ。それはまったくの勘違いである。

職場の物理的特性は、私たちが認識している以上に、考え方に影響を及ぼす。また、影響の多くは、個々に考えると小さいかもしれないが、塵も積もれば山となる。それらは、まとまると、最終的に働き方に大きな影響を与えかねない。家の章で、人々に折り合いを求めるならば、丸いテーブルに座らせ、高尚な思考と一貫性のある考えを促進したければ、天井の高い部屋にすべきだという提案があった。

事業革新会議の環境として、トレンディな広告代理店でよく見かける創造的空間と、シリコンバレーのテック企業とを比較してみよう。私の大学時代の親友が、ロサンゼルスの、双眼鏡のような形をした象徴的なビルで働いていた。四半世紀前、彼に会いに行ったとき、薄給の若い研究者だった私は、とてもうらやましかった。特に、アイデアを出し合ったり、創造的思考のためにオフィス内に確保されている専用スペースに、感銘を受けたのを覚えている。暖かいカリフォルニアのそよ風をはらみ、やさしく波打つ、床から天井までの白いカーテン、そこに座ったらすぐに飲み込まれるほど大きくて、柔らかい白いクッション、そして静寂。そのような環境の変化で、いかに創造的プロセスが強化されたかは、容易に想像できた。(そして証拠がこれを裏付けているようだ)[25]。だが、静寂に関しては、責任者はまったく正しかったわけではないかもしれない。というのも、ルイ・マータと同僚は、(カフェテリアの複数音声騒音、道端の往来、遠くの建設騒音の混合と描写されている)ちょっとした背景雑音は、創造的認識を促進する場合もあると報告しているからだ。これらの研究者たちは、5つの実験を通して、70デシベルの雑音(シャワーや食器洗浄機の音と同等)は、50または85デシベルで提示されたときよりも、パフォーマンスを向上させることを発見した[26]。

職場環境の刷新は、まれに行き過ぎることがある。グーグルのチューリッヒオフィスには、従業員が普段の会議に使えるゴンドラがあり、それは、スキー場もどきの室内の、床より少し高いところに据え付けてある。私個人としては、これが名案なのか未だに確信が持てない。また、WeWork〔ニューヨーク市に本社を置く、「コミュニティ型ワークスペース」を運営するアメリカの企業〕のような企業が提供する、多くの共有オフィススペースも、標準的なオフィスにはめったに見られない、トレンディな特性を取り入れる傾向がある。

飲み物も、会議での最も重要な要素だ。コーヒー、紅茶、そして他のカフェイン入りの飲み物がお馴染みだ。大半の従業員が会議で飲み物が提供されることを期待しているという調査結果がある。なぜだろう？　温かい飲み物は本当に私たちの推論能力を向上させるのか？

多くの人が、仕事中に、元気を出すために、コーヒーまたはコーラのような刺激物に依存している。グループでの共同作業は、温かい飲み物や、カフェイン入りの飲み物によって促進される。さらに、カフェイン摂取量を減らしている人にとっての朗報がある。コーヒーの香りを嗅ぐだけでも、知的能力は促進されることがある。[27] 化学感覚〔化学物質によって引き起こされる感覚、味覚と嗅覚の総称〕のセンスハッキングは、あなたが考えている以上に、はるかに重要だ。

オープンプランオフィス

多くの従業員が直面している最大の課題は、多くても最大3名利用の個室オフィスから、オープンプランオフィス方式への移行だ。今や、アメリカの70％以上の従業員がこのような状況にある。[28] 経営責任者は、オープンプランオフィス方式はコストを削減するだけでなく、同僚との交流を充実させると主張している。しかし、逆が真なりと証明している証拠も多い。オープンプランオフィスへの移行は、ストレスレベルの上昇、個人間の交流の減少、そして、主観的幸福感の低下と関係している。[29] また、そのせいで、疲労や頭痛、そしてストレス関連の病気が増えている。従業員の健康と能力に対する、あるシステマティック・レビューは次のように説明している。「間仕切りの無い職場は、仕事の満足感を減少させるという有力な証拠がある」。新聞が、オフィスでの注意散漫に対処するためのセンスハックを提供する記事を、頻繁に掲載するのも当然だ。[30]

私の学部で最近高濃度のアスベストが検出され、学部が閉鎖されたのだが、そのとき私は身を以て、オープンプランオフィスのマイナス面を体験した。ほとんどの教職員が古いビルの個人専用のオフィスから、オープンプランの場所に移転させられた。マイナスの結果は見るも明らかだった。研究生たちは、現場からはるかに離れた場所で、作業しており、概して、騒音に悩まされていた。人々はオープンプランオフィスで働こうとすると、騒音のせいで、一日86分を損失することを示すデータがある。私はそのデータを信じている。多くの同僚と共に、私もすぐに在宅勤務を始めた。実を言うと、このとき、私は本書の大半を書き上げたのだ！　在宅勤務はプライバシーだけでなく、少しの安らぎを得るための唯一の方法だった。

しかし、すべての人が運良く、その選択ができるわけではない。残念ながら、大学は、いわゆる「学術的中心地」を発展させようとして、徐々に大企業の方針に近づいている。その結果、オープンプラン形態は大学セクター全体でますます一般的になってきている。[31] もちろん、オープンプランオフィスを完全に排除して、スタッフの福利とパフォーマンスが自然と向上するというのが、理想的だろう。しかしながら、これはどう考えても、すぐには起きそうもない。オープンプラン形態の、短期的コスト削減やフレキシビリティの向上は、支出削減に関心のある経理担当者にとって、あまりにも魅力的だ。

オープンプランオフィスのセンスハッキング

あなたが不運にも、オープンプランオフィスにいるならば、できるだけ窓に近い机を選択したほうがいい。それは満足度を維持するのに役立つだろう。できれば、同僚との間に高いパーティションを置くべきだ。[32] しかし、オープンプランオフィスに関する最大の問題は、騒音、特に他の人々の会話である。一方で、完全な静寂も抑圧的な図書館のようで、好ましくない。オープンプランオフィスで働いている25〜30％の人が騒音レベルに不満を抱いているという。このような状況で、早急に必要とされるのは、騒音問題の軽減に役立つセンスハックだ。ダニエル・レヴィティン〔カナダ、マギル大学の神経科学者〕は彼の著書『*Organized Mind*（秩序だった考え方)』の冒頭で、背景雑音を30デシベルもカットできる耳栓に言及している。また、背景のおしゃべりをさらに消す、ノイズキャンセリングヘッドフォン〔雑音、騒音を低減するヘッドフォン〕を推奨している。彼の提案に従うならば、同僚に邪魔をしないようにさりげなく忠告し、大声で話している人には、静かにしろ！　と言うべきだろう。ただ、そのようなやり方が、他人にどう映るかは、推して知るべし、だ。[33]

すでに利用されている他の解決策は、職場でブラウンノイズを発生させることだ。★この場合、効果的な方法は、スピーチをするのに邪魔にならないぐらいの音量で、大声を上げなくても聞こえる程度の静かなレベルの音を提示することだ。とは言え、周波数のあっていないラジオや、換気騒音のような代物を終始、聞いて過ごすのが皆の好みとは思わないが。

この分野ですでに利用されている革新的解決策には、自然の音が関係している。四章でのホワイトノイズの例を踏まえると、これは役に立つはずだ。２０１７年のフィンランドの研

★ブラウンノイズとは周波数のあっていないラジオやテレビで聞くような、選別された疑似雑音だ。しかし、その周波数は、ホワイトノイズ（シャーという雑音）のように、周波数帯全体に分散しているというよりも、人間の話し言葉に調和するように選別されている。

究は、オープンプランオフイスで働いている人々に、ブラウンノイズとの比較目的で、四つの異なる自然の水のサウンドスケープを聞かせた結果を分析している。四つの自然のサウンドスケープは、滝、穏やかな川、さらさら流れる川、そして時折、鳥の鳴き声がする川を想起させるように作られていた。聴覚マスキング〔音が騒音でかき消されてしまう現象〕の条件は、77人の従業員に対して、少なくとも3週間提示され、すべての音はほとんど同じ低レベルの44デシベル（つまり、小川のせせらぎの音と同程度）で再生された。予想に反して、自然の音は、すでにオフィスで使用されている、ブラウンノイズと比較して、主観的音響満足度の上昇や、注意散漫の減少も、もたらさなかった。音響マスキングに関する限り、主観的な満足度とパフォーマンスの評価では、ブラウンノイズがトップだった。[34] それゆえ、ブラウンノイズは魅力的な音ではないが、大抵のオープンプランオフィスに存在する、背景騒音によるストレス削減の観点からは、最高のセンスハックかもしれない。

しかし、この結果はちょっとした疑問や問題を残す。少なくとも、私には残る。他の場所では、自然の水の音は肯定的反応を誘発すると証明されている。では、なぜこの状況では効果が無かったのか？　単純に、オフィス環境で流水の音を再生するのは場違いかもしれない点が問題だった。その音を聞いている人は、それを自然と関連づけるよりも、トイレが漏れていたり、問題があると思うかもしれない（それか、始終尿意を感じるかどちらかだ！）。対照的に、そのような自然の水の音が戸外で再生されるとき、それらが公園環境で交通騒音を打ち消すために利用された研究の場合と同様、（庭の章で見たように）非常に効果的な傾向がある。そのわけは、自然の水の音は戸外の環境に調和しているか、あるいは少なくとも、それを聞いた人がそう思えるからだろう。

背景音や騒音の影響を説明する際に、音が作り出す心象は、音波の物理的性質よりも重要だ。その核心を説明するのに、２０１６年にスウェーデンの研究者が行った研究が役立つだろう。彼らは、３グループの人に、同じ、不明瞭なピンクノイズを、時折、ホワイトノイズを混ぜながら聞かせた。★ 実験者は、一つのグループに対しては、何も言わなかった。二番目のグループには工場の機械騒音が聞こえるだろうと説明し、三番目のグループには滝の音がメインの、自然の音が聞こえてくると説明した。興味深いことに、自然の音を聞いていると思っている人々の回復力は、工場雑音が聞こえていると説明されたグループよりも、著しく高かった。予想通り、音源について何も言われなかったコントロールグループの結果はその中間だった。[35]

★ピンクノイズはすべての周波数において同程度の強度を持つが、一方、ホワイトノイズは高周波数の音が大きくなるにつれて、耳障りに聞こえる傾向がある。

職場に自然を取り入れる

昼休みに2、3分でも自然の中に出ていける従業員は、そのあと、パフォーマンスが向上する。自然に触れると、ストレスレベルが下がるだけではなく、創造的な問題解決能力が高まる。しかし、すべての人が就業日に自然にアクセスする時間や機会があるわけではない。そんな人にとっての次善の策は、多くの自然光が入ってきて、自然の景色が見える窓の近くに机を置くことだ。これらの要素は、主観的幸福とストレスからの回復の両方に非常に良い影響を与える。[36]

しかし、それもまた、すべての人ができる方法ではない。それでは、自然の要素を職場に取り入れるために、何ができるだろうか？　その答えは昔から同じだ。数個の鉢植えを置くか、自然のポスターを貼ることだろう。自然の風景画や、抽象芸術ポスターが壁に貼ってあるオフィスでは、男性従業員の怒りやストレスレベルが下がる傾向がある。[37]

職場の鉢植えの有効性に関しては、これまで、長い間、議論されてきた。2014年のある研究は、リーンオフィス〔無駄を省いた、効率的なオフィス〕と比較して、グリーンオフィス〔緑化されたオフィス〕の有益な効果を裏付ける、これまでで最も説得力のある研究結果を提供している。オランダとイギリスの大型商業用オープンプランオフィスで実施された、三つのフィールド調査で、同じオフィスの緑化型と効率型の両タイプにおいて、従業員の生産性の客観的評価だけでなく、環境に対する主観的満足度も比較した。結果は、主観的、客観的業績評価の両方に対して、効率型よりも緑化型のメリットが強調されていた。[38]雇用主の視点では、グリーンオフィスでは、従業員は約25%動きが速かった。一方、従業員は空気の質感の良さを報告しており、自己申告の集中力も上がっていた。つまり、お互いに得する話だ。

偽物の木のどこが問題なのか？

これは、1973年に『サイエンス』誌に登場した、ある論文の問いかけである。著者は自らの問いに対して、次のように答えている。「私はほとんど問題は無いと思う。多くの人に自然を体感させるのに、偽物の木やその類のものは、（本物よりも）はるかに多くをもたらす可能性がある」[39]。しかし、偽物の鉢植えは、本物の植物に触れるのとまったく同じメリットがあるのか？　偽物の植物は、何らかの心理的恩恵は感じさせるかもしれないが、★空気

★だが、私はこの問題に関する対照実験をまだ見たことがない。

の浄化は期待できない。何と言っても、観葉植物や草木の根の層にいる微生物の小宇宙（基本的に土の中に潜むすべての生命）は、揮発性有機化合物を除去するのに役立つ。揮発性有機化合物は、屋内の多くで、空気質関連の健康問題やシックビル症候群の症状との因果関係が疑われている。

観葉植物や、草木の根の小宇宙は大気中の二酸化炭素を吸収するので、空気のリフレッシュにも役立つだろう。２００７年のある研究では、観葉植物は、自然換気のビルで、二酸化炭素レベルを25％も削減し、エアコン付きのオフィスでは10％削減した。しかし、この効果をもたらしているのは、葉そのものなのか、葉の上や土の中で発見されるバクテリアなのかは疑問だ。品種に関しては、健康と福利を促進するという観点から、小さな緑色の淡い香りの植物が、最も効果を発揮する。ただ、オフィス内の赤い花の植物には気を付けたほうがいいだろう。というのも、それらは、視覚的には魅力的かもしれないが、しばらくすると、疲れを感じさせる可能性がある[40]。

ある日、私は車を鉢植えで一杯にして、研究室に顔を出した。そのときの学生の表情は、私が景観をよくするためではなく、ある種の心理的支援活動に従事しており、出版物の数を増やすために鉢植えを持ち込んでいるのだろうと言いたげだった。彼らの推測は的中していた！　何と言っても、パフォーマンス向上の潜在的メリットはなかなか魅力的だ。世界ビル

シアトルのダウンタウンにあるアマゾンの本社オフィス群

ディング協会によると、8〜12%の生産性の向上は、単に換気量を増やし、汚染物質を減らすだけで達成できるそうだ[41]。そのようなすばらしい結果を聞くと、アマゾンの本社ビル群の独特の景観には納得がいく。2018年の初めに、アマゾンは新しい本社オフィス群をシアトルのダウンタウンにオープンした。そのオフィス群は通常のオフィスビルとは異なり、植物園の景観を呈していたのだ。スフィアと呼ばれる、本社の三つのガラスのドームにはアマゾン本社[42]があるだけでなく、400種、4万株の植物が生息している。アマゾン本社！ 自然の影響を過剰に受けすぎる可能性があるとすれば、間違いなく、この方法だ。

すべての自然の美をあなたのデスクトップに？

多くの従業員は、コンピューターの画面を長時間見つめている。ところで、画面上で見るものも、自然の効果をもたらすのだろうか？（ウィンドウズ上で見られる、息を呑む美しさの風景の壁紙や、スクリーンセーバーを思い出してみよう。）最近、休憩後、パソコンの画面に戻るといつも、多くの素敵な自然の画像が目に入る。そのような画像を時々、数分間、見つめるのは私のためになるのだろうか？　それは、ストレスが多く緊張する仕事上の会議の後や、最新の助成金申請書や学術論文があっさりと却下された後、注意資源の回復や、回復力の強化にさえも役立つのだろうか？　少なくとも、そんな画像を時間をかけて見つめていれば、効果があるかもしれない。★ もちろん、重要な問題は、見つめている時間の長さだ。

自然の画像の効果を評価するのに、最適な研究がある。その研究では、コンピューターのモニターで、回復力がありそうな自然の画像を参加者に提示し、その前後に、認知・注意力課題を与えた。画像を見た後の実践効果を照合するために、どんな成績向上も、都会の光景や、幾何学模様のような中立的なものを見ている別のグループにおける成績向上と比較した。現在、さまざまな標準テストでの成績向上によって証明されているように、そのような研究結果は、コンピューター画面★★で自然の画像を見ると、注意力の回復が促進されることを裏付けている。[43]

　注意力の回復の観点から、自然の画像がもたらす著しい有益性を実証するには、最低、どれくらいの間、見つめている必要があるのか？　今のところ、正確には算定されていない。ある研究では、コンクリートの屋根ではなく、花が咲いている屋上緑化庭園の写真をわずか40秒見ただけで、ある程度の成績向上が実証されている。[44] ただ、自然の画像を見てどれ程の恩恵が得られるかは、見ている時間と画面のサイズ次第だろう。少なくとも、それが別の研究の結論だった。その研究では、モニターが大きければ大きいほど、視聴体験に夢中になれ、軽度のストレス要因からの回復という観点で、より回復力があると証明されている。この場合、被検者は背景工場騒音を聞きながら、16分間、骨の折れる計算能力テストを実行しなければならないことでストレスを感じていた。[45]

★ここで、自然が私たちにもたらす効果について、二つの有名な説を思い出してほしい。一つはストレスからの回復の観点から、最初にウルリッヒによって提案された説だ。もう一つはカプランと彼の同僚によって支持された注意回復理論だ。庭の章で見たように、これらの二つの理論は相互に排他的なものとして扱う必要はない。

★★ある研究では、6分15秒間、また、別の研究では10分間、それぞれの画像が約7〜15秒間表示された。

超大型のモニターで、自然の風景のスクリーンセーバーを見つめるというアイデアは結構だが、やるべき仕事もあるので、画面ははるかに刺激の少ないものに占有される。それなら、自然の恩恵を職場にもたらすにはどうすればいいのか？　センスハックの観点からの興味深い提案は、壁に仮想の窓（つまり自然のライブ映像を表示している画面）を設置することだ。職場における健康を促進するという点で、それは、実際の景色と同じくらい効果があるのだろうか？　この問題はシアトルにある、ワシントン大学の研究者によって検討されている。彼らは軽度のストレステスト後の認知回復力に対する、窓、高画質テレビ放送、そして開口部のない壁という3つの効果を比較した。結果は明らかだった。窓から外を見た場合、参加者の心拍数は急速に基準レベルに戻った。残念ながら、基本的に同じシーンを表示しているテレビ画面は、開口部のない壁と効果は変わらなかった。[46]

私たちが知っているように、多感覚でない場合、自然は無価値だ。画面表示の最も明白な限界は、それが自然光景のみを捉えており、音を捉えていない点にある。この見解と一致して、2013年のパイロットスタディ（被験者が少ない調査）では、視聴覚に訴える自然の仮想現実に触れた場合、トリーア社会的ストレステスト（家の章参照）から、はるかに急速に回復することが証明されている。[47]今度の場合も、自然の光景の（静かな森の）仮想的表示は、開口部のない壁を見つめるのと効果は変わらなかった。★この研究から導き出される結論は、自然を経験する感覚が多ければ多いほど、効果があるということだ。★★ それはまた、正確にいつ、自然のデジタル表現を見つめるのが効果的かという問題を棚上げにしている――少し前に見たスクリーンセーバー研究を思い出してほしい。

職場に自然の匂いや感触を取り入れるのもいいだろう。何と言っても、柑橘類やペパーミントの香りは、あらゆる状況で人々の気分を高めるだけでなく、成績も向上させることが証明されている。[48] 森林内の地表面の匂いは、回復に効果があるのだろうか？　私はあると思う。雨後の乾いた大地の匂いとしてお馴染みのペトリコール〔雨が降ったときに、地面から立ち昇る匂い〕の中の重要な揮発性物質である、少量のゲオスミンが役に立つのだろう。

また、事務所の椅子にざらざらの布製のカバーを掛けたらどうだろうか。少なくとも、布製のカバーは背景騒音を吸収する可能性がある。また、石、松ぼっくり、トチの実、一片の

★数人の参加者は、静かな森の状況は少し威嚇的にさえ感じたと言っているのは興味深い。彼らには何か悪いことが起きそうな予感がしたようだ。
★★しかし、研究者たちは音だけの状況での成績評価をしていないと、ある評論家は指摘している。スカンジナビア人がなぜ、多感覚オフィスデザインの分野でそんなに活動的なのか不思議に思うならば、それはすべて，スカンジナビアの従業員に悪影響を与えがちな、あの長い冬のせいである。

樹皮といった自然な感触を持つ何かを机の上に置くのも名案だ。私のオフィス環境を埋め尽くしている人工的に滑らかな表面とは対照的な物ばかりである。主観的幸せを高めるという点で、自然との物理的接触が、自然を見聞きするのと常に同じ効果があるとは思わないが、それは確かな一歩になるだろう。本書を通じて見てきたように、私たちの健康と幸福にとっての最大の恩恵は、五感の適切な組み合わせから生じる傾向があるのだ。[49]

創造性と共食の関連性は何か？

グーグル、ピクサー、アップル、ヤフーやドロップボックスといった、成功しているシリコンバレーのテック企業の多くには、少なくとも一つの共通点がある。従業員に補助金付きの、場合によっては無料の食事を提供していることだ。さらに、多くは長い共同テーブル（オックスフォードとケンブリッジ大学の食堂に少し似ている）で食事を供している。そのような気前の良さには、かなりの費用がかかるのは明らかだ。しかし、それは責任者によって、注意深く検討された試みだ。少なくとも、それが、グーグルの食品部長マイケル・バッカーの言葉だった。そのような取り計らいは、食堂のテーブルであろうと、コーヒースタンドであろうと、知らない人同士を接触させ、偶然の出会いを促進する。★ 革新的職場のデザインにおける昨今の変化は、組織的な知識創造の価値に対する認識の高まりと一致している。[50]

ある評論家は、『フォーブス』誌上で、これらの無料での食事提供の背景にある戦略的理由は、「単にグーグルの従業員を社内にとどまらせるための戦略ではない」と述べている。言い換えると、目的は人々を互いに影響させあうことだ！[51] しかし、自分が食べたい食事が人気になりすぎると、すぐに問題が起きそうだ。結局、社員食堂で、長い行列を楽しむ者はいない。

同じ食べ物を食べている人々は、トラストゲーム〔相手を信頼することで利益を生み出す、信頼をテーマにしたゲーム〕や労使交渉シナリオにおいて、協力する可能性が高い。ゆえに、食べ物の提供は、商談の促進にも利用できる。バブソン大学〔アメリカ、マサチューセッツ州ボストン郊外にある私立大学〕のラクシュミ・バラチャンドラによる研究で、132人のMBAの学生が、仮想の複雑な合弁会社設立契約を想定した二社間の交渉の課題を与えられた。交渉の席に、食事が出された場合は、無かった場合に比べて、両当事者にとって11〜12%、あるいは670万ドル高額な合意に達した。以前コーネル大学にいたブライアン・ワンシンクと同僚の研究によると、

★コーヒーショップがミレニアム世代の従業員のための社交場となっている傾向を考慮して、今や、「コフィス」（自分のオフィスのように利用されているコーヒーショップ）について議論するものもいる。

ともに食事をすることで恩恵を受けるのは創造的タイプだけではない。彼らは、共食（つまり、一緒に食事をすること）は、消防士の成果も促進するのを発見した[52]。

今や、一部の見識のある政治家も、食べ物をより真剣に受け止め始めている。たとえば、ヒラリー・クリントンは、国務長官時代に、「スマート外交」と呼んだ政策の一部として、食事の提供へのまったく新しいアプローチを導入した。アメリカ政府の儀典官〔政府や地方公共団体等の公的団体において、要人を迎える際の公式行事の準備を担当する部局の専門官〕のナタリー・ジョーンズが言うように、「厳しい交渉は食卓で行われるので」、食べ物は重要だ[53]。滞在中の国家元首や他の高官との食事は、外国の味覚や慣習に対する気配りを強調すると同時に、北米の料理や地元の農産物を紹介する機会として非常に重要だ。明らかにクリントンはこの機会を利用していた。これが健全な文化的理解を深めるのに役立つと期待したのだろう。

職場での共食の基本的な役割は、決して無視すべきではない。雇用主は、最も望ましい仕事環境を作る際に、特に知識経済〔生産型経済と対比して使われる、知的財産、ビジネスモデル、ブランドナレッジのような形のない技術や情報を基としている経済〕や創造産業で働く人々に対して、化学感覚が果たす役割への考慮を忘れてはならない。そのためにも、スタッフへの食事の提供に多額の補助金を出している、世界中の最も成功している企業や、オックスフォードやケンブリッジのような大学に倣ったらどうだろうか。彼らは、スタッフが働いている多感覚環境のあらゆる側面を注意深く考えずして、現状にたどり着いたわけではないのだ。だが、仕事に関してはもう十分だ。というのも、古い諺（１６５９年までさかのぼって）にあるように、「よく学び、よく遊べ」だから。

7
買い物
Shopping

一つのものを買いに行ったはずなのに、買うつもりのない、他のたくさんの買い物をした経験はないだろうか？　あるいは、種々の商品をクリックした後、それらの多くは必要ないと気付き、返品する羽目になった経験はないだろうか？　ただ、それほど罪悪感を感じる必要はない。これはすべてあなたのせいとは限らないかもしれないのだ。センスハッキングが、技巧よりもはるかに科学になる場所の一つは、何と言っても小売業界だ。ここ数年、企業は私たちを引き付けるのに感覚マーケティング〔消費者の感覚に訴え、彼らの知覚や判断、行動に影響を与えるマーケティング手法〕を利用している。[1]　彼らは一度私たちを店内に、あるいはオンラインショッピングの場合はウェブサイトに誘い入れたら、少しでも長居させるために最善を尽くす。私たちに必要以上の買い物をさせ、いつもよりも高価な買い物に手を伸ばすように期待している。多感覚環境を整え、流れるようなオンライン処理体験を提供されようものなら、もうお手上げ状態だ。買い物中毒にだってなりうるだろう。

残念ながら、私たちの行動に対する、これらの巧妙で見え透いた影響を止める手立てはほとんど無い。多くの人は自分たちがそんなに簡単に左右されるとは信じていないようだ。そんな姑息な手段——「半額提供」、「一つ買うともう一つ無料」、「期間限定」など——に引っかかる人もいるかもしれないが、誰もが皆、自分たちは絶対にそうならないと信じている。しかし、市場での五感のハッキングについて、今までよりもっと心配すべきだ。私はここ四半世紀の多くの時間を費やして、大小の企業や広告代理店とともに、消臭芳香剤から洗剤まで、コーヒーから衣類まで、あらゆるものをもっと買わせようと取り組んできたので、彼らのマーケティング手法についてはよく知っている。[2] マーケティングの隠れた力について懸念を表明したのは、私が初めてではない。１９５７年に、バンス・パッカードの『かくれた説得者』は、この隠れた力の恐怖に対するジャーナリズムの不安あおり行為についての古典的著作になった。

　買い物中の人の五感のくすぐり方に対する、マーケターの理解は、初期のマーケティング研究以来、大きく進歩した。初期の研究としては、パッカードの本に書かれている、ルイス・チェスキン〔臨床心理学者、アメリカの大企業、マクドナルド、マルボロ、フォード等のマーケティング戦略アドバイザー〕やアーネスト・ディヒター〔アメリカの心理学者、モチベーションに基づいた、マーケティングエキスパート〕等の動機研究がある。こういった初期の専門家は、ロゴやラベルや製品包装の抽象的な色や形を通して、消費者の認識や行動にバイアスをかけられることを認識した最初の人々だった。[3] チェスキンはセブンアップのロゴの真ん中に赤い丸を取り入れたことで広く評価されている。あなたは、なぜ赤い丸がそこにあるか考えたことはないだろうね？★ 彼はまた、マクドナルドにその金色のアーチを守り通すことは得策だと説得した。

セブンアップのロゴの真ん中にある赤丸は正確には何を表現しているのか?

消費者ニューロマーケティング〔脳科学を利用して、消費者の心理を分析し、マーケティングに生かそうとする研究〕とは、消費者神経科学に対する学者好みの名称だ。今日では、この研究のおかげで、研究者たちは買い物客の脳の中を覗き込んで、光の輪で囲まれた「購入ボタン」を探すことができる。従来のように、アンケートやインタビューに頼る必要はない。[4] さらに、機械学習〔コンピューターが多量なデータを学習し、データの背景にあるルールやパターンを導き出すこと〕や、ビッグデータ分析によって、人間の行動の推進力に対する興味深い洞察が提供され始めている。このような洞察は、かつてマディソン街のマーケティングの魔術師と言われたチエスキンが、前世紀中葉に夢想したであろうすべてをはるかに超えている。[5]

お客を思うように操る

スーパーマーケットについてはこれまで多くの研究がなされている。まず、ここから始めよう。そのわけは、一つには、食料品店は多感覚マーケティング介入にとって、理想的なターゲットを提供するからだ。別の理由として、お客の感覚が、陳列されている多くの商品によって刺激されるからだ。さらに、多くの安い、リピート商品が、豊富な情報源となる可能性がある。これはポイントカード事業計画を管理している人々は百も承知のことだ[★★]。多くの人が、スーパーマーケットでのセンスハッキングについて考えるとき、最初に頭に浮かぶのは、数多くの店に漂っている、（一般的には人工的と言われているが）パンの匂いである[6]。しかし、不思議なことに、私が知る限りでは、そのテーマに関する研究は発表されていない。それは研究がなされていないというわけではなく、確実にされているはずだ。ただ、スーパ

★ 心配無用。この後、話すつもりだ。

★★ 不思議なことに、スーパーマーケット自体は、必ずしも承知しているとは限らない。信じられないかもしれないが、私は、自分たちの店の顧客ポイントカード販売データに自動的にアクセスできない、多くのスーパーマーケット・チェーン店を知っている。

ーマーケットが調査結果を公開したがらないだけだ。しかし、オフレコで、多くの業界関係者が、店内の芳香が売り上げに及ぼす劇的影響を隠していると認めている。

あなたの鼻腔をくすぐる店内のパンの匂いは、人工的である可能性は低い。焼き立てのパンのおいしそうな匂いは、つい最近まで、化学者が人工的に模倣するのに苦労した芳香の一つだからだ。もちろん、その匂いが本物だからと言って、店に入るや否や、または、たまたま店の前を通りかかったときでさえも、その匂いが人々を刺激するように、巧妙に放出されたことを否定するものではない。『ウォール・ストリート・ジャーナル』紙に掲載されている、あるレポートによると、パネラブレッド〔アメリカのベーカリーカフェ〕やシナボン〔ジョージア州アトランタに本社を置くシナモンロール専門のベーカリー〕やサブウェイのようなチェーン店は、新しい直売店の出店場所を探すとき、大抵、ショッピングセンターの階段の上り口近くに的を絞るという。この場所は彼らの独特の香りを遠くまで届けるのに都合がいいらしい。それだけでなく、これらのチェーン店は通常、認可の許容範囲内で、最も排気能力が低いレンジフードを使用しているようだ。さらに、近くにいる誰にとっても、必ず、おいしそうな香りがするように、シナボンの店のベーキングシートには、シナモンパウダーとブラウンシュガーが振りかけられているとレポートには書かれている。[7] だから、すべての証拠を考慮すると、これらの企業は、押しつけがましい販売のために匂いを利用しているかのように思われる。★

　オランダの研究者によると、スーパーマーケット全体に、メロンの人工的な香りを拡散させたとき、売り上げが15％増加したという。[8] 常に流れている人工の香りの補充は当然のことながら、香りの実現技術のコストを考慮に入れたとしても、悪くない投資対効果である。[9] パリのボン・マルシェ百貨店の大型食品コーナーやアメリカの高級食料品店、ディーンアンドデルーカ（経営破綻して、ホールフーズマーケットやイータリーのようなものに取って代わられる前）やハイウィカム〔イングランド、バッキンガムシャーのタウン〕のテスコ〔イギリスのスーパーチェーン〕でさえも、生鮮食品や焼き菓子のうっとりするような官能的な芳香を拡散している。だから、次回あなたが、それらすべての芳香に反応して、よだれを垂らしそうになったら、ちょっと立ち止まって、その匂いのせいで普段は買わないようなものを買おうとしているのではないかと自問したほうがいいだろう。多くの公共の場所で漂っている匂いは、思っている以上に、私たちのウエストラインはもちろんのこと、買い物行動にはるかに強力な影響を及ぼしているのだ。

★そして、デパートに入るや否や、いつも陳列された香水に迎えられているように見えるのはなぜか？　これは香りマーケティングの別の例だろうか？

これは私が数年前にイギリスの有名なチョコレートショップのソーントンズの仕事をするために招かれたときに経験した状況とは異なっている。彼らの直売店に足を踏み入れて、目を閉じて、息を吸い込んでみたまえ。あなたはどんな匂いを期待するだろうか――チョコレートでしょ？　奇妙なことに、この場合、答えはまったくの無臭だ。あなたは本当にどこにいると言ってもおかしくない――たぶん、携帯電話ショップ？　なぜだろうか？　ギフト・ボックスや詰め合わせの中のすべてのチョコレートはセロファンの包装紙で密封されていたのだ。これは香りマーケティングに関する限り、真にチャンスを逃している。これを、かつて一時期、世界最大の菓子店だった、ロンドンのレスタースクエアにある、M&M'sワールド・ロンドン全体に漂っている、チョコレートの芳香と対比させてみたまえ。[10]チョコレートが世界で最も好ましい芳香の一つであることを考えると、ソーントンズのこの店内の香りの欠如はなおさら驚きだ。[11]私のアドバイスは耳を傾けてもらえなかった（あるいは、もしかして、「鼻詰まり」のせいだろうか）。だから、私はそのチェーン店が、店舗やスタッフの数が減少し続けたせいで、2015年にフェレロ・ロシエ・チョコレートのメーカーである、フェレログループ〔イタリアのチョコレートメーカー〕に買収されたことを聞いても驚かなかった。

コーヒーはもう一つの、世界で最も好まれている芳香だ。それは小売店で広く利用されている。ただ、それは人気の飲み物の売り上げを伸ばしたいと思っている人々だけが利用しているわけではない。たとえば、スターバックスと、バーンズ・アンド・ノーブル書店〔アメリカ最大の書店チェーン〕やユニクロとの提携を考えてみたらどうだろう。[12] ある産業レポートによると、ガソリンスタンドでドライバーが給油機でガソリンを満タンにしている間、彼らに挽きたてのコーヒーの人工的芳香を吹きかけるだけで、コーヒーの売り上げを3倍以上に増やせるらしい。[★13] 明らかに、私の祖父はこのマーケティングの手法に賛同したのだろう。彼は朝一番に、八百屋のカウンターの後ろの床に、一握りの香りのよいコーヒー豆をまくのが習慣だった。彼が顧客の応対をしながら、コーヒー豆の上を歩くと、彼らの鼻腔は文字通り、挽き立てのコーヒーの芳香にくすぐられただろう。これは私の最新の著書『「おいしさ」の錯覚　最新科学でわかった、美味の真実』で言及している一つの例だ。私の祖父は、売り上げを伸ばすために、現代の「香り・感覚」マーケティングへの関心が高まるずっと以前に、直観的に、効果的なセンスハックを考案していたようだ。

この手法に対する非常に現代的な工夫は、韓国のソウルのダンキンドーナツで実施された、「フレーバーラジオ」キャンペーンに見ることができる。コンピューターを内蔵した香り拡散機が、多くの市営バスに設置されており、それが車内ラジオから流れるダンキンドーナツ

★独立した、嗅覚研究ではめったにそんな大きな効果を示していないことを考えると、そのような業界支援の調査結果は話半分に受け取るべきだろう。

のCMソングの再生を認識して、コーヒーの芳香を放出するのだ。そのアイデアは、乗客はバスを降りた後、そのダンキンドーナツを見つけたら、購入したくなるだろうというものだった。この多感覚マーケティング戦略によって、バス停近くのダンキンドーナツチェーン店では、客が16％急増し、コーヒーの売り上げが29％増加した。この戦略が実際にうまくいったことを示す証拠だ。[14] このキャンペーンが、権威あるカンヌライオンズ・フェスティバル、クリエイティブ業界にとって最高の毎年恒例の受賞式で、皆が欲しがっている賞を獲得したのは当然といえる。だが、そのキャンペーンの費用対効果の大きさ（またおそらく、道徳的にどうか）に関しては、まったく別問題だ。

匂いから連想する形状

イチゴのような何か独特の匂いがするとき、私たちはその匂いの源から連想する物を優先的に見ようとする傾向がある。また、関連する独特の香りや音がある場合はその物体をはるかに速く見つけ出すようだ。であれば、環境芳香やBGMは、私たちの気分に影響を与えるだけではないのがわかる。[15] 感覚マーケティングは、特定の製品またはブランドに私たちの視覚的注意を向けるのに利用されることもある。ダンキンドーナツの「フレーバーラジオ」の成功の一因はここにあるのだろう。

すべての人がそのような実践に賛成するわけではない。カリフォルニアで、「Got Milk（ミルク買った）」キャンペーンを実施した。その際、彼らの宣伝に多感覚的弾みをつけるために、州内のバスの待合所にクッキーの芳香を拡散したときがそうだった。そのキャンペーンは、待合所を寝泊りに利用している、多くの空腹を抱えたホームレスに対して、きわめて無神経だという配慮により、開始から何日かのうちに引き上げる羽目になった。[16]

別の香りマーケティングキャンペーンはリキュールブランドのディサローノが関与している。一部の頭のいい人が、ロンドンの地下鉄をそのお酒の独特な芳香で一杯にするのは名案だと考えたらしい。そのリキュール自体はアマレット〔アーモンドやココナッツのような香りを持つリキュール〕の味がする。この「漂う香り」キャンペーンが計画通り、進行していたら、アーモンドの香りが換気装置に送り込まれ、地下鉄に乗り合わせたすべての人の鼻を魅了するはずだった。ところが、不運なことに、国内で最も広く読まれている新聞『ザ・デイリー・メール』紙上にある記事が同じタイミングで掲載された。その記事では、テロリスト活動の明確な兆候が描写されていた。そして、青酸カリや青酸ガスなどの化学テロで用いられるシアン化合物は、まさにそのお酒と同様、アーモンドから作られているのだ。だから、その記事では、通勤者、特に地下鉄の利用者に対して、もしアーモンドの匂いがするときは、極めて慎重を期すようにと警告していた！　なんて運が悪いのだろう。[17] コロナウイルスが世界中を襲ったとき、メキシコビールのあるブランドと同じくらい運が悪いと言ってもいいかもしれない

〔コロナの感染拡大に伴い、メキシコのビールの最大手、グルポ・モデル社は「コロナビール」の生産を一時的に停止した〕。

これらの広報災害は私にも無関係ではない。私が数年前、ロンドンに本社を置く、あるマーケティング代理店との共同の取り組みを決定した際、そのような問題が起きなかったときの安堵感は、口では言い表せられないほどだ。その取り組みとは、マッケインの電子レンジ対応のオーブン焼き冷凍ポテト、レディベイクドジャケットの匂いを放出させながら、タクシーを首都の通りを走らせるというものだった。「もっと食べたくなる」ベイクドポテトの芳香を拡散して、バス停で待っている、無防備な通勤者をびっくりさせるような、いくつかの3D動画の看板さえも考案した。★どんな物かと言うと、ある評論家の言葉を借りると「それぞれの看板にはジャガイモのファイバーグラス彫刻と不思議なボタンがついている。そのボタンを押すと、その芋は『じっくりと焼かれた、オーブンベイクドジャケットのジャガイモ』の芳香を放出する」[18]。

匂いの影響はそれだけではない。というのも、イタリアの心理学者グループによれば、特定の匂いから連想する物体のサイズも、私たちの到達行動に影響を及ぼすからだ。一片のニンニクや一粒のピスタチオナッツといった、何か小さい物の匂いがするときを思い浮かべてみよう。私たちの運動系は自動的に小さい物を選び出す状態になっている。対照的に、オレンジのようなもっと大きい物の匂いがするとき、私たちの手は割と簡単により大きな商品をつかむことができる。[19] とはいえ、どんな抜け目のないマーケティング責任者でも、彼らの受賞歴のあるキャンペーンに匂いと物体の大きさの連想を取りいれているのを私は見たことがない。あるいは正確に言えば、匂いを感じたことがない。手始めに、宝石店でピーナッツの匂いを拡散するのが最高かもしれない。★★

ビートに合った動き

スーパーマーケットの食べ物のいい香りだけが問題ではない。ほとんどの人が気付いていないが、私たちの行動は大抵、音楽のビートに同調している。今や古典となった研究の中で、ロヨラ大学ニューオーリンズ校のマーケティング学教授であるロナルド・E・ミリマンは、アメリカ南西部の無名の都市にあるスーパーマーケットで人の流れを観察し、そのレシート

★ だから、今度の場合も、香りのいいバスの待合所だ！　しかし、少し前に言及したカリフォルニアの例とは対照的に、この場合の匂いの放出は積極的な関与が必要だ。つまり、彼らがそこで夜、寝ることにしたとしても、ボタンを押さない限り、それは誰も悩ますことはない。

★★ ほんの冗談！

を分析した。９週間にわたるその研究において、買い物客は早いテンポの音楽とは対照的に、ゆっくりとした音楽が流されているときには（60 vs １０８ｂｐｍ）〔ｂｐｍとは一分間の拍数〕、38％多く支出することがわかった。その後、そのような調査結果は多くのチェーン店で検討された。しかし、これからの企画について積極的に語るところは少ないと聞いても、それほど驚かないだろう。実際に公開された数少ない例の一つは、メキシコ料理チェーンのチポトレが関係していた。

ミリマンは後続研究において、レストランでも、テンポの速い音楽とは対照的にゆっくりとした音楽が流されているときは、人々はより多く飲食し、最も重要なことに、より多く支出することを証明した（ゆっくりとした音楽はお客を長居させるということだ）。『ビジネスウィーク』誌〔アメリカの週刊ビジネス雑誌、『ブルームバーグ・ビジネスウィーク』の旧称、『フォーチュン』『フォーブス』と並ぶ、３大英字ビジネス誌の一つ〕に登場したあるレポートによると、チポトレは全１５００店舗に発信される音楽のテンポを注意深く調整しているようだ。一日の内で混雑する時間帯には、意図的によりテンポの速い音楽を流してお客を急がせ、できれば順番待ちの列を短くし、要は回転率を上げるようにしている。対照的に、より静かな時間帯にはゆっくりとした音楽を流し、お店がガラガラに見えないようにするために、客が長居するように仕向ける。チポトレの店内ＤＪのクリス・ゴルブによると、「昼食や夕食の客で込み合う時間帯は、客を動かし続ける必要がある。だから、曲をより速いテンポにする」という。ゴルブはニューヨーク市内の多くの支店の一つに座って、プレイリストに加えようと計画している音楽に対する客の反応を見ているようだ。もし客がビートに合わせて、頭を振ったり、足で拍子をとっているのを見たら、そのとき、人気が出そうな曲だと確信し、その曲をプレイリストに加えるのだ。[20]

もしこれが、エレベーターミュージック〔環境音楽の一種で、エレベーターの中で流すような耳に心地よい音楽〕、またはミューザク〔ホテルやレストランなどに無線・有線で流す静かなバックグランドミュージック〕のように聞こえたら、その通りだ。ミューザクは独特のスタイルの気軽に聞けるBGMに与えられた名称である。インストゥルメンタルがほとんどで、客がリラックスできるように、店や空港、ホテルのような公共の場所や、売春宿でさえも流されている。[★21]

しかし、私の以前のポスドクだったクレメンス・クヌーファーレと彼の同僚が2012年に証明したように、音楽のテンポを単独で考えるべきではない。彼らは、お客の行動に対する音楽のテンポ（速いテンポ［135bpm］vs緩やかなテンポ［95bpm未満］）と音階

★ 現在、チポトレに音楽配信サービスを提供しているモードメディアは以前、ミューザク・コーポレーションとして知られていた。

（長音階または短音階）の相互的影響を強調している。彼らは、テンポの遅い音楽が売り上げを増加させるというミリマンの主張は、短音階には当てはまらないことを発見した。[22] 売り上げに対する長音階の音楽の影響は、テンポによっては変化しなかった。[22]

ただ、少なくとも市場での音楽操作に関する限り、私の一番のお気に入りは、エイドリアン・ノース〔イギリスのレスター大学でPh.D.を取得、社会心理学者、オーストラリアのカーティン大学の教授〕と彼の同僚によって、1997年に初めて発表されたものだ。[23] 彼らが調査を実施したのは、イギリスのスーパーマーケットだった。そこでは、価格と辛口や甘口の釣り合いがとれた、フランス、ドイツ両ワインそれぞれの4タイプをストックしている。2週間、フランスのアコーディオン音楽とドイツの単調で明るい音楽が、毎日交互に、拡声器を使って流された。アコーディオン音楽が流れているときは、ワインの購入者の83%がフランスワインを買い、一方、ドイツ風ビアホール音楽が流されているときに飛ぶように売れたワインの65%はドイツワインだった。さらに注目すべきは、買い物客の中で、音楽の影響に気付いていたと発言したのは14%未満だった。これらの結果や、他の多くの同様の結果が示しているのは、BGMが変更されるだけで、無意識のうちに私たちの選択が劇的に操作されうるという事実だ。

この有名な研究の結果に関して、検討すべき点がいくつかある。まずは、サンプルサイズが非常に小さい点に注目したい。82人の買い物客の販売データしか使わず、その中でインタビューに応じたのは44人だけだった。このサンプルサイズのせいで、これらの結果は、実際の数字が保証する以上にかなり印象的になっているように思われる。今日、再現性の危機★が心理科学に激震を走らせている。ノースおよびその他の者の独創性に富む研究の大規模な再現が見られたら、確かにすばらしいだろう。これはまた、今日の買い物客が１９９０年代と同じくらい簡単に操作されるかどうかの問題を解明するのに役立つだろう。

検討すべき点はまだある。ワインは特殊な例かもしれないことだ。ワイン売り場はスーパーマーケットの中で、常に変化している。言うまでもなく、視覚的に最も複雑な場所の一つだと一般的に考えられている（少なくともブランド商品の中で）。したがって、いわゆる生き物ブランド——ラベルにキリン、エミュー、ヒキガエルなどのよく知られている生き物を表示しているワイン——の出現を説明するのに役立つ。生き物たちはワイン自体には何の関係もなさそうだ。ただ、ラベルにそれらが載っていると、混乱した買い物客が、前回とても楽しんだワインを思い出し、再び見つけける助けになる。少なくとも彼らは、たとえば、アイ

★これは心理学や神経科学の分野において、一部のより関心をひく調査結果を再現しようとする最近の試みが招く、多くの失敗に対して与えられた名称である。

テルスバッヒャー・カルトホイザーホーフベルググリースリングカビネット、またはピースポーター・ゴルトトレプヒエンのような舌を噛みそうなワインの場所を尋ねることは避けられる。ハンガリーの品種、Cserzegi Füszeres〔チェルセギ・フューセレッシュ〕をあなただったら、どのように発音するだろうか？　恥を晒すことなく、そのワインを注文してみたまえ！　そして、先に言っておくが、それらはどれも実在する。★

私たちは、事前に試していない限り、どのワインがどんな味がするか、それを開けるまで知る方法はない。しかし、ボトルを開けたら、変更するには遅すぎるのだ。スーパーマーケットの他の売り場では、見慣れたブランドを当てにしたり、商品の成熟度をチェックして、私たちの五感の前にある証拠を利用するのははるかに簡単だ。このせいで、一部のマーケティングの専門家は、買い物客への影響の話になると、ワインには異なるルールが適用されるかもしれないと言う。一方、私たちの食べ物の選択はBGMの民族性に影響されることがある。2017年に、ニュージャージー州のモンテクレア州立大学のデブラ・ゼルナーと彼女の同僚は、ある北米の大学の学食で実験を行った。その結果、フラメンコを流すと、パエリヤの売り上げが伸び、イタリア音楽を流すとチキン・パルミジャーナの売り上げ増につながることを発見した。私たちはまた、ポップ系の音楽よりも、クラッシック音楽が流れているほうが、ワインや外食により多く支出する傾向があるようだ。他の同様の調査結果も含めて考えると、私たちの行動は環境の音の要素に影響されるらしい。特に、BGMは、操作が最も簡単な環境の側面だと考えると、怖いことだ。[24]

潜在意識の誘惑

オックスフォードで学者生活を始めたとき、私が所属していた研究室は、ある世界的なチェーンから相談を持ち掛けられた。買い物客に特定の商品を購入するように仕向けるのに役立つ、なんらかのサブリミナル・メッセージを付け加えることが可能かどうか知りたがっていた（あくまでも仮定の話として受け取ってほしい）。この種のことはよく知られている。「コカ・コーラを買おう」または「自社ブランドの洗濯用洗剤1個分で2個もらおう」。その狙いは、これらのメッセージによって売り上げ増加を促進する点にある。メッセージは店内の

★ Peter F. May の著書、『*Marilyn Merlot and the naked grape: Odd wines from around the world*（マリリンメルローとネイキッドグレープ―世界の奇妙なワイン）』（2006年）によると、ゲヴュルツトラミネール（フランス東部のアルザス地方を代表する品種の白ワイン用ブドウ品種）とイルシャイ・オリベール（主にハンガリーで栽培されている白ワイン用ブドウ品種、マスカットのような爽やかな甘い香りが特徴）の、この異種交配のワインの発音は、「Chair-sheggy Foo-share-us（チェアシェギー・フーシェアス）」である。

拡声器で流されているBGMに埋め込まれているのだ。1950年代のジェームス・ヴィカリーのレポートに刺激を受けたのだろう。そのレポートによると、彼は「コーラを買おう」とか、その種のメッセージをスクリーン上に短く（つまり潜在意識下に）点滅させることで、映画館のコカ・コーラの売り上げを増加させたという。★

しかし、私たちは依頼してきた世界的チェーンをがっかりさせることになった。潜在意識下の感覚的合図は、食品や飲料関連の私たちの行動を偏向させられないからではない。むしろ間違いなく偏向させる。問題は、的を絞ったメッセージが買い物客の行動に影響を与えるのに十分な大きさで聞こえ、それと同時に買い物客がそれに気が付かないほど静かな機会は、非常に限られているという点にある。結局、潜在意識の誘惑は、日常生活の騒々しい状況よりも、科学研究所の注意深く管理された状況のほうが、証明しやすいということだ。研究所で、感覚刺激を各人の意識の限界以下で提示するのはずっと簡単だ。また、潜在的プライミング〔プライミングとは先行する刺激によって、行動が無意識に影響されること〕を実証する観点からより重要なのは、まずその人が欠乏状態（たとえば喉が渇いている）でなければならない。あるオランダの研究で、喉が渇いた人に別の飲み物ではなく、リプトンのアイスドリンクを選択するように潜在的にプライミングすることができたと証明している。[25] もちろん、人々が潜在的マーケティングについて話し始めると、いつも倫理的懸念が取り上げられる。

この点に関しては、何十年も前にルイス・チェスキンによって導入された、セブンアップの真ん中の赤丸が、私には興味深い。ここで留意すべきは、私たちは皆、その赤丸を何度も見たことがあるのだから、それは厳密には潜在的ではない（つまり、文字通り、隠されてはいない）ということだ。ただ、私たちのほとんどがそのシンボルが心に潜在的に伝えているメッセージに気が付いていないという意味で、私はそれも**機能的**には潜在的であると言いたい。赤い色と円形は両方とも、そのドリンク自体のように、甘さと関連している点に注目してほしい。甘さに関連している形や色を表示することで、甘さを伝え、その結果、消費者の心にその味をプライミングできる。また、ある特定の味または風味がプライミングされたら、その後、私たちがそれを体験する可能性が少しだけ高くなる。

スーパーマーケットの棚を一通り見てみると、そんな象徴的形態マーケティングの多くの例が目に付くだろう。中にはチェスキンの登場以前から存在するものもある。たとえば、ハイネケン、ニューキャッスルブラウンエール、サッポロまたはエストレージャ・ダムのようなビールブランドに加えて、サンペレグリノ［イタリアの炭酸入りミネラルウォータのブランド］のウォーターボトルを飾っている星をちょっと例にとってみよう。その星はそこで何をしているの

★映画のスクリーン上のメッセージはヴィカリーによる手の込んだデマであると判明しても大した問題ではない。これまでにそんな研究は実態されていないのだから。

それは星の中にある。潜在的、象徴的メッセージの一例。

か？　実は私たちは炭酸化と苦さを角張った輪郭と関連付けるという。したがって、このようなシンボルは、潜在的に消費者に合図を送って思い出させているのだ。こうして機能的に潜在意識に働きかける、感覚間マーケティング〔五覚など多感覚に訴えるマーケティング〕は、私たちの商品への期待、商品選択、そしてその後の商品体験に、気付いている以上にはるかに大きな影響を与える。というのも、何語を話そうと、そのようなシンボルは、そのメッセージをはるかに普遍的な潜在的レベルで、私たちに伝えるからだ[26]。

環境要因

１９７４年に、北米の伝説的マーケティング経営学者、フィリップ・コトラーは『ジャーナル・オブ・リテーリング』誌に影響力のある論文を発表した。

その中でコトラーは小売業者に対して、彼らが売ろうとしている有形製品にのみ集中するのではなく、トータルな製品体験に重点を置くべきだと提案している。彼は、オーナーが苦心して作り出した全体的体験や環境が成功の要因になった小売店に関して、たとえ大部分は裏付けに乏しいとしても、多くの説得力のある見解に言及している。コトラーは、店の環境を独立した感覚要因に分けて、色や照明、音楽や匂い、そしてデザインの触覚的観点からさえも、何ができるか検討している。人々の関心を、客の体験（そして行動）を推進する際の感覚の力に向けた点で、コトラーは時代に先駆けていた。不思議なことに、彼も彼の後に続いた多くの経済学者も完全に忘れていたのは、感覚は常に相互作用しているという点だった。[27] 店内の経験や環境が、私たちの五感の一つだけで決定されることは、めったにない。むしろ、成果を上げるのはインプットの組み合わせだ。言い換えると、環境は多感覚的であり、その認識にはあらゆるチャンスと困難が伴う。とはいえ、現在まで実施されている研究の大半は、個々の合図の影響を個別に研究してきた傾向がある。たとえば、音楽の音量かテンポか、または、環境芳香の有無といった観点だ。次に環境芳香について見てみよう。

デオドラントのような匂い

環境芳香の観点から、食べ物と衣類の明らかな違いは、革製品の場合を除いて、スーパーマーケットのパンの匂いに相当するものがないという点だ。実際、一番近いのは糊付けしたばかりのコットンの匂いかもしれない。かつて買い物客が、ニューヨークのトーマス・ピンクシャツ店の人気の陳列台のそばを通り過ぎるとき、この匂いを感じたものだ。一方、アンフォンテーヌ婦人服店は、買い物客が商品の支払いをしている間に、ショッピングバックに彼らの香水の香りを一吹きする。通常、衣類にもドライフラワーの匂い袋が付いている。パリのココシャネル一号店では、売り上げをのばすために、販売員は入り口から試着室まで、ブティック全体に彼女の香水、シャネル№5をスプレーするように指示されている。[28]

話は変わって、２０１４年に、ポルトガルのブランド、サルサは彼らのカラフルなジーンズにマイクロカプセルを埋め込んで、商品に合わせて匂いを付け加えた。あるウェブサイトによると、「この夏、女性が甘い香りを保つのに役立つように、ポルトガルのファッションブランド、サルサはフルーティーな香りが染み込んでいる、香るジーンズシリーズを発表した」ようだ。[29] ブルーベリー、オレンジ、レモン、リンゴそしてイチゴのフルーティーな香りは20回洗っても残っているらしい。私はコロンビアで、衣料品店の香りに対する、興味深い解決策に出会った。それは衣料品小売り業者のプントブランコからのものだ。プントブランコはその多くの店に、小さな高級チョコレートカウンターを設置した。その狙いは、必ずしも、チョコレートの販売で多少なりとも儲けるためではなく、お客の五感すべてに確実に関わることだった。その他の場所では、ユニクロやクラブモナコのような衣料品小売り業者は、ほぼ同じ理由で、店内にコーヒーショップを導入している。それは、お客がそこに集まり、店内をぶらつきたくなるようにするためでもあるようだ。

香りをきちんと管理すれば、衣料品の販売は自然と軌道に乗せられるのなら、小売り業者には朗報だろう。しかし、ここではいくつかの明確な心理的メカニズムが働いている可能性を強調する必要がある。たとえば、環境芳香は、他の感覚的合図と同様、接近行動〔自分と相手との距離を短くしようとする行動〕を促す。その結果、一度その店に誘いこまれたら、その心地よい香りは私たちの気分を高めるのに効果的かもしれない。私たちは気分がいいと多く出費するというのは、専門家の間で広く信じられている。一方、その香り自体が独特で、特徴付ける匂いになるかもしれない。つまり、すぐに認識でき、私たちがある特定のブランドから連想するすべてのものを、事前に教えるような匂いだ。[30] ここではただ、アバクロンビー&フィッチ社所有のホリスター・カンパニー〔アメリカのカジュアルファッションブランド〕の独特の香水の匂いを思い出してほしい。

多くの研究者が、小売業者が売りたがっている製品と香りとの確実な調和の重要性を強調している。ただ、香りマーケターにとって、それだけでは検討不十分だとすれば、香りの意味や香りから連想するものについては、文化的な相違も考慮する必要があるということだ。たとえば、フランスやドイツの買い物客はカットグラスやキュウリの香りは爽やかで、かつ刺激的だと考える。一方、メキシコや中国からの買い物客は、これらの香りを自然だが特に爽やかだとは思わない傾向がある。[31]

これらのさまざまな課題にもかかわらず、近年、衣料品を買う人は誰でも、ザラ、ヴィクトリアズ・シークレット〔アメリカのファッションブランド〕、またジューシークチュール〔スカーフやマフラー、フレグランスを扱っているアメリカのカジュアルブランド〕を含め多くの店が、換気装置を通して拡散している香りに気が付くだろう。ヒューゴ・ボス〔ドイツの高級紳士服ブランド〕はかすかなココアの香りとともにフルーツやシトラスノーツを含む環境芳香を使っているようだ。[32]ただ、香り実現技術への投資、特にオーダーメイドの香りの注文は必ずしも安くはない。より手ごろな香りのセンスハックを探している人は、香りのよい花束をカウンターの上に置くのも悪くはないだろう。シカゴのアラン・ハーシュ博士が実施した予備研究の結果によると、実験室の参加者は空中に花の香りが強く漂っていると、一足のスニーカーに対して、喜んで10ドル以上多く支払うという。また、彼らの購買意欲は80％以上高まった。[33]ある大都市の宝石店のお客は、香りのしないカウンターよりも、フローラル、フルーティーまたはスパイシーな香りがスプレーされているカウンターでより多くの時間を費やしている。[34]サムスンエクスペリエンスストアでは、メロンの香りを感じることができる。また、ソニースタイルストアは、バニラとマンダリンオレンジの微妙なブレンドを使っているようだ。一方、ロンドンのハムリーズおもちゃ店では子供の両親に、ピニャコラーダ〔ラムをベースにパイナップルジュースとココナッツクリームを一緒にシェークしたカクテル〕を思い出させるような香りを使っている。[35]

ラッシュは世界中にある、バス用品やパーソナルケア製品の人気のチェーン店だ。彼らの特徴的な匂いは、明るく、きれいな、花の香りである。とはいえ、認識できるのは香りそれ自体なのか、あるいは鼻腔を襲う匂いの攻撃の強さなのか、私にはまったくわからない。何と言っても、大衆向けの店にはそのような匂いは他にない。ラッシュは賢くも、彼らの独特の香りがより遠くまで広がるように、ラップや包装なしで、製品を販売している。一部の業務分野では、他の分野よりも香りマーケティングを利用しやすいのは明らかだ。

頭を冷やす

触覚の環境要因の観点から、最も明白な要素は周囲の温度だろう。高価な衣料品店の中には店内の温度を意図的に下げているところがあると知って驚くだろうか？　あるジャーナリストがニューヨークの種々の衣料品店の店内の温度を記録したとき、温度とプライス・ポイント〔あるカテゴリーの商品の中で、最も売れている商品の価格〕の間の逆の相関関係を実証した。この事実を温度との関連以外にどのように説明できるのか？　言い換えると、高級ブランドは室温を大衆向けのチェーンよりも低く設定する傾向がある。彼が指摘しているように、「メイシーズはオールドネイビー〔GAP系の洋服チェーン店〕よりも寒いが、ブルーミングデールズ〔アメリカの高級百貨店チェーン〕はメイシーズよりも寒く、バーグドルフグッドマン〔ニューヨークにある高級百貨店〕は最も寒い……つまり、価格が高ければ高いほど、温度が低い。衣料品店に目を向けてみよう。バーグドルフグッドマン20℃、ブルーミングデールズ21℃、メイシーズ22℃、クラブモナコ23℃、オリジナルリーバイスストア25℃、オールドネイビー27℃である。」環境要因に対する、そのような熱的アプローチは、私たちは温度がより低いと、商品をより高く評価しがちだと示唆している最新の研究を考慮すると、理にかなっている。日本の小説家、斎藤緑雨はかつて、「優雅さは極寒だ」と述べている。[36] １９７９年の『*Thermal delight in architecture*（建築における熱的喜び）』の著者、リサ・エシュンによると、低温と排他性の関連性はアメリカに初めてエアコンが導入された時から生じている。当時は、社長だけが、自分のオフィスに贅沢なエアコンを持っていたからだ。

ただ、ショッピング経験に関わっているのは、視覚、音、匂いだけではない。スタッフ同士、お客とスタッフ間、そして客と商品の間の物理的接触はそれ自体で強力なマーケティングツールになりうる。[37] 私は、接触は多くの人が気づいている以上にはるかに重要だと固く信じている。次の話題は、この私たちの最大の感覚に移そう。

「タッチ・ミー」

あなたはこれまで店で「タッチ・ミー」と書かれた看板を見かけたことがあるだろうか？　もしあなたがその通り行動したら、マーケティング立案者はうまく、あなたを購入する気にさせたということだ。ウィスコンシン大学マディソン校に長い間本拠地を置いている、ジョアン・ペックと彼女の同僚の研究によると、物理的に製品を手に取ったり、単にそれを持っているのを想像するというような単純なことでさえも、私たちの当事者意識を高めるようだ。[38]　実際その数字を見たら、マーケティング立案者が私たちに製品に触れてもらいたい理由が容易にわかるだろう。現在、ウォルマートの傘下に入っているアズダ〔イギリスの小売業者〕は、買い物客が実際に触れて商品の品質を感じられるように、自社ブランドのトイレットペーパーのビニール包装を取り除いたら、売り上げが50％伸びたと報告している。同様に、GAPのような衣料品チェーンの成功理由は、商品の気の利いた配置によるところが大きい。私たちが衣服に手を滑らせるのにちょうどいい高さのタッチテーブル〔大型タッチパネルモニターがテーブルに内蔵されたデバイス〕の上に、商品が展示されているのだ。[39]

企業のこのような取り組みの多くは、簡単そうに思われる。しかし、多くの店が間違った思い込みをしていると知ったら驚くだろう。私が小売業のクライアントとともに店舗の視察をしているとき、地面からわずか数インチ上がったテーブルをよく見掛ける。私たちは、その動作を実行するのが困難と感じれば感じるほど、触れたり、手に取ったりするどんなものでも好きになれない。このことを、誰かが彼ら（つまり私のクライアントではなく、ストアマネージャー）に教えてあげる必要がある。そんな場合の影響は小さいかもしれないが、それでも、納得できる。[40] ある調査で、質問された人の35%が携帯電話の感触は外見よりも重要だと認めている。確かに買い物客は手触りの重要性を承知しているようだ。別の調査でも、質問された人の80%以上が、見ることしかできないものよりも、見て触れて感じることができる製品を選ぶと言っている。[41]

しかし、これは衣料品店だけの話ではない。製品と相互作用したり、体験したりするテーブルは、ガジェット〔デジカメ、オーディオプレーヤー、ゲーム、携帯情報端末機など携帯できる小物や、アプリケーションソフト、パソコンのデスクトップ上で動作するソフト〕店では独特の部分だ。アップルストアのマックブックの画面は同じ角度に傾いているのに気が付いたことがあるだろうか？（角度を知りたい？　70度だ。）これは最高の視野角〔液晶テレビや液晶ディスプレイについて正面からどれだけ逸れても明瞭な画像が見られるかを角度で示したもの〕から遠くかけ離れている。それなのになぜ彼らはそうするのだろうか？　ある評論家によると、それは買い物客がよく見ようとして、画面を調節したくなるようにするためだ。もちろん、その際、彼らは物理的に製品それ自体に触れなければならない。[42] マーケティング立案者は卑劣な一団ではないと言ったのは誰か？　スウェーデンの経済学者、ベルティル・フルテンの研究によると、イケアストアで、周囲の照明を暗くしただけで、買い物客がガラス製品に触れる確率が上がったという[43]。そして、また心地よいバニラの香りを付け加えたとき、これらの製品の売り上げが劇的に伸びた（65％）と報告されている。（この数字は約９００人の買い物客のサンプルに基づいており、連続２週末の売り上げがモニターされた）。ナイトクラブのような薄暗い照明と強烈な香りのせいで、アバクロンビー＆フィッチ〔日本での通称アバクロ、アメリカのカジュアルファッションブランド〕の衣料品にも、イケアと同じ影響があるのだろうか？

あなたは今まで、バング＆オルフセン〔デンマークの高級オーディオ・ビジュアルブランド〕★のリモコンを手に取ったことがあるだろうか？　あるなら、その並外れて、驚くほど重たい感触は百も承知だろう。その触覚体験からはまさに品質がにじみ出ている。しかし、ほとんどの人が知らないのは、この重量の大半はこの印象を与える目的で付け加えられたに他ならないということだ。つまり、それは少しも機能的役割を果たしていない。手の中の重量の好ましい影

★長年にわたり、このデンマーク企業は、値段の高さはもちろん、最も滑らかな高級家電を売っている。

響（あるいはハロー効果）〔対象物に後光を感じると、対象物の評価を歪めてしまう心理現象〕は、あなたがその感触の存在理由を知っても、まだ、魔法のような効果を働かせているように思われる。そんな小細工には引っかからないと思っているならば、買ったばかりのワインのボトル、口紅、または美容クリームが、本当にそれほど重い必要があるか自問してみたまえ。これはルイス・チェスキンが言うところの「感覚伝達」の例である。つまり、私たちが、自身の感触と関連付ける感覚は、他の製品の特性に対する経験、または好みにも引き継がれるということだ。換言すると、私たちは皆、直観的に重さを品質に関連付ける傾向がある。だから自動的に、より重たい包装や容器で売られている製品をより良いものと信じるのだ。これで、製品の容器や袋の重さと価格の相関関係が明らかになるだろう。数年前に、オックスフォードで私の同僚、ベティナ・ピキュラス＝フィッツマンとともに実施した、ある店舗の監査結果によると、買い物客は1びんのワインに対して、1ポンド余計に支払うごとに、平均8グラム重いガラスびんを手に入れていることになる。[44]

接触汚染

あなたは山積みの中から、一番上の新聞または雑誌は選ばず、むしろ少し下から選ぶだろう。それは私も同じだ。新型コロナウイルスパンデミックの前であれば、これはかなり不合理な行動のように思われただろうね？　どの新聞や雑誌をとっても中身はまったく同じだろう。しかし多くの人がそうするのだ。これをやや異常な行動だとする消費者研究者は、それは「接触汚染」に対する潜在意識の恐怖の反映だと主張している。[45] つまり、私たちの多くは、誰か他の人がすでに触った製品を買いたくないだけなのだ。では、「タッチ・ミー」看板にもマイナスの面があるのだろうか？

あなたが前回、新しいタオルを買った時のことを振り返ってみたまえ。あなたはそれを使い始める前に洗っただろうか。私は心からそれを願う。なぜなら、あなたがそれを最終的にあなたのかごに入れる前に、すでに平均6人の買い物客がそれを触っているだろうから。[46] そして、多くの人が同じ表面を触るとき、起こりうるリスクをお教えしよう。研究者が、イギリスのマクドナルドの8店舗で、スクリーンのふき取り検査をしたとき、ビッグマックとフライドポテトを注文しようとしていた人を除いて、複数の人から異なる糞便物質を発見した。[47] ファストフードは手で食べるものだから、特に遺憾だ。むかつく！　すぐに手を洗おう！　新しいタオルは当然だ。

多感覚マーケティングは優加法的販売増加をもたらすことができるか？

環境要因の合図の組み合わせを正しくすれば、販売の成功はほぼ確実についてくるだろう。少なくともそれは一部のより大袈裟な自称マーケティングの第1人者がここ数年間、誰にでも言ってきたことだ。とはいえ、マーケティング文献の主張にもかかわらず、買い物客の五感を正しい方法で刺激すれば、１２００％の優加法的★売り上げ増をもたらすという話は、希望的観測だと思う。★★この分野で発表されている、適切に管理された学術研究を見てみると、多感覚的環境を作り出すための視覚と音と匂いの組み合わせによる売り上げの増加は、はるかに控えめである。通常は15％の売り上げ増が典型的だ。[48] それならば、多感覚的環境要因は、何年も前にコトラーが主張したほど、強力な概念ではないということなのか？ それについての別の考え方は、店側はすでに総合的経験の提供についての、多くのアイデアを理解しているかもしれないというものだ。だから、彼らが提供するものを最適化した後、小売業界ですでに達成されてきたことに加えて、さらなる利益をもたらすのは、それだけ難しいかもしれない。[49]

五感の相互作用は疑う余地がない。しかし、環境要因の合図のどの特定の組み合わせが、無意識に過重な負担を掛けずに、消費者の五感と調和していると捉えられるかは、より難しい問題だ。ある研究で、参加者は音楽無し、低いテンポの音楽、または高いテンポの音楽とともに、香り無し、低刺激の香り（ラベンダー）、高刺激の香り（グレープフルーツ）のすべてによる九通りの組み合わせを提示された。覚醒の可能性の観点から、香りと音楽の組み合わせが調和していたら、お客はその店の環境（ギフトショップ）をより好意的に評価した。買い物客はまた、より高頻度の接近と衝動買い行動を示し、そして、満足度は向上した。[50]

モールの設定でこれまで実施された研究は少ない。研究されたものの一つで、多感覚的環境要因の分野で働くマーケターが直面している潜在的問題を例証している。モーリーンとシユバはある北米のショッピングモールで約８００人の買い物客の衝動買いによる支出を調査した。その調査結果によると、衝動買いの売り上げはスローテンポの音楽を流すだけで、50％も伸びたという。対照的に、柑橘系の香りを拡散すると売り上げのわずかな（統計学的に

★「優加法性」とはもともと神経生理学の分野から生じた概念である。その考えは個別的には効果が弱い感覚的インプットは時として、神経細胞、知覚あるいは行動に、個別のインプットに対する反応の合計よりもはるかに大きな反応を引き起こすかもしれないということだ。あなたは序文でそれについて簡単に触れたことを覚えているかもしれない。

★★彼らに恥をかかせないために、名前を挙げるのは止めておこう。

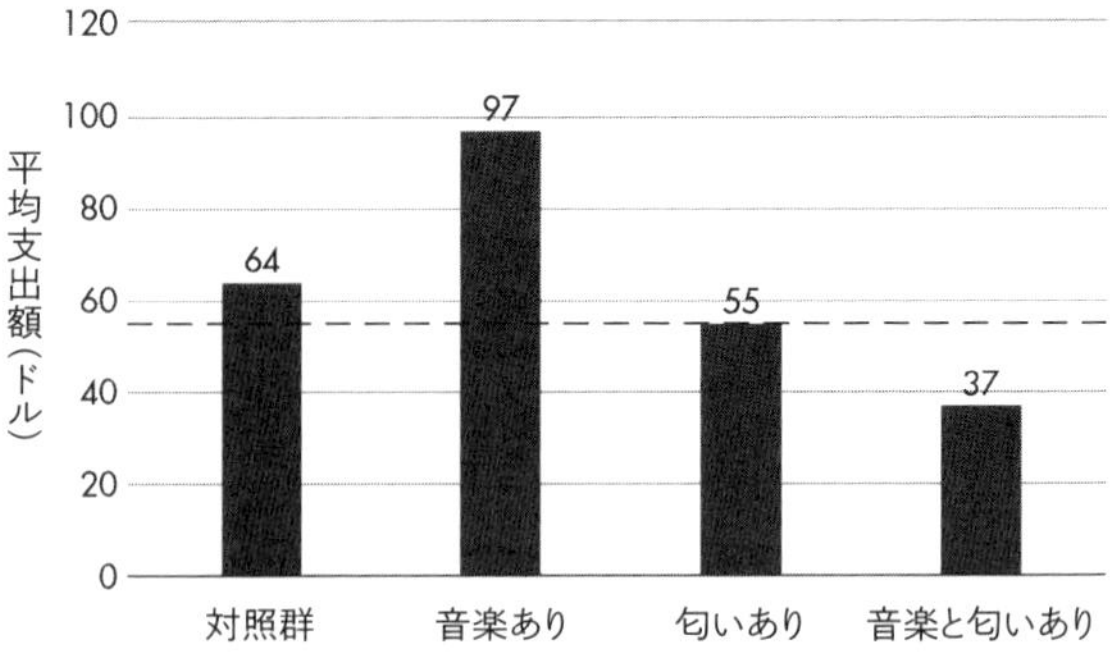

市場における劣加法性（二つの元の関数値が、それら各元の関数値の和よりも常に小さいか等しいという性質）の一例

有意ではない）減少につながった。しかし、その音楽と香りが同時に提示されるとショッピングモールの売り上げは大幅に減少した。この場合何が「悪かった」のかは詳細を知らないことには判断できない。しかし、一つの可能性として、音楽と嗅覚の刺激が、単にある点（たとえば、それらの覚醒値）で調和していなかったのではないか。実際、柑橘系の香りが買い物客を刺激したかもしれない一方で、スローテンポの音楽がいかに買い物客をリラックスさせたかは容易に想像がつく[51]。正確に言うと、刺激的な香りとスローテンポの音楽の組み合わせは、買い物客を混乱させてしまったのかもしれない。調和していない合図を処理するのは難しいようだ★。

店の環境に感覚的合図を導入することは、感覚的タッチ・ポイントの数を増やすという点では、いい考えだ。だが、それはまた、感覚過負荷のリスクを増す可能性がある。このことを例証した研究がある。その研究では、800人の被検者に、自分がある店の中を見て回っている姿を想像させた。その仮想の店には、速い、またはゆっくりとした音楽、ラベンダーまたはグレープフルーツの香り、そして赤または青の店舗カラーがあった。その際、二つの環境要因の合図の任意の組み合わせが調和している限り、結果は前向きだった。しかし、三つの調和した刺激が、仮想の店舗環境に導入されるや否や、マイナスの影響が現れ始めた。ホンブルク〔ドイツのマンハイム大学、マーケティング学教授〕およびその他によると、これは覚醒レベルが高すぎて、ある種の感覚過負荷を反映しているせいだという。もちろん、実際の店舗環境でどうなるかはわからない。[52]

明るくして、音楽の音量を下げる時間？

それならば、買い物客への五感の刺激について、一度に一つの感覚に絞って考えてみよう。

★不適合なインプットに関連する処理の流暢性の欠如は、通常、不快の感情価である。つまり、私たちはそれが好きではない。それゆえ、モーリーンとシュバのデータが示しているように、売り上げにはそれほど役には立たない。

その場合、非常に現実的なリスクがある。香りは単独では買い物客の注意を喚起し、引き付けるのには効果的かもしれないが、ハイテンポで大音量の曲や明るい店舗照明と組み合わされた場合、やり過ぎになるかもしれないということだ。環境要因の合図の組み合わせは、いとも簡単に感覚過負荷につながる可能性がある。[53] 感覚過負荷に関しては、多くの親が苦情を言っている。彼らは、ホリスターやアバクロンビー&フィッチの店の外で、子供たちが暗くてナイトクラブのような店内で楽しそうに買い物をしている間、店外まで聞こえてくる大音量のダンス音楽とあの顕著な香りに悩まされているのだ。誰もあの騒音には我慢ができないだろう。その音楽と香りの目的は、明らかに野暮ったい老人が入店しないようにするためだ。つまり、当時のアバクロンビー&フィッチのCEOのマイク・ジェフリーズが2014年に語ったように、「私たちはかっこよくて魅力的な人に売りたい。それ以外の人には誰にも売りたくない」ということだ。[54]

しかし、同時に、あの独特なアップテンポの音楽は売上拡張を促進するかもしれない。何と言っても、飲食業界では大音量の速い音楽を流すと30%も売り上げ増を見込めるというのはよく知られている。衣料品にも同じことがいえるだろう。ただ、衣料品店のスタッフは本当に気の毒だ。彼らは、レストラン環境で働いている、多くの人々と同様、日常的に危険なほど大音量の音楽に晒されているのだから。[55]

香りも音も、衣料品や他の本質的に無臭の製品（たとえば、本や雑誌）の売り上げの促進に利用されるが、今のところ、多感覚的ミスマッチまたは過負荷を予測し、避けるための簡単な方法はない。これは、買い物客のすべての感覚が同時に刺激されたとき、生じることがある問題だ。だから私はクライアントに自分たち自身の建物内で、自ら調査を実施するように勧めている。そのほうが、彼らの顧客ベースでの売り上げ促進の観点から、他の時間と場所で実施されている調査に頼るよりも、最も役に立つ決定ができるのだ。

あなたはラッシュの店舗体験が大好きで、A&Fに関する限り、どんな苦情があるのか知らない人の1人だろうか？　もしそうならば、あなたは「感覚中毒」かもしれない。これは多感覚刺激をとても欲しがる買い物客を表現するのに用いられる用語である。[56]一部の研究者が衝動的買い物客と、じっくりと考える買い物客を見分けようとした。モーリーンとシュバによると、衝動的買い物客はBGMに、より影響されるのに対して、じっくりと考える客は香りに、より影響されるという。感覚中毒でない人は、ラッシュのような店の匂いを嗅ぎつけたらすぐに通りを渡り、A&Fやホリスタースーストア〔アメリカのカジュアルファッションブランド〕のような店には足を踏み入れることはないだろう。彼らにとって、役に立つものが手の届くところにある。数年前、ロンドンのセルフリッジズ〔イギリスのロンドンに旗艦店がある、高級百貨店チェーン〕は、疲れた買い物客が売り場での目まぐるしい多感覚刺激から回復するように、リラックスルームを導入した。別の提案は、次に買い物に行くときは、騒音を軽減するために、耳栓を付けるだけだ。または43ページのNozNozを利用してもいいだろう。[57]

未来を味わう

現在、多くのマーケティング代理店や食品や飲料品ブランドにとって、店内での試飲体験の向上も大きな関心事だ。２０１７年、私は、スーパーマーケット環境で多感覚的試飲体験を新たに考案する、この分野での革新的なアプローチに取り組んだ。私たちは、テスコの飲料品売り場で、イギリスの買い物客にＶＲヘッドセットを装着して、ギネスドラフト、ホップハウス13ラガー、ウエスト・インディーズ・ポーターの３種類のビールを試飲してもらった。さらに、そのブランドの試飲体験中に、ギネスのマスターブルワー〔ビール製造とビールの味の両方の責任者〕のピーター・シンプソンの魅力的な声で案内された。買い物客がそれぞれのビールを試飲しているとき、試飲しているビールに調和するように、特別に考案された３６０度のオーディオビジュアル表示がヘッドセットに送られていた。

重要なのは、オーディオビジュアル表示の音、色、形そして動きのパターンはすべて、彼らが試飲しているビールの風味の特徴に調和し、彼らの味覚体験を向上させるように作られていた点だ。[58] そのキャンペーンは買い物客の受けが非常に良かった。これは、テクノロジーが小売業に導入される方法を例証している。[59] それはデジタルテクノロジーの最新のものを利用した、多感覚的味覚体験のセンスハッキングだ。そして、そのキャンペーンは、消費者がアルコール飲料を少量、安くて軽いプラスチックカップで提供される、従来の味覚テストからは遠くかけ離れている。そのようなイベントを促進する人々は、グラスが重ければ重いほど、どんなものでもよりおいしく感じることを認識していないのだろうか？[60]

多感覚的オンラインショッピング

世紀転換期には、消費者は決して納得してオンラインで衣類を買うことはないだろうとよく言われていた。この予言は控えめに言っても、今では古臭く時代遅れに見える。[61] しかし、実際に私たちがオンラインで衣類を買うとき、服の感触やフィット感はわからない。返却が急増したのも当然だ。『フィナンシャル・タイムズ』紙の2017年のレポートによると、イギリスでは小売り業者にとって、返却処理は年間600億ポンドの費用が掛かっている。アメリカでは、2020年には返却は企業にとって、2016年から75・2％増の5500億ドルの負担となるだろうと推定されている。人々は購入品を実店舗にも返却するが、オンラインでの購入品の返却率ははるかに高い。[62] 小売業でのパーソナライゼーション〔顧客の多様な情報、購買行動、問い合わせをもとに、顧客に最適な情報を提供するという戦略〕の台頭は、この問題への取り組みに多少なりとも役に立つかもしれない。結局のところ、カスタマイズされたナイキエアトレーナーや高級なルイ・ヴィトンのハンドバックは、製品にあなたのイニシャルを入れようものなら、どれだけ返品が難しくなるか考えてみたまえ。

現在、多くのデジタルマーケター〔オンラインなど、デジタルテクノロジーを利用したマーケティング活動に従事している人〕にとっての課題は、彼らは、私たちの五感の一つかせいぜい二つ――視覚とたまに音も――しか利用できないことだ。視覚と聴覚は高次の合理的な感覚だ。これまでずっと、技術者や小売り未来学者は、コンピューターやスマートフォンは、新しいカシミヤのセーターや絹のように滑らかなパジャマの柔らかさを、すぐに感じさせてくれるだろうと約束してきた[63]。また、大胆にも、テクノロジーの進歩により、私たちが買おうと思っている物の香りを感じたり、注文しようかどうか躊躇しているピザさえも味わえるようになるだろうと言われてきた。言うまでもないが、これはまったく実現していない。さらに、近い将来に、状況が変わる可能性はほとんど無さそうだ。これらすべての夢物語を売っていた会社はどうなったのだろうか？ 大多数が勇み足のベンチャー投資資金を受けて、破綻した。または、オンラインショッピングのために製品の香りを届けると約束していた、失敗した新興企業について、ある見出しに次のように、書かれていた。「2000万ドルの焦げる匂いはどんなものか？ ちょっとDigiScent〔1999年にパソコンを通して、匂いを放出するデバイス、iSmellを開発し、主要な投資家から、2000万ドルの融資を受けたが、製品化される前の2001年に資金不足のために破産した〕に聞いてみて！[64]」

人々が決してオンラインで買いたくないと思う製品があることを考えると、匂いを伝えられないのは本当に残念だ。たとえば、新しい香水やアフターシェーブローションを、匂いを嗅がずに、オンラインで購入するかちょっと自問してほしい。私だったら、絶対買おうとは思わない。まだ、技術的解決策が出現しておらず、予期可能な技術を用いて、十分な多感覚経験を届けられそうもない。それならば、少なくとも、一部の製品に関しては、オンライン小売業の成長を抑制する可能性がある。その代わり、（先に述べたギネス・ビールの例のような）共感覚マーケティングや、ＶＲヘッドセットを利用した、最後の例で見るような、さらに特別な体験の提供に出会うだろう。

オンラインマーケティングの未来について

２０１８年に、私と同僚は、デジタルマーケティングの前途を示唆する、あるプロジェクトを実施した。グレンモーレンジィ蒸溜所〔スコットランドの主要都市、インヴァネスのすぐ北の、テインにあるウイスキー製造所〕と緊密に連携したプロジェクトで、そのウイスキーにふさわしいスコットランドのテーマに関連する、ＡＳＭＲの最適な感覚的誘因を立証した。ＡＳＭＲは誰かのささやきや、紙をクシャクシャする音を聞いたとき、多くの人が経験する、首の後ろを走るゾクゾクするようなくつろぎ感に与えられた名称である。いくつかの誘因について、私たちは多くのアスマラーたちにもインタビューをした。すると、その誘因の一つにBGMのない、リアルな音だけが響いている、ゆっくりと浮かび上がる映像が含まれていた。高音やテクスチャー〔音の基本的な組み合わせ〕も重要だとわかった。これらや、多くのアスマラーのお勧めも含めた他の刺激は、その後、3人のビデオアーティスト――Thomas Traum、Julie Weitz、Studio de Crêy――による、そのウイスキーの「産地特性、創造、特徴」を喚起するためのビデオ制作に、科学的インスピレーションとして利用された。グレンモーレンジィの三つのラインナップ、オリジナル、ラサンタ、シグネットに対して、それぞれ一つのビデオが制作された。

ライセンス認証を起動する際に、消費者は好きな銘柄のウイスキーをグラスに注ぎ、オーバーイヤー・ヘッドフォン〔耳全体を覆うタイプの製品〕を付け、それから、オンラインで、関連するビデオコンテンツにアクセスするように、案内される。これは、デジタルコンテンツに対する大きな興味を物語っている。結果的に、それはその会社のオンラインマーケティング史上、最も成功したキャンペーンとなった。一杯の酒で背筋にゾクゾクするような震えを感じるのはめったにない。[65]

グレンモーレンジィキャンペーンは、ギネスの例のように、知覚に関する新しい知識とともに、最新のデジタル経験が、家庭での多感覚オンライン経験や、店での多感覚経験のハッキングに利用できることを示している。そのような経験のオンラインでの配信、強化、普及の方法を見つけ出すのは、センスハッキングの将来にとって、最も興味深い課題だ。

気が済むまでの買い物

あなたが感覚中毒であろうがなかろうが、買い物を止めるのが難しい理由が、少しはわかっただろう。何よりもセンスハッキングの科学が、多くの人がとことん、買い物をするように見える理由を説明してくれる。まさに適切な多感覚環境を作り出すために、視覚から音、匂いから感触まで、そして気温さえも、すべて、慎重にデザインされ、注意深く調整されているのだ。それならば、私たちが店に長居して、買わなくてもいいものまで買ってしまうのは、不思議ではないだろう？

ただ、あなたが家に何を持ち帰ろうと、そのあと、接触感染のリスクを避けるために必ず手を洗うこと。コロナウイルスは大丈夫、それより、ファストフード店のタッチスクリーン上で発見されたものを思い出してほしい！

8
医療健康管理
Healthcare

まず1つの質問から始めよう。あなたは、あなたの手術中に、外科医が音楽を聞いていても構わないタイプか？　多くの人は考えたこともないだろう。だが、音楽は大半の手術室で流されているのだ。２０１４年に『ブリティッシュ・メディカル・ジャーナル』誌で発表されたある研究によると、音楽、それもほとんどの場合クラッシック音楽は、手術時の62〜72％くらいで聞かれているようだ。[1]レストランの厨房では、ジャガイモやニンジンをバケツ一杯分さいの目切りする作業から生じる倦怠感を緩和するのに、音楽が役立つことがある。手術室も同じだ。決まりきった作業や人工股関節置換手術など、音楽を流していることが多い。イギリスの外科医、名前もぴったりのRoger Kneeborne〔Kneeborneは Kneebone（ひざの骨）と発音が似ている〕とモダニストシェフのJozef Youssefの共著のレビューによると、レストランの厨房と手術室では、そこで起きていることに、数多くの共通点があるようだ。

多くの研究が、私たちのパフォーマンスは音楽のビートに同調する傾向があると示唆している。それなら、テンポの速い音楽を聞くと、外科医も手術が速くなるのだろうか？　しかし、重要なのは音楽のスピードだけではない。適切なジャンルの選択も重要だ。あなたはどうだかわからないが、私自身は手術中に外科医がデスメタルや、クイーンの「Another

One Bites the Dust（地獄へ道づれ）」やR.E.M.の「Everybody Hurts」でも、聞いていたら、あまりいい気がしないだろう。プチ整形中毒の人にとって、執刀医のプレイリストにレッド・ホット・チリ・ペッパーズの「Scar Tissue（瘢痕、あばた）」が入っていたら、ちょっと無神経に思えるかもしれない。★

患者集団に症例対照研究を実施するのは、倫理的課題がありそうだ。しかし、豚の足の手術をしている形成外科の研修医を対象とした研究によると、静かな環境よりも彼らの好きな音楽を聞いているときのほうが、外科的創縫合術をかなり早く終えられるという。[2] この場合、BGMによって、傷修復の時間が8～10％削減され、縫合自体、質がより高いと同僚から評価された。一方、50人の男性外科医を対象とした、アレンとブラスコヴィチの研究で、静かな環境や、実験者から提供された音楽を聞かされているときよりも、自分の好きな音楽を聞いているときのほうが、心拍数の減少と、実験室でのストレスの多いタスクにおけるパフォーマンスの向上が見られた。[3] 外科的処置の高いコストを考えると、音楽のテンポを上げてコ

★ 続けて、質問させてもらおう。きっとあなたは手術中のプレイリストに入れるには不適切で、誰も聞きたくない曲をいくつか思い浮かべているのだろうね？

ストを削減しようする、病院会計士の提案は確かに理解できる。何と言っても、２００５年に北米の病院における手術室のコストは、1分間に60ドルを超えていた。つまり、２５０件の手術で、手術時間を約7分間減らすだけで、10万ドル以上の節約ができたということだ。[4]今日、その数字はかなり高くなるだろう。塵も積もれば山となる、だ。

電池式の子供向けゲーム「オペレーションゲーム」を覚えているかい？　プレイヤーは順番に、ボードに描かれている患者の体の穴から、さまざまな臓器や骨をピンセットで取り除こうとしたものだ。遅かれ早かれ、誰かが穴のふちに触れ、キャビティサムの愛称で知られている患者をショートさせてしまう。すると、彼の鼻が赤く点滅し始め、ブザーが鳴るしくみだ。２０１６年のロンドンのインペリアル・フェスティバルで、３５２人の市民が、三つのサントラの一つを聞きながら、このゲームをするように依頼された。女性の場合とは異なり、男性のパフォーマンスは、事前に録音された手術室の音楽よりも、オーストラリアのロックミュージックを聞いたときのほうが良くなかった。作業がかなり遅く、より多くのミスをした。つまり、集中するのが難しかったのだ。対照的に、モーツアルトを聞いた人は音楽がそれほど邪魔にならなかったようだ。ただ、驚くべきことに、「モーツアルト効果」の文献に見られるような成果に反して、作業の加速やミスの減少は見られなかった。[5]そのようなゲーム感覚の研究結果が、あなたの外科チームが聞いていた音楽にどのように影響するかを判断するのは、あなた次第だ。

別の、もう少し真面目な研究で、専門の麻酔科医が、レゲエやポップミュージックは特に気が散ると報告している。[6] しかし、どんな音楽でも、手術室で作業しているすべての人が、必ずしもその選曲に満足するとは限らない。確かに、外科医は刺激的なプレイリストを選択すると、緊張することが知られている。[7] だから、あなたが次に手術を受けるときには、手術中に外科医が何を聞くつもりかわかると、あなたのためになるかもしれない。それは本当に、彼らのパフォーマンスに違いをもたらすことがあるのだ。これは五感をハックして、医療の結果に影響を与える方法の一例だ。

病院が高級ホテルのようになってきた理由

私たちは生まれてから死ぬまで、健康維持のため、定期的に医療制度のお世話になる。医療制度は、一生のうち、必ず生じる問題に対処しながら、健康促進を支える。昔から、私たちの年齢に関係なく、（センスハッキングとは対照的に）医療的解決は治療の最先端だった。ただ、興味深いことに、1974年に伝説的経営学者フィリップ・コトラーは、先見の明をもって、小売業における環境要因的アプローチを精神科医の診察室に適用することについて書いている。[8] 最近では、「経験経済」の概念の、医療処置への適用に対する関心は着実に高まっている。少なくともイギリスの民間医療保険制度では、以前よりも少し一般的傾向となっている。公的資金、民間資金にかかわらず、世界中の病院、医師、介護施設、そして、形成外科医さえも、医療処置への多感覚的アプローチの導入価値を認識し始めている。実際彼らの多くが、多感覚的アプローチを自らが提供するサービスや「経験」の必須要素として見ている。アメリカでは、医師の退職時給与の一部は、患者の満足度によって決定されるという。[9] そのような満足度関連の給与は、アメリカの医師待遇の40%以上に適用されており、その数字は上昇傾向にある。★

この経験重視への転換は、世界の一定の地域における、民間医療提供者間での競争の激化によって、引き起こされている。というのも、潜在的顧客や利害関係者への医療提供を、より高性能のCTスキャナーや新しい設備を利用した有意義な方法で差別化できないとき、患者の経験の平等について配慮するようになるからだ。この経験重視への変革は、従来の医療施設よりも高級ホテルのような民間病院で見られる。2019年初頭のある新聞記事の見出しによると、「メイヨー・クリニック〔アメリカ、ミネソタ州ロチェスター市に本部を置く総合病院。アリゾナ州やフロリダ州にも支部がある〕はホテルのように見えるが、世界最高の病院である」[10]。同記事は続けて、人々はその上質の患者経験を求めて、世界中からやって来ると書いている。しかし、留意すべきは、これは単に外観の美化を超えた問題だということだ。実際、患者目線の経験の質は、医療関連サービスの成果と互いに関係がある。[11] だから、患者の満足度の重視は、結局、医療の質の向上や、長期的には、潜在的コスト削減の実現にもつながる、効果的な方法になりそうだ。これは重要だ。なぜなら、治療成果を改善するものはコストを削減する可能性も高く、病院の会計士も喜ぶはずだから。

メディケア・メディケイド・サービス・センター（ＣＭＳ）〔米国保健社会福祉省の公的保険制度運営センター〕が発表した、アメリカの３０００以上の病院でのリスク調整済みデータ〔関連するリスクを考慮して、調整されたデータ〕を分析した２０１６年の研究によると、より良い患者経験はより良い臨床成果と関連している。その研究の著者によると、「患者経験に対する星の数の多さと、多くの病院における院内合併症の発生確率の低さとは、統計的に重要な関連性があった。また、患者経験の星の評価の高さは、30日以内の予期せぬ再入院率の低さとの関連性も統計的に認められた」。[12] 一方、２０１７年に発表された別の研究は、全米にある３７６２の病院の、２００７年から２０１２年までの６年間にわたる観察記録から、好意的な患者経験

★これは現在のアメリカのオピオイドクライシスと関係しているのだろうか（アメリカでは、オピオイド鎮痛薬の不適切使用が社会問題となっており、深刻さを増す一方だ）。結局のところ、患者が喉から手が出るほど欲しがっている鎮痛薬を出さないと、確実に医師の評価は低下するのだ。

は収益の増加と関係していると結論付けている。対照的に、否定的な患者経験は収益の減少と、さらにもっと強い関連性があることがわかっている。[13]

これまでの章で、自然との接触が私たちの心身と社会的健康にもたらす、有益な効果について詳しく見てきた。昔から自然は、保健医療サービスに取り入れられてきた。たとえば、多くの病院や介護施設の目立たない所にある、ヒーリングガーデン〔植物、花、水のような自然を多く取り入れた、治療的、または有益な影響を及ぼすガーデン〕だ。実際、西洋の最古の病院は、治療のためにハーブや植物、回廊のある庭を活用していた。何年もの間、そのような静かな場所は、患者やその家族に安らぎと癒しを提供するのに役立ってきた。ある研究では、介護施設の庭で1時間過ごすと、好きな場所で同じだけ過ごすのに比べて、高齢の患者の集中力が改善したという。[14]『サイエンティフィック・アメリカン』誌の記事によると、癒しの庭には複数の感覚が関わっており、「見て、触れて、匂いがして、耳を傾けられる庭は最高の癒しだ」という。その記事はまた、20世紀の大半にわたって、庭は「治療に重要でないとして周辺に追いやられてきたが、今や、多くの新しい病院の設計の重要な特徴となり、再び人気が出てきた」と強調している。[15]

1853〜1856年のクリミア戦争中、フローレンス・ナイチンゲールは、患者の回復にとって、自然採光はもちろん、静寂の有益な効果を提唱していた。人に感銘を与えることで誰もが知るこの看護師は、病棟での医療のセンスハッキングという点で、はるかに先見の明があった。しかし、現代の健康生成論に弾みをつけたのは、ウルリッヒだった。1984年、彼は、眺めの良い病室が外科患者の回復に与える好影響について、影響力のある研究結果を発表した。健康生成論という用語は、1979年にアーロン・アントノフスキーによって初めて提唱された。それは、病気を引き起こす要因（病因）ではなく、人間の健康と幸福を支える要因に焦点を当てた医療行為へのアプローチを意味している。健康生成論的環境の特徴は、患者の回復を助けるために、環境の多感覚的特徴が、調整、統合されている点である。[16]

健康的な味

健康生成論的アプローチの採用は、理論的には簡単に聞こえるかもしれない。しかし、現在、医療環境や経験の多感覚的側面は、驚くほど、患者の健康には逆効果のようだ。多くの患者の安眠を妨げている、病棟の背景雑音をちょっと考えてみてほしい。[17] または、毎日、病院の厨房に残飯として戻ってくるまずそうな病院食。ある調査によると、イギリスの国民保健サービス病院で患者に出される食事の70％が、手つかずのまま戻されるという驚くべき結果が出た。[18] 雑音と残飯は、最も明白で広く議論されている不十分な医療提供の問題のうち、ほんの二つの例に過ぎない。これは健康生成論よりも、病因に重点を置きすぎたせいだろう。私たちの健康をセンスハックするための重要な目標は、医療提供に悪影響を与えている負の感覚因子を特定し、それに対処することだ。前述の二つの例では、環境騒音レベルを下げて、食事の質を改善する必要があるだろう。[★19] このような解決策はある意味、当たり前だからといって、患者の健康に非常に有益な結果を生み出せないというわけではない。

たとえば、国民保健サービス（NHS）が2年にわたり、NHS管理下にある六つの病院で、高齢者の股関節骨折後の院内死亡率を調べた臨床試験がある。彼らに極上の食事を提供し、それを食べるように励ましただけで、院内死亡率は半減した（11%から5・5%に下がった）。その研究の結果に心を動かされた、整形外科医長のDominic Inmanは「食べ物をとても安い薬だと思えば、きわめて効き目がある」と提言している。[20] とはいえ、朝、栄養士はその臨床試験の患者たちに、食べたいものを聞いており、その後、食事時間には、患者と一緒に座り、食事を食べ終わるのを確認していたのだ。ただ、そのような個人対応におけるコスト上の問題は、すぐに問題視されそうだ。その一方で、海のかなたのアメリカで、私の友人のクラウディア・カンポス博士と彼女の同僚の研究では、多国籍患者集団に対する、ダッシュダイエット〔Dietary Approaches to Stop Hypertensionの略。高血圧予防のための食事療法〕に従った食事の提供による、有益な効果に焦点を当てている。これらの研究者たちは、食事のガイドラインに最も厳密に従った患者間での、心臓病のリスクの大幅な減少を実証した。[21] 一連の低コストの多感覚的介入により、患者の食事摂取量を増加させる効果的な方法を、長年わたりどのように提供してきたかを見るのは興味深い。アルツハイマー病やその他の認知症患者は、食べ物と皿を区別するのに苦労することがある。マッシュポテト、クリーム状のソース、チキン、大半の魚の切り身といった色の淡い病院食は、白い食器の上ではまったく目立たない。コントラストの強い、色鮮やかな赤や青の食器、カトラリー（ナイフ、フォーク、スプーン）やコップを使うといった簡単なことで、病院や長期介護施設の両方で、30％も食事摂取量が増えたという。近年、多くのスタートアップが視覚的に改良した食器を一般に提供しているのも納得できる。[22]

別の比較的簡単で低コストのセンスハックは、興奮しすぎて食べられない患者をリラックスさせるのに効果的な、音楽や環境サウンドスケープの利用だ。これは特に精神病患者や、増加しつつあるアルツハイマー病やその他の認知症患者の間で、一般的な問題である。このために、１９７０年代、多くの北米の精神病院ではすでに、『Sea Gulls-Music for Rest & Relaxation（カモメ、休息とリラクゼーションのための音楽）』を流していたのは興味深い。[23]

★その負の感覚因子を打ち消すと同時に、場合によっては、個人対応の栄養や食事のように、個人に合わせて調整されるような、革新的感覚介入や多感覚的介入の積極的提供への関心が高まっている。

これはヘストン・ブルメンタール（イギリスの三つ星レストラン「ザ・ファット・ダック」のシェフ）の世界的に有名な料理、『Sound of the Sea（海の音）』が登場するかなり前のことだ。この料理には、ほら貝の中に入っているiPodと共にテーブルに運ばれてくる刺身料理が含まれており、そのiPodからはカモメの鳴き声や、ひたひたと岸辺を洗う波の音が聞こえてくる。両ケースともに、その狙いは経験のセンスハックだ。ただ、レストランが期待しているのは、興奮した食事客の鎮静化ではなく、彼らの中に快の感情価のノスタルジーを引き起こすことである。

数年前、食品アロマディフューザー付き目覚まし時計の開発顧問をする機会に恵まれ、幸運にも受賞した。「Ode」という機器の名前は、そのプロジェクトに関わった、香りの専門家のあだ名、「Odette de Toilet（オデット・ド・トワレ）」にちなんで命名された。その機器は、食事を忘れそうになる人の家で、一日3回、空腹感を誘発するような食べ物の香りを放つしくみになっている。ランチのために開発された（それぞれ、対象年齢層の人に馴染みのある食べ物の香りの代表として選ばれた）6つの香りには、フレッシュオレンジジュース、チェリーベイクウエルタルト、自家製カレー、ピンクグレープフルーツ、ビーフ・キャセロール、ブラックフォレストケーキ（「黒い森」をイメージしたドイツ生まれのケーキで、チョコレートスポンジケーキにキルシュ酒入りクリームとブラックチェリーが層になって詰まったもの）が含まれていた。このプロジェクトのすばらしい狙いは、栄養失調で入院の必要があるような初期のアルツハイマー病やその他の認知症患者が、この機器の力を借りて、もう少しだけ長く家で生活できるように手助けをすることだった。この研究には、50人の認知症患者が家族とともに参加した。10週間にわたる、この小規模な予備研究の結果から、このグループによく見られる体重減少とは対照的に、半分以上の人が体重を維持するか、またはわずかな増加を示したことが明らかになった。つまり、空腹感を忘れそうな人に、もっとよく食べるよう促すのに役立つかもしれない、低コストのセンスハックの一つだ。[24]

元気そう――医療サービスにおける芸術と錯覚

職場と同じで、自然の景色が見える病室は、外科患者の回復のためになるようだ。しかし、これはすべての入院患者に可能というわけではない。だから、センスハッキングを利用した、代替手段が必要になる。[★] 手始めに鉢植えはどうだろうか。ストレスを減らすのに役立つし、病院環境の威圧感を軽減する意味でいいかもしれない。[25] 壁に芸術作品を飾ることも患者の治

★ＩＣＵ内の自然光の欠如も、特に認知症の高齢者の場合、精神錯乱のリスク増加に関係している。「日暮れ時兆候」と呼ばれる現象である。

療結果の改善に役立つだろう。実際に、イギリス保健省の芸術と健康に関するワーキンググループによる２００６年のレポートでは、芸術は「患者、医療サービスユーザー、そしてスタッフにも、健康の改善と幸福、経験の向上を作り出し、提供するのに明らかな貢献をしている」と結論づけている。[26] 例を挙げて説明しよう。多くの人が医療現場では、「白衣高血圧」として知られている血圧上昇を示す。面白いことに、この現象は、診察室の壁に風景写真を張るだけで軽減できるのだ。[27] 一方、芸術作品に触れるように勧められた患者の間では、痛みの程度が軽減し、臨床成果が改善した。[28]

ますます多くの病院が高級ホテルのようになってきた。主な理由として、芸術作品の存在が挙げられる。いかに予算が厳しくても、たとえ、ロダン、アンディ・ウォーホル、デイル・チフーリ〔アメリカのガラス彫刻家〕やその他多くの人のすばらしいアートコレクションを持っているメイヨー・クリニックと競争する余裕はなくても、そのような簡単な解決策は、公立病院でも模倣できることに注目してほしい。芸術の癒しの力に本能的に気付いたのはフローレンス・ナイチンゲールだ。彼女は１８６０年に次のように書いている。

> 美しい事物、物を変化させること、とりわけ輝くように美しい色彩の……病人に及ぼす影響についてはまったく評価されていない。どういう経路で物の形状《かたち》や色彩や明るさなどの影響が人体にまで及ぶのか、その作用機序《きじょ》はほとんど知られていない。しかし私たちは、

現実にそれらが身体的効果を持つことを知っているのである。患者の目に映るいろいろな物の、その形の変化や美しさ、それはまさに、患者に回復をもたらす現実的な手段なのである。[29]

病院の壁の芸術作品は、医療成果への期待につながるだけでなく、確実に病院が提供する治療の一部になっている。クロモセラピー〔色光療法〕、またはカラーセラピーは、19世紀の最後の数十年間、人気があったセンスハッキングの手法だ。その提唱者によると、リウマチ、炎症、神経過敏、統合失調症、あるいは他のタイプの精神疾患を患っている患者に、特定の色の光を当てるだけで治療できるという。その提唱者の一人、エドウィン・バビットによると、赤い光は肉体疲労や慢性リウマチに処方され、黄色は下剤として、また気管支疾病に、青は炎症症状に、という具合に処方された。[30] クロモセラピーは、今日の主流の医療専門家からは、疑似科学に過ぎないと考えられている。しかし、色や光は、私たちの社会的、認知的、情緒的健康のさまざまな局面に、明らかな影響を与えることは覚えておく価値がある。夜明けの青色光がいかに私たちを覚醒させるか、一方、バブルガムピンク色に塗られた警察の留置場は興奮した囚人を落ち着かせるのに役立つらしいことを考えてみてほしい。[★] 真っ赤な壁は美術館では、風景画を引き立てるのに役立つが、この色の塗料が万一病院の壁に塗られたら、人の心をかき乱すだけだ。

それならば、色と照明は、壁の芸術作品同様、病院の設計において重要な役割を果たす。[31] 実際、最も高い評価を受けている多くの施設の色は、その心理的効果を狙って選ばれており、その状況にふさわしくデザインされている。たとえば、メイヨー・クリニックでは、「壁の色でさえも、特定の気分を促進するように、注意深く選ばれている。落ち着きを促進し、ストレス値を下げるために、やわらかい色合いの青、緑、紫が、ガン診断エリアで使用されている。診察室は、そのクリニックのスタッフが信頼を築くのにより良いと考えた、青で塗られている[32]」。

病院での色の心理的利用について考えてみよう。あなたはこれまで、外科医のスクラブ〔医療従事者が着用する服〕や病棟のカーテンの色が大抵、緑色である理由をじっくりと考えたことがあるだろうか？　このセンスハックは、患者の血まみれの内臓を長時間見ている、手術スタッフの視覚的余波を減らすのに役立つ。私たちは、何かを長い間、熱心に見つめた後、目を他の場所に移したとき、それまで集中していたものが何であれ、その陰性残像〔明暗が反対で補色的な感覚の残像〕を見る傾向がある。緑は赤の反対色だから、外科医が目を外したときに見る、患者の内臓の陰性残像は緑色がかっているだろう。この場合のセンスハックは、緑の表面を見るとき、そのような残像は知覚しにくく、スタッフをあまり動揺させないということだ。

視覚的合図が、医療成果の促進のために利用された印象的な例がある。心理学の実験室から採用された一部の多感覚錯覚〔複数の感覚に同時に刺激を与えたとき、ある感覚が優位に働き，他の感覚に影響を及ぼす現象〕が、従来の鎮痛法がまったく効かなかった患者の、頑固な慢性疼痛の改善を助ける効果を発揮しているのだ。センスハッキングはすでに、幻肢痛〔失った手足に感じる難治性の疼痛〕または複合性局所疼痛症候群（ＣＲＰＳ）〔当初の組織損傷から予測されるより重度で長期間持続する、焼けるような痛み、またはうずくような痛みが特徴的な病態〕の患者を助ける点で、大いに効果を発揮している。大々的に宣伝されたある心理学的介入は、ミラーボックスに関係している。この視覚的、もっと正確には、多感覚錯覚は、前述の患者が経験する幻肢痛を軽減するために利用されている。彼らの多くはもはやそこに存在しない手足に感じる、非常に激しい痛みに苦しんでいるのだ[33]。これらの患者は典型的に、大きな痛みを引き起こした事故が原因で、手足を外科的に切断されている。もし、患者の患肢の最後の記憶が、その痛さであれば、不幸なことにその後もその感覚的に痛みを伴う記憶痕跡が残る[★★]。だから、患部はすでにないという事実

★　家の章で検討した、ベーカーミラーピンクと同じ色。
★★　近頃は見識のある外科医は手足を切断する前には、必ず麻酔がかかっているかを確認する。

幻肢患者に、失った手足があるように錯覚させるための、ミラーボックスの利用法の一例。

にもかかわらず、患者の脳がこの最後の印象を更新するのは難しい場合がある。それどころか、動かせず痙攣しているような気がする痛みを伴う幻肢から逃れられない可能性もある。

ミラーボックスの背景にある考え方は、鏡に映った彼らの無傷の手足を利用して、患者に失った手足が取り換えられたという錯覚を与えることだ。患者が無傷の手足を動かすにつれて、鏡の中で、失った手足らしきものが動いているように見える。この矛盾したフィードバックは、幻肢を縮小させ、結果として、関連する痛みを軽減する。とはいえ、後続研究では、ミラーセラピーの利点が、患者の感覚のハッキングによる直接的結果を反映しているのか、つまり、失った手足がまだそこにあるかのように見せた結果なのか、疑問視している。筆頭著者のロリマー・モーズリー教授が、数年前、オックスフォードで働いていたとき、私は彼とともに、そのアプローチが機能する別の理由を提唱した。それによれば、ここで実際に機能しているのは、患者に幻肢を動かすことを考えさせ、それによって誘発される、運動イメージに過ぎないのかもしれないということだ。[34]

ＣＲＰＳの患者の痛みを軽減する飛躍的な方法が、私のオックスフォードの拠点で発見された。ＣＲＰＳ患者は、最初は正常に回復しているように見える。しかし、6カ月かそこらの後、患肢に耐えがたいほどの痛みを感じ始め、さらに、その患肢はしばしば、腫れの兆候を見せる。さらに、医者は、患者からの聞き取りによって、その患肢が無傷の手足よりも冷たく感じられる傾向がある点に気づいた。患者との対話は、その疾患の、標準的補助診断の一つである。この場合も、通常、鎮痛剤は効かない。あまりにも耐えがたい痛みのために、患者は外科的切除を要求、懇願するほどだ。私が、ＣＲＰＳの本当に恐ろしい影響を痛感したのは、数年前に、私のかつての上司で、今の分野に落ち着く手助けをしてくれた、ジョン・ドライバー教授が高速道路橋から身を投げたときだった。彼は、自分の原付から振り飛ばされた後、足のひどいＣＲＰＳに悩まされていたのだ。

この研究には、長い間ＣＲＰＳに苦しんでいる10人の患者グループが参加していた。筆頭著者のロリマー・モーズリーとともに、私たちは彼らに縮小レンズを通して彼らの手足を見せ、患肢をより小さく見せた。双眼鏡を前後逆にして見るようなものだ。驚くべきことに、この簡単なセンスハックはわずか数分で、主観的な痛みをかなり和らげた。さらに、この疾病の客観的に測定可能な指標、すなわち、患肢の腫れもまた、縮小化後数分で軽減した。[35] この研究結果は私たちの他の研究と首尾一貫している。その研究で、私たちはおもちゃのゴムの手を使い、〔患肢を衝立等で見えなくして〕患者に片方の腕が取り換えられたと思いこませると、患肢あるいは取り換えられた〔と患者が思い込んでいる〕手の急速な温度低下のような、生理学的変化を生み出すことを証明した。[36]

当初は医学界の中にも、目の錯覚を利用したセンスハッキングがそのような急速な変化をもたらすことに懐疑的な人もいた。しかし、それ以来、他の多くの研究グループが、私たちの研究結果を証明していることに、安心し満足している。[37] だから、そのような解決策の堅牢さと長命を確立するには、より長期的な腕臨床経過観察が必要だ。ただ、芸術と錯覚はともに、医療におけるセンスハッキングの観点から、かなり期待できる。しかし、この件についての最後の試練は、患者がその利益を努力する価値があると考えるかどうかだ。

健全な聴覚

医療健康管理の聴覚的側面に戻ろう。というのも、この分野では、最近多くの問題が発見されており、最も興味深い解決策があるからだ。また、フローレンス・ナイチンゲールが１５０年以上も前に、「不必要な音というものは、最も残酷な、配慮の欠如であり、それは病人にはもちろん健康人にも打撃を与える」と述べているが、それは的を射ている。[38] 多くの病院の視覚環境は面白みがなく、とても退屈なので、医療関連サービスの音響要素は、患者経験の中でより重要になってくる。[39] 病棟や集中治療室にいた人は百も承知しているように、そこは非常に騒々しい場所だ。大部分は最近病棟で鳴る、多くのアラートやアラーム、その他のデジタル警告信号のせいだ。[40]

高い騒音レベルは日中でも十分有害だが、夜は特に邪魔になる。病院内の騒音レベルはこ数十年間、急激に上昇している。世界保健機関のガイドラインによると、病棟の日中の騒音レベルは35デシベルエー（ｄＢＡ）、夜間は30デシベルエーを超えてはならない。★[41] 参考までに、30デシベルエーはささやき声と同じくらいの大きさだ。院内の80デシベルエー以上の最大レベルは、チェーンソーが出す音と同等だと思うと衝撃的だろう。[42] イギリスでの、ある観察研究で、五つのＩＣＵの日中の騒音レベルは60デシベルエーで、１００デシベルエー以

★ｄＢＡの「Ａ」（すなわちｄＢＡ）は、音圧レベルが、大体私たちが聞こえる音の強さに補正されていることを示している。

上の最高値が2、3分ごとに記録されている（騒々しいオートバイや小型携帯ドリルと同等）。夜は静かになるが、それでも一時間に最大16回、85デシベルエー以上の最高騒音が確認された。

重篤疾患が医療成果に否定的影響を与えているのは確かだ。しかし、6分ごとに眠りを妨げられているのだから、多くの患者が病院で全然眠れないと苦情を言うのも当然だ。[43] ある痛ましい事件は、イギリス政府の前主席科学顧問のデビッド・マッケイが関与している。患者として、彼は病棟の執拗な騒音で悲嘆にくれていた。彼の死の前日に投稿したブログには次のように書かれていた。「病棟は、点いたり消えたりしているライトや、開いているドアや、延々とパチパチパチという電気的雑音やガチャンという音を出している、特別機械式ベッドでいつもいっぱいだ」[★44]

過剰な騒音の潜在的悪影響は、患者だけの問題ではない。手術スタッフ自身もまた、不快な思いをするが、特に整形外科手術がひどいのはよく知られている。一度、電気ノコギリ、ドリル、ハンマーが使われ始めたら、120デシベル以上の最高騒音レベルが定期的に記録される。人工膝関節置換手術や脳神経外科は特に騒々しいらしい。ちなみに、軍用機のジェットエンジンは離陸中に、130デシベルの騒音を出すようだ。そのような騒音は、手術室で頻繁にその騒音に晒されながら作業している人の聴覚を損傷する。しかし、その騒音は患者にさらに損傷を与える。これは、彼らは周りの大きな騒音を覚えていないという事実にもかかわらずだ。なぜなら、通常、アブミ骨筋〔三耳小骨の一つのアブミ骨に付着している筋肉で、顔面神経によって支配され、音を調節して小さくする〕が大きな騒音に対する反応を減衰して、私たちの耳を損傷から守っているが、手術中に日常的に投与される麻酔薬は、そのアブミ骨筋を麻痺させる傾向があるからだ[45]。

誰もが嫌というほど知っている別の大きな騒音は、歯科用ドリルだ[46]。確かに、誰かがあの高音のヒューという音を排除できさえすれば、またはノイズキャンセリングヘッドフォンを提供するか、映画で患者の気を紛らわせれば、歯に詰め物をしてもらう全過程は、それほどトラウマにはならないだろう。その音を不快感が少ないものに変えるのも効果があるかもしれない。２０１９年に私の研究室の招待教員だった、アデレード大学のターシャ・スタントンを中心とする研究で、まさにそのような提言と一致する研究結果が報告されている。慢性

★ぐっすり眠れない患者は、夜にぐっすり眠れて、回復力を高めている患者に比べて、回復が遅れるのは誰でもわかることだ。ここで、回復の遅さは、コストの増加ともおそらく相関していることに注目してほしい。もちろん、適切な栄養、つまり、おいしい食事を提供されていない患者にもほぼ同様のことが言える。

の背中の痛みに苦しんでいる患者は、ドアのきしむ音ではなく、滑らかで心地よい音を背中の動きに同期させると、柔軟性の向上を示した。[47] 音が痛みや動きと無関係だとわかっていても、心地よい音をその痛みを伴う治療行為に同期させると、胃の調子が悪かろうが、奥歯が崩れそうだろうが、状況はわずかに改善するようだ。

歯医者通いの苦痛を減らす他の要素は、歯科医の治療中に、口腔から注意をそらしても、うっかり口を閉じないような、何らかの手段を考案することだ。痛みや痛む場所に注意を向けたり、集中すると、治療がより不快なものになってしまう。対照的に、自然の景色や音など他の世界に没頭して、痛みを伴う刺激やその場所から注意をそらすと、耐えられないほどの痛みの軽減に役立つことが証明されている。[48] 実際、これは、創傷包帯のような、信じられないほどの痛みを伴う処置から患者の注意をそらすために、VRヘッドセットが提供される大きな理由だ。[49]

最近、ウェールズのある病院が、大変な痛みを伴う出来事である出産に対して、VRによる気晴らしの提供を始めている。[50] メディアから「痛みの女王」と呼ばれている、オックスフォード大学の麻酔神経科学のナフィールド教授〔ナフィールド卿William Morrisの寄付によって、1937年に創設されたオックスフォード大学の教授職〕のアイリーン・トレーシーは、「究極的痛み」（モントリオール疼痛スケールで10）★を表現する際に、「私は出産を3回経験している。だから、私の10は子供を産む前の10とはとても異なっている。私はそのスケールのまったく新しい修正版を手に入れた」と述べている。[51] しかし、過度な騒音以外に、現場が病棟、ＩＣＵ、手術室の場合、私たちが耳にするものは、医療の観点から、他にどのように私たちに影響を及ぼすのだろうか？

音楽療法

私たちはつい先ほど、音楽が外科医の仕事にいかに役立つかを見てきた。音楽は患者にも役に立つのだろうか？　音楽は痛みを軽減するのに利用できるのだろうか？　音楽が鎮痛薬として作用するという主張は、一部の人にとっては疑わしく聞こえるかもしれない。だが、今、その有効性を証明している多くの証拠がある。音楽の有益な効果は、医療提供のすべての段階で、説得力を持って実証されている。私たちがすでに見たように、手術中にその恩恵を経験するのは主にスタッフだ。しかし、手術中だけでなく、患者の手術前後のケアのすべての段階でも、音楽の有益な効果は実証されている。たとえば、音楽は医学的介入に先立って、

★ 別名、マギル痛み質問表。これは人が感じている痛みの質と強さを捉えるための標準化された自己報告スケールである。

患者をリラックスさせるのに用いられている。一方、さまざまな痛みを伴う処置から患者の気持ちをそらす手助けもする。また、音楽は乳房生検の結果を待っている女性を落ち着かせたり、人工呼吸器を付けている患者に安心感を与えるのに利用されている。[52] コンラッドと同僚は、患者が適切なレベルの落ち着きを達成するために必要な鎮静剤の投与量を減らすのに、音楽が役立つことを発見した。[53] 他のいくつかの研究も、音楽の持つ鎮静作用や鎮痛剤節約特性を裏付けている。[54] 現在、多くのコクラン・レビュー★〔医学論文のシステマティック・レビューを行なう国際的団体のコクランが作成している、医療や医療政策において重要な研究のシステマティック・レビュー〕とともに、何百もの実験結果が発表されており、医療健康管理における音楽の恩恵が浮き彫りにされている。

音楽は患者の不安やストレスを減らすのに効果があるだけでなく、痛みの対処にも利用できる。その過程で、患者の回復時間の短縮に役立つのは言うまでもない。[55] しかし、少なくとも一部の人にとっては、医療サービス提供の本質ではないようなものもある。たとえば、あるアイルランドの病院では、音楽の生演奏を提供している。このような医療サービスに対しては、健全《サウンド》な投資対効果検討書——ダジャレで失礼——を作成し、投資の妥当性を検討する必要がある。[56] 医療サービスは、エンターテインメントではなく、主として、病気の治療と予防（逆も同様）に焦点を合わせているのだ。したがって、医療サービス経験の、特定の側面でのセンスハッキングと、コスト削減や医療結果の向上との間の関連性を実証できれば、音楽は継続的に導入されるだろう。

近い将来、さまざまな医療状況に適した音楽を選ぶのに役立つアプリが開発されるだろう。また、音楽が医療サービスにとってそれほど重要ならば、なぜ私たちは、医療現場で、他の目的や状況のために作曲された音楽に依存してきたのか、その理由を知る必要がある。★★ 医療サービスのために特別に作曲したらどうだろうか？　数年前に、まさに医療目的のために、革新的な手本を生み出したのは、伝説的人物、ブライアン・イーノ〔ロンドン出身のミュージシャン、音楽プロデューサー、アンビエントミュージックの第一人者〕である。彼は特に、厄介な病気に対処している人々のための音楽を作曲しており、サセックス州のモンテフィオール病院の患者のために、癒しの環境サウンドスケープを作成した。[57]

★ コクラン・ポリシー・インスティテュートが提供する、これらの独立したレビューは、所与の医療トピックに関わる（重要な調査結果と否定的結果の両方の）経験的証拠の審査に関する限り、絶対的基準と考えられている。

★★ この点において、数少ない例外の一つは、昔から、葬式や嘆きに関係する音楽のように思われる。興味深いことに、世界中どこでも、この音楽は常に、低音で短音階という同様の音響特性を持つ傾向がある。

ヒーリングハンズ

多くの人が触れ合い不足に悩まされている。撫でたり、軽く触れたり、マッサージしたりして、皮膚を刺激すると、年代を問わず、健康に非常に有益な効果をもたらす。さらに、触れ合いは介護者にとって、特に重要かもしれない。長年にわたりフロリダを拠点にしている研究者で、マイアミ大学ミラー医学部のタッチ研究所の所長である、ティファニー・フィールドと彼女の同僚は、対人間の触れ合いの治療力を証明する多くの研究を発表している。[58] それにもかかわらず、科学界の多くの人は未だに懐疑的だ。その結果を説明するための問題の一部は、根底にある神経生理学的に妥当なメカニズムがこれまで示されていないことだ。しかし状況は変化し始めた。有毛皮膚、つまり基本的に、足の裏と手のひらを除いた、体のすべての皮膚は、独自の感覚システムによって、神経支配されている。最近発見された、有毛皮膚上のC触覚求心性神経は、通常の軽い接触のスピード（1秒当たり約3～10センチ／1～4インチ）で、ゆっくりとした、優しいストロークに、優先的に反応する。ストローク〔手で優しく撫でること〕や軽い接触は主観的に心地よいだけでなく、オキシトシン〔陣痛の誘発や母乳の分泌促進効果があるホルモンの一種で、家族やパートナーとのスキンシップや信頼関係に深くかかわるホルモン〕やミューオピオイド〔麻薬性鎮痛薬やその関連合成鎮痛薬などのアルカロイドおよびモルヒネ様活性を有する内因性または合成ペプチド」の放出につながることがある。[59]

対人間の触れ合いは、私たちのくつろぎや安眠を助長し、痛みの軽減や感染症の予防に役立つ。同時に、慎重に規定された条件下以外では、提供を制限される傾向にある、不適切な社会的触れ合いについての関心が高まっている。しかし、看護師のように治療的に患者をマッサージする必要があり、定期的に接触しなければならない人がいる中で、触れ合いは、介護者に、大きな負担を与える可能性もある。よく知らない人との接触は、感情を伴なわない活動とは言えないのだ。一つの解決策は、ロボットやマッサージチェアを利用して、そのプロセスを自動化することかもしれない。しかし、研究によると、人工的刺激には対人間の接触と「まったく同じ」効果はないようだ。今のところまだ、研究者は何が欠けているのかわかっていない。接触を効果的にするには、人間の皮膚（ロボットは血が通っていないのを思い出してほしい）のように温かい接触にする必要があるかもしれない。あるいは自動的な触れ合いには心からの心配や共感が欠けているからかもしれない。そして、手が届くほど近くにいる人は、当然、匂いがするくらいの距離にいることも忘れてはならない。嗅覚的、またはフェロモンの合図と、優しく、温かい触覚刺激の複合的影響が、相乗的に、健康に最大の恩恵を提供するかもしれない。[60]

私の母が亡くなった老人ホームでは、入居者は介護スタッフが定期的に連れてくる、フクロウを撫でていたものだ。私の母の知的能力はアルツハイマー病によって、完全に損なわれていたので、はっきりとは言えないが、母はこの定期的な自然との触れ合いを楽しんでいたように思う。実際、アニマルセラピーは、最近多くの先進的な病院や介護施設で、一般的な活動になりつつある。別の生き物を撫でたり、関わりあう機会があると、大いに必要とされている心理的快適さがもたらされることもある。[61] それでも、いわゆる有毛皮膚（実際に毛がある無しにかかわらず）へのストロークの有益な効果を証明する、多数の科学的に信頼できる研究の出現を考えると、長い間無視されてきたその領域に対して注意を向けたくなるのは当然だ。また、それだけの価値はある。皮膚、というよりむしろC触覚求心性神経への刺激は、単に特別な治療を希望している人にとっての贅沢ではなく、生理学的必要性と考えられるべきだろう。

香り・感覚ヒーリング

注目すべきことに、甘い匂いの発散（たとえば、キャラメルやバニラの匂い）のような簡単なことさえも、痛みを抑えるのに役立つことが証明されている。匂いの感覚も、触れ合いと同様、ほとんど認められてはいないが、医療健康管理に驚くほど重要な役割を果たす可能性がある。これはアロママッサージの有益な効果から、不快な臭いのマスキングまで多岐にわたっている。１９６０年代にはすでに、ある評論家は患者の安心や幸福感を促進するために、病棟に香りを吹きこむ「匂い療法」の実験を病院に勧めていた。[62] あるオーストラリアの研究で、学部生は氷浴、いわゆる業界用語でいうところの「寒冷昇圧試験」〔手の冷水浸漬中に、昇圧応答を観察して、自律神経機能を評価する方法〕の痛みに対して、匂いがしないか、不快な臭い（じゃこう）〔雄のジャコウネコの陰部に蓄積される有香物質〕か、心地よいが甘くはない匂い（アフターシェーブローション）がする場合に比べて、キャラメルの甘い香りがするときは、かなり長い間、耐えられたという。[63] この研究は、痛みを伴うheel prick処置〔かかとから採血した、新生児の血液を分析し、赤ちゃんに先天性の代謝疾患がないかを調べる検査〕をする際に、新生児に砂糖を与えると、新生児はその痛みを我慢し、あまりぐずらないという観察に基づいている。つまり、甘さは、それが味であろうが匂いであろうが、鎮痛作用があり、泣いている新生児をなだめたり、大人の場合は痛みへの耐性を高める効果があるようだ。[64]

現在、氷浴の実例以外に、香りが私たちをリラックスさせたり、ストレスの軽減に役立つことを証明する多くの研究がある。[65] たとえば、歯医者で治療を受ける際の、女性の不安感は、歯の詰め物に関係する典型的なオイゲノール〔チョウジ、桂皮などに最も多く含まれる精油成分。強いスパイシーな香気を有する淡黄色の液体〕やクローブ（チョウジ）の匂いから生じている。だから、この匂いをオレンジの香りに変えると、不安感が軽減されることがわかった。[66] しかしここで気を付けなければならないのは、オイゲノール自体の特定の匂いが、本質的に緊張を引き起こすわけではないことだ。というよりむしろ、この香りは、歯医者での私たちの以前の経験から、ストレスの多い、いやな連想を引き起こすのだ。[★] つまり、私たちは、この香りはどちらかと言えば不快な感覚に関係している傾向があるとすぐにわかり、その結果、何が起ころうと不安になるのだ。[★★] ただ、オレンジの香りのする歯医者に何度も通っていると、この香りもまた、いやな思い出になるだろう。だから、最善の解決策は、歯科検診の通常の間隔である、6カ月くらいで、歯医者の香りを変えることだろう。[★★★]

多感覚的医学——処理の円滑さと感覚過負荷の危険

医療サービスのセンスハッキングの研究は、一度に一つの感覚のペースで進められる傾向がある。しかし、どんな現実的環境でも、同時に競い合うように複数の感覚信号が、私たちの注意をひこうとしている。だから、一つの感覚のハッキング効果は、他の感覚で起きていることを考えない限り、適切に考察できない。また、複数の感覚的合図が組み合わされると、感覚的過負荷の危険が生じる。これはドイツのある形成外科病院で行われた、調査結果を説明するのに役立つかもしれない。その調査によると、自然の音に、ラベンダーの香りか、またはインストルメンタルを付加すると、予約を待っている人の不安を軽減する一方で、これらの合図を混ぜ合わせると、そのメリットはなくなってしまうようだ。[67]

回復力のある、または心を落ち着かせる、多感覚的環境のアイデアは、スヌーズレン概念

〔重度の知的障害者が楽しめるような、多感覚刺激環境を構築し、彼らに最適な余暇やリラクゼーション活動を提供する実践であり、またその実践に基づいた理念〕に取り組んでいる人々によって展開されてきた。この用語は、オランダ語の動詞、「クンクン匂いをかぐ」と「うとうとする」に由来しており、くつろぎと同時に刺激も与えるような、管理された多感覚的環境に重点を置いた、アプローチを指している。彼らは、カラフルなパターンやライト、香り、音楽、そして、さまざまな触れられる素材を取り入れている。[68] もともと、そのアイデアは、好奇心を掻き立てつつも、ある種の穏やかな刺激を、深刻な脳障害に苦しんでいるような身体障害者に提供することだった。しかし、そのアプローチはその後、他の集団にも広げられた。そのような構造化されていない、多感覚的環境は、産後の母親や認知症患者、精神病患者の特定の集団を含む、多様な患者集

★ 通勤の章で、新車の匂いが好まれる理由は、まさにその匂いから連想するもの、この場合は高価な購入品のせいだったことを思い出してほしい。
★★ 興味深いことに、これらの多くの研究では、女性のほうが、男性よりも環境芳香に影響される傾向があった。
★★★ このアプローチの一つの欠点は、医療の特徴的香りの導入を生かせる余地が限定されることだ。ホテルから小売店まで、他の多くの商業的環境において、香りを積極的に利用していることを考えると、近い将来、誰かがどこかの高級な病院のための独特のブランドの香りを考案するだろう。アメリカのメディケイド（低所得者に向けた、公的医療保険制度）やイギリスの国民保健サービスはどんな匂いがするのだろうか。

団の行動に好影響を及ぼすことがあるとする研究もある[69]。

これは私たちに19世紀のクロモセラピー思い出させる。というのも、光と色が実際、私たちの活動を促進する一方で、最大の効果を発揮するのは視覚、聴覚、嗅覚、そしておそらく味覚さえも関与している総合的な多感覚環境だからだ。

だから、次回、計画的診療のために病院に行く際には、さまざまなことを試してみたらどうだろうか？　たとえば、治療中に再生する曲を自分自身で選んだり、歯医者にくつろぎの香りを携行したり、私たちの愛する人々に何か触れるものを与えたり。それ以上にいいことは、自分自身がそれに触ったりしても大丈夫。それは、健康や幸せのセンスハックを助長するのに、私たちが簡単にできることだ。

9

運動とスポーツ

Exercise and Sport

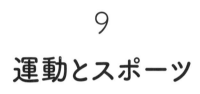

私たちのトレーニングが、活動的でうまくいっているかどうかを決定するのは何だろうか？それは内発的動機〔本人の内部から沸き起こった関心や興味、意欲から生じる動機〕にのみよるのか？あるいは、その有効性を高めるのに役立つものが他にあるのだろうか？もし赤い服を着たり、ペパーミントの香りがしたら、成果が上がるとしたらどうだろう？この後わかるように、私たちの運動能力を根本的に制限するのは、筋肉や心臓、肺だけではない。脳も関わっているから、やる気が影響している。一方、運動している多感覚的環境は、無意識のうちに私たちに影響を与えている。運動環境の最適化によって、それが屋外であろうと、最近、いたるところで見られるような、ナイトクラブをテーマにしたジムであろうと、私たちの誰もが、自分自身の肉体的、精神的健康を正しい方向に「導く」手助けができるのだ。

言い換えれば、センスハッキングによって、私たちは環境刺激を最適化し、運動の効率を上げることができる。結果として、より頻繁に運動するようになるかもしれない。大音量で速いやる気を高めるような音楽を聴くほか、一部のセンスハックは直観的に理解できるが、簡単に理解できないものも数多くある。あなたはプロのサッカー選手が定期的にタッチラインのところにやって来て、スポーツドリンクか何かを一口飲み、その後、吐き出すのを不思議に思ったことはないだろうか？　水分補給や元気回復のいずれかの目的による行為だとしたら、効果を得るにはドリンクを飲み込む必要があるのではないか？　この場合、事実は小説よりも奇なりということだ。実際、時として、吐き出すほうが、飲み込むよりも良いことを科学が証明している。パフォーマンスの向上のために、厳密な科学に基づいて、サッカー選手の感覚がハッキングされているのだ。しかし、恩恵を得られるのは、プロの選手だけではない。

私たちは皆、さまざまな正当な理由で、現在よりもっと運動すべきだ。増大する、世界的な肥満危機との戦いを支援するために、自分の役割を果たすことから、エアロビクスで認知能力を高めることまで、運動すべきあらゆる理由がある。[1]運動は、多くの現代病に対処できる有効な手段を提供する。たとえば、運動は、心的資源〔脳が同時にできる情報処理量〕の回復改善を可能にする。また、最近のコクラン・レビューによると、うつ病に苦しむ可能性を減らすのにも多少は役立つかもしれない。オックスフォードの心理学出身のアダム・チェクラウドを筆頭研究者とする、最近発表された研究で、北米の１２０万人以上の研究対象者が、精神的に不健康であると自己申告した日数は、運動をしていない人に比べて、運動をしている人は43％少なかった。ちなみにこの研究結果は、年齢、性、世帯収入、教育レベル別に調整されたものだ。[2]運動の肉体的、精神的健康への有益な効果が幅広く認識されているにもかかわらず、概して、私たちの多くが、運動のようなものをまったくしていない。

２００８年の英国健康白書によれば、少なくとも1日30分、週5日間の適度な運動の推奨事項を満たしているのは、男性で40％、女性で28％にすぎない。アメリカではさらに悪く、成人の5分の1しか、推奨ガイドラインを満たしていない。そして、高齢者に至っては、イギリスでは、64歳から75歳の中で、男性で17％、女性で13％しか推奨事項を満たしていないらしい。[3] 最新の２０１８年の英国健康白書が発表された頃には、「成人の27％は、週に30分以下しか、適度な、または激しい運動のいずれも行っていないと報告しており、『運動不足』と分類されている」。さらに、その白書では「成人の半分以上（56％）が、腹囲や『ボディマス指数』（体重と身長から算出される、肥満度を表す体格指数）により、慢性疾患の高い、または非常に高いリスクがあるという。[4]」私たちをより健康なライフスタイルに導くことは最も重要であり、センスハッキングはこの巨大な課題に対処するための最大の可能性を提供する。

自然の中での運動、屋内での運動、どちらがいいのか？

これまで自然効果に関してわかったことすべてを考慮すると、この質問に対する答えは明らかなように思われる。暗くてじめじめした洞窟のような、汗にまみれたジムではなく、できる限り、自然の中で運動すべきだろう。しかし、言うは易く、行うは難しだ。結局のところ、現在、都市環境に住んでいるヨーロッパ人の75％は、自然の中で定期的に運動する機会はまったくないかもしれない。都心の環境での戸外運動か、ジムでのトレーニングしか、現実的な選択肢がないとしたら、ジムは最良の選択肢だろう。大衆はすでに決心しているようで、ピュアジムやエナジーフィットネスのようなジムブランドの人気がますます高まっている。新しい施設が、大抵の都心部に出現している。『ガーディアン』紙によると、フィットネス部門は近年急成長しており、イギリスでは七人に一人がジムの会員だという。[5] 最新の報道によると、北米の多くの都市でも、同様の傾向があるようだ。[6]

ただ、これらの新しいスタイルのジムに初めて足を踏み入れると、その雰囲気に驚くだろう。それは本当に、少し特別だ。そして、昔ながらの明るく照らされた伝統的なジムとはまったく異なった世界だ。テンポが速く、やる気を起こさせる、叩きつけるような音楽が大音量で流れ、ムード照明のせいで、ナイトクラブやアバクロンビー&フィッチの店舗のようだ。[7] これらのジムの中でも最高のジムは、慎重に管理された多感覚的環境を約束し、入会者の目標達成をよりよい形で手助けできると主張している。そもそも科学は、環境が運動の質はもちろんのこと、運動意欲に与える影響についてどのように説明しているのか？　そしてどのような種類の多感覚的環境が最高なのか？　それは、あなたがフィットネス計画から得たいと思っているもの次第だ。手初めに、室内運動と戸外運動の違いを見てみよう。

研究によると、戸外のランニングは、室内でランニングマシンを使った同じ運動よりも好まれるようだ。補足すると、公園内のランニングは、都市空間でのジョギングよりも、精神的（特に情緒的）回復にとって大いに望ましい。[8] 豊かな自然環境は、肉体的運動に起因する、時として不快な感覚から、私たちの気持ちをそらすのに役立つことがある。結果的に、有益な心理的効果を持続させるだろう。この分野で行われた9つの実験の、システマティック・レビューでは、私たちにとって、自然の中での運動は室内でのランニングよりも有益だという結論を支持する、有効な証拠が得られている。[9] もうおわかりのように、学者は必ずしも、誇張する傾向があるわけではないのだ。

私たちにとって、自然の中での運動は精神的能力の回復の観点から、より有効かもしれない。しかし、ジムがあなたの求めている運動の強度や持続時間を最大化する場であるなら、少なくとも短期的には目標達成の助けになるだろう。なぜなら、ジムは管理された感覚環境を提供しているからだ。ただ、最終的には、運動中に多感覚的環境がもたらす効果にかかわらず、また、自ら選んだフィットネス計画が何であれ、私たちがプログラムを続けることが最も重要だ。この点に関しては、統計データはかなり悲観的で、ほぼ半数の人が入会して1年以内にジム通いをやめている。[10] 事例証拠によると、自然がかかわっている場合、長期的には、私たちは自主的な計画を守る可能性が少し高いようだ。[11]

活動のための気晴らし

運動の最中に、退屈な活動から気を紛らわすために、テレビを見る人は多いようだ。イギリスのデイビッド・ロイド・ジムチェーンは、自然の中でまさにこの気晴らしをするという、ある奇妙な試みを行った。そのジムは２０１８年に、背中に小さな薄型テレビを背負ったパーソナルトレーナーの後ろを、戸外で会員に走らせるというすばらしいアイデアを思い付いた。会員は、自然と触れ合いながらも、ワイヤレスヘッドフォンで、自分の好きなテレビ番組が見られるというものだ（これは真面目な話だ）。ただ、この特異な視聴条件下でも、「自然効果」の恩恵は適用されるのかどうか、疑わざるを得ない。適用されないのであれば、あなたはすべての面倒を避けて、ひたすら室内にとどまり、運動をしたほうがいいのではないだろうか。British Association of Road Racing（イギリス自転車競技連盟）の副会長のローランド・ギバール〔２０１９年から２０２０年は会長〕は、率直に、戸外での、ながらランニングは「無意味な運動」であり、「それはばかげており、戸外でのランニングの目的に完全に反していると思う。ランニングマシンの上に、ただ立っているほうがまだましだ」と述べている。[12] まったくその通りだ。

実は、最初にこの話を聞いたとき、私はこれが作り話でないことを確認したほどだ。そして、この不審感は、数日後に、「最新のフィットネス傾向――女性穴居人のトレーニング」というタイトルの新聞記事を偶然目にしたとき、まさに強固なものとなった。[13] その記事によると、1万年前に、人間が自然に行っていたこと、つまり動物のように動くことを基本とした習慣的運動を含む、最新の「先祖代々の健康」活動は、次の大ブームになるようだ。ふうむ、私はこれについても、確信が持てないと言わざるを得ない。私には、一部の人が進化心理学に関するアイデアと、少し過剰なほどの「自然効果」を取り入れているように思われる。実際、デイビッド・ロイドの話は、運動の仕方を変える真剣な取り組みというよりも、メディア主導のマーケティングキャンペーンの匂いがする。

テクノロジーやエンターテインメントを自然の中に持ち出すのではなく、逆に自然や、その仮想バージョンを室内に取り込もうとしている人もいる。イリノイ大学のアート・クレイマーは、人々が室内のランニングマシンの上を走っている最中に、自然の景色を映し出す大画面のディスプレイを見せた。一方、VRヘッドセットを使って、さらに実体験のように感じる「戸外」環境を提供している者もいる。[14] その際、これらのデジタルイメージの景色の動きは、それが画面上であろうと、ヘッドセットの中であろうと、ランニングマシンの動きと連動しているのだ。★ 面白そうじゃないかい？　しかし、問題は残る。管理された、室内環境での運動の恩恵は、実際に自然の効果と結びつくのだろうか？　残念ながら、フローレンス・ウイリアムズ〔作家、ジャーナリスト、ジョージ・ワシントン大学客員学者〕の2017年の本、『NATURE

FIX 自然が最高の脳をつくる』に記録されているように、これらのハイテクソリューションの初期バージョンは、トラブルに悩まされていた。自然の刺激を再生するのに必要な最新のテクノロジーを、前述のクレーマーの実験室で著者が試してみたとき、背景の大きなうなり音のせいで騒々しく、また、突然モニターがリセットされることがあった。[15] 両要素ともに、屋内の運動者に提供されるべき、仮想環境への没入感を損なう可能性があるのだ。もし、そのような問題が最先端技術の典型であるならば、私たちは、運動環境での、仮想自然の最大の可能性をまだ実現していないとも言えよう。

ムードミュージック──ビートに乗って体を動かす

多くのスポーツにおいて、アスリートの気分と、不安レベルやパフォーマンスの良好さとの間には、確立された関連性がある。ある研究結果によると、精鋭の男性遠距離ランナーのパフォーマンス変動の45%は、彼らの気分や不安によるものだった。[16] これは一流の運動競技

★この場合、気を付けないと、ランナーがランニングマシンから落ちてしまう危険性は想像が付く。

やプロスポーツの世界では、広く研究されている。同様の関係が、トレーニングの軽さや激しさに関係なく、私たちにも当てはまりそうだ。[17] 実際問題として、私たちをリラックスさせ、気分を向上させるのに役立ついかなる感覚的介入も、（スポーツの）成果を促進する可能性があるということだ。私たちはすでにこれまでの章で、音楽の戦略的利用から香りの発散まで、さまざまな感覚的介入が、いかに私たちの気分や覚醒レベルに影響するか見てきた。そのほか、感覚的刺激は、私たちが運動中に感じるかもしれない退屈、倦怠感、痛みから、私たちの気をそらすのにも効果的だ。[18] しかし、まず初めに、運動を最大限に活用するための音楽の利用法を見てみたい。

音楽は、運動のセンスハッキングに関する限り、最も重要な感覚的合図だろう。音楽は私たちをやる気にさせ、行動を音楽のビートに同調（同期）させるのにも利用できる。大音量でアップテンポの音楽が、最も効果を発揮するという推測は驚くにはあたらない。音楽は気分や感情を調整するのに、きわめて有効な手段を提供し、さらに、身体活動に影響を与える可能性がある。特に、私たち自身の行動に音楽が同期している場合、緊張の知覚を軽減し、肯定的感情の経験を充実させるホルモンの放出につながる。現在、運動中にそのような音楽を聴くと、パフォーマンスを向上させ、知覚される肉体的、精神的な労力や疲労を軽減する可能性を証明する、多くの研究が発表されている。[19] とにかく、ファレル・ウィリアムス〔アメリカのミュージシャン、音楽プロデューサー、ファッションデザイナー〕の「ハッピー」を聴きながら走っている人は、もくもくと運動している人に比べて、トレーングを28％多く楽しんでいると証明する研究結果がある。[20] だから、運動している場所が屋内だろうと屋外だろうと、あなたのやる気を最大限に保つのに役立つ音楽を選んでみたらどうだろう？　ただ、あなたがどこか風光明媚な場所にいたら、音楽は、自然効果によるどんな恩恵も減らすことになるのは忘れないでほしい。

スポーツをする際に、音楽は私たちをやる気にさせるだけではなく、大きなイベントの前に奮い立たせるのにも利用できる。もう30年以上も前になるが、私はオックスフォードの学部時代のことを鮮明に覚えている。当時、私はボート部で、川下りの常連だった。トーピッズ（Torpids）とサマーエイツ（Summer Eights）〔いずれもオックスフォード大学の主要なバンピングレース〕の二つの大きなボートレースの前には、私のクルーは決まって、レース前のチーム作りの儀式として、円陣を組んだものだ。私たちのコーチで、驚くほど筋肉質の北米人、ダブ・シードマンはいつも、映画『ロッキー3』のテーマ曲「アイ・オブ・ザ・タイガー」のような曲を鳴り響かせていた。また、ばかげて聞こえるかもしれないが、これまでで最多のメダルを獲得している水泳選手、マイケル・フェルプスはプールサイドで、攻撃的なヒップホップのプレイリストを聴いていたものだ。もしそれが彼にとって効果があったとしたら、私たちにとっても効果があるはずだ。

ケニー・G〔アメリカのジャズサックス奏者〕のバラードや、夜明けの鳥のさえずりを聞いて、誰かが興奮するのは想像しがたい。静寂もその目的に合っていないようだ。もちろん、必ずしも、音量が大きければいいというものではない。何と言っても、私たちの多くが、聴力を損なうほどの騒音レベルに晒されているという証拠があるのだ。[21] ジムのサイクリングクラスで、大音量で音楽を流すのが大好きなジムインストラクターに、誰かがこの事実を教えるべきだ。これに関しては、私は決して、ただの時代遅れの老いぼれではない。

音量が大きいほどいいとは限らない証拠として、次の結果を見てみよう。クロイツと同僚によると、自転車エルゴメーター〔自転車のようにこぐエアロバイク〕をこいでいるとき、バックで流れているエレクトロニクダンスミュージックの音量を65から85デシベルまで上げても、知覚される労力と実際のパフォーマンスは、男性の場合、トレーニングの程度にかかわらず、影響を受けないようだ。★ 対照的に、音楽のテンポを10%上げると、10%下げたときと比べて、人々はより激しく、より速く自転車をこぎ、かなりその経験を楽しんでいた。[22] だから、あなたがジムで、特に耐久運動や程度はやや低いが高負荷のスポーツをしているときに、音楽的にあなたの感覚をハックしたかったら、テンポが速くて大音量ではない音楽が最適だろう。[23]

ランニングマシンの例を見てみよう。この場合も大音量で速い音楽がパフォーマンスを高めることが、研究結果から明らかだ。[24] ランニングのようなリズミカルな運動に対しては、私たちの行動に同期できる音楽が最も役に立つことがわかっている。[25] フリッツと同僚の研究によれば、「音楽の力」が重要だ。つまり、自分の行動が、音楽のビートを生み出していると信じれば、そのとき、彼らのパフォーマンスは向上するようだ。これらの研究者たちは、運動中の人の動きが合成音の生成を管理し、彼らの行動に応じて、一種の音楽的フィードバックを提供するような、音響処理ソフトをフィットネスマシンに備え付けた。しかし、この研究の参加者が、そのビートは他の誰かによるものだと信じるに至ると、音楽を聞くメリットは少なくなる。研究者によれば、音楽作品が持つ行動促進力の役割は、はるか昔の歌と音楽の出現を説明するのに役立つかもしれない。それはまた、かつてアメリカで鎖につながれて働いていた囚人たちの、まさに独特の特徴である、動きと同期した歌声の説明にも役立つかもしれない。[26]

音楽に対する好みは、テンポや音量からスタイルやタイプまで、それぞれ異なっている。[27]

★85デシベルの音量レベルは、ジムのサイクリングクラスで耳にする100デシベルをはるかに下回っているのは注目に値する。しかしながら、それが彼らの聴力を損ねる可能性を考慮して、倫理的制約により、研究科学責任者が研究参加者をそのような大音量の音楽に晒すのは許されていない。そこのサイクリングが大好きなあなた、ご注意を。

だから、好みはもちろんのこと、パフォーマンスに対する実証可能な影響を考えると、近いうちにどこかの音楽配信サービスが、あなたの発汗やカロリー燃焼を促進し、保証さえするように考案された、個別のプレイリストを提供し始めるだろう。実際、Spotifyは、すでにこの業界に進出し始めている。これは絶対、誰でも考え付くことだ。今や、運動をより楽にし、楽しくするためのセンスハッキングを、望まない人がいると思うかい？

ソニフィケーションとは、（たとえば、アスリートへの）聴覚フィードバックのリアルタイムの提供を意味している。ソニフィケーションに関する新しい文献も出ているようだ。音のフィードバックの提供は、パフォーマンスの改善の点で、言葉や色の合図のような他のタイプのフィードバックよりも有効な場合もある。[28]一般的に聴覚は、スポーツのパフォーマンスを改善する目的で五感をハックする際に、最も有効な手段を提供するだろう。さらに、これは自然の音よりも、むしろ入念に選ばれた音楽的な音のほうがより効果的だと判明している。そして、私たちが今見たように、音楽を聞くと、気晴らしから行動を音楽のビートに同調させることまで、また、ソニフィケーションのメリットから気分を高めることまで、さまざまな点で影響力がある。

ただ、多くの競技で通常耳にする音は、競技者自身か、観客が出しているものだけだ。そのような声もまた、スポーツのパフォーマンスに影響するのだろうか？　何より重要なのは、それは勝ち負けを左右するように、操作できるかどうかだ。

テニス選手が唸り声をあげる理由

　テニス選手はなぜコート上で唸り声をあげるのだろうか？　ほんの数例を挙げると、マリア・シャラポアやウィリアムズ姉妹、ラファエル・ナダル、ノバク・ジョコビッチは唸り声をあげることで有名だ（というか悪名高い）[29]。シャラポアは、薬物検査に引っ掛かり信用を失墜する前は、１００デシベル以上の叫び声をあげていた。男性テニス選手のグレグ・ルーゼドスキーは、その声を聞いて、彼女の声は「ボーイング７４７ジェットよりも大きかった」と言っている（ただ、それは同機のどれだけ近くに立っているか次第だ）[30]。そのような声は、単にコート上の選手の身体運動の結果ではなく、唸り声をあげている選手のショットを対戦相手が聞きづらくなるため、戦略的役割を果たしているのかもしれない。

　ドイツのイエナ大学に所属する私の同僚とともに行った研究で、ボレーの途中で突然映像が止まったテレビのテニスの試合を利用して、ある実験を行った。その結果、視聴者が考えたボールの行き先は、彼らが聞いた音に部分的に左右されることがわかった。人々は、ボールがラケットに当たったときの音が増幅されると、その音量が少し下げられたときに比べて、相手方のコートのより深いところまでボールが飛んでいくと確信していた。参加者たちは、コートのボールが打たれるところをはっきりと見ているのだ。彼らに求められているのは、コートの図面上に、彼らが考えたボールの着地点を示すだけだった。言い換えると、ボールがラケットに当たる音は、厳密には、彼らのタスクとは無関係だった。それでも、本書を通して何度も見てきたように、私たちの脳は、特に二つの感覚的インプットが一体化しているように思われるとき、どうしても見たものと聞いたものを統合してしまう。この場合、ボールの軌道に関して判断を下すために、二つの合図が統合されたのだ。[31] 目と耳からの情報に基づいた、その多感覚的判断は、視覚か聴覚だけに依存している審判の判定よりも正しいだろう。ほとんどの状況で、二つの感覚のほうが、一つの感覚よりも有効である。私たちの研究では、目と耳の対立を導入するために、意図的に音を歪めただけだ。これは、感覚とその相互作用を研究している、研究者の好きなテクニックである。

テニスの選手はボールを打つ度に、ラケットに当たる音を変えられない。彼らにできるのは、球を打つときに大きな唸り声をあげることだ。この唸り声は、タイミングが合えば相手がボールの当たる音を聞き取るのを妨げ、ショットの行き先の判断力を低下させる。だから、唸り声をあげる人が不当に有利になるだろう。[32] イエナ大学の私の同僚たちの後続研究では、唸り声は、ショットの角度ではなく、特に長さの判断力を損なうことがわかった。さらに、唸り声による注意力散漫よりも、むしろ感覚的統合を基本とした解釈を提示している。[33]

一部の評論家が、唸り声や叫び声をあげる人について論じるとき、その試合の駆け引きについて皮肉を言うのも当然だ。かつての世界一、マルチナ・ナブロチロアは、さらに率直に、唸り声をあげるのは「不正行為であり、それはやめなければならない」と断言している。[34] つまり、音は大抵の人が思っている以上に重要なのだ。史上最高のテニス選手の一人である、アンドレ・アガシは、２００９年にウインブルドンのセンターコートの新しい屋根の下で落成記念の初戦を戦った後、この音に関して、次のように述べている。「これはすごい。ここでのボールの響きは、選手にとって、さらに強烈になるだろう」[35]〔ロンドンのオールイングランド・ローンテニス・アンド・クローケー・クラブのセンターコートで5月17日、新たに取り付けられた開閉式の屋根の下、エキシビションマッチが行われ、そこでアガシはプレーした〕。

しかし、音が重要なのは、テニスの場合だけではない。バスケットボールの名選手は対戦相手のコート上での動きが聞こえるとき、相手の意図を見事に推測する。[36] また、あなたがゴルファーだったら、完璧なティーショットの後に、金属製のクラブが出す、耳に心地よい、鳴り響くような音を思い出せるだろう。その音を聞いたとき、ボールの着地点を見るまでもなく、それが好位置にあるのがわかるはずだ（飛んだ先がバンカーでなければの話だが）。ただ、ゴルファーはテニスプレーヤーとまったく同じ方法で競うわけではないので、ボールの接触音を対戦相手から遮断する利点はない。プロのゴルファーが唸り声を上げるのを聞いたことがないのは単なる偶然だと思うかい？

観客の騒音を聞く

騒々しいのは競技者だけではない。観客の怒号にも、頻繁に対処しなければならない。人々はよく地元の利について語るが、観客の騒音と何の関係があるのか？　興味深いことに、サッカーの審判のコールは観客の騒音の音量に影響されるようだ。騒音が大きければ大きいだけ、反則を犯したプレーヤーに審判が警告する可能性が高くなる。★ それなら、これはチームスポーツにおける地元の利の一つの説明になる。なぜなら、地元の観客は、地元の選手の1人が反則行為を受けたとき、数の力に物を言わせて、アウェイのファンよりも大声で抗議するだろうから。観客の怒号はまさにフィールドで起きることに影響を与える可能性があるのだ。[37]

観客の騒音は、地元チームのパフォーマンスよりも、審判や審査員の判定に影響を与える。ある研究によると、ドイツのフットボールの審判は、試合のビデオクリップを見ている最中に、騒音が大きくなると、静かなときよりも、多くのイエローカードを「与えた」という。一方、過去100年間の、ボクシングのヨーロッパ選手権の全試合の分析によれば、互角の戦いをしているボクサー間のノックアウト・ブローの57％は、地元のボクサーが放っている

(ノックアウトは2人のボクサーの相対的能力の合理的で客観的な尺度を提供することに注目してほしい)。対照的に、試合が審判によって判定されるとき、地元の選手がテクニカルノックアウトで勝利する確率は66%にまで増え、ポイントベースの判定の場合の勝率は71%にまで増えた。[38] それなら、ボクシングでは、地元の利点は、ボクサー自身に対してと同じくらい、審査員や審判に影響を与えるということだ。地元の利点は、ウエイトリフティングやショートトラックスピードスケートのような、客観的パフォーマンス基準が結果を決定するスポーツよりも、体操やフィギュアスケートのような、審判や審査員が最終的判定を下すスポーツのほうが、はっきりとわかる傾向がある。

★コロナウイルスのパンデミック下、チームスポーツが無観客で再開されたとき、人工的な観客の騒音が、テレビやラジオの試合放送中に挿入された。これは、少なくともこの発想が気に入っている人にとっては、すばらしいセンスハックだとわかった。無観客の競技場では、いかに地元の強みや審判の明らかなホームバイアスがなくなるかがわかって面白いだろう。無観客の競技場でのクリケットの試合中に、選手のために、観客の騒音が放送されたのも興味深い。

勝利の香り、成功の味

心地よい香りは、ジムで汗まみれの体の臭いを隠すだけではない。適切なエッセンシャルオイルの放出はパフォーマンスの向上も期待できるのだ。アメリカで行われたある研究で、鼻の下にペパーミントオイルをしみこませた、粘着ストリップを貼ったアスリートは、貼っていないときに比べて、平均2・25％早く走れた。対照的に、同じアロマはバスケットボールのフリースローの正確さには効果がなかった。この場合、フリースローは、精神力や忍耐というよりもスキルに基づいたタスクである点をお忘れなく[39]。ハードなトレーニングの後は、体の痛みや筋肉痛や関節のこわばりがあるかもしれない。運動後の回復を助けるためにも、感覚はハックできるのだろうか？　考えようによっては、それは一種の「肉体的感覚の癒し」である[40]。アロマテラピーの有益効果に関する一部の有望な予備調査結果にもかかわらず、今のところまだ、そのような主張を強力にサポートする証拠はないようだ。

私のお気に入りの別の調査結果は、スポーツ心理学者のニール・ブリックと同僚が発表したものだ。その研究によると、運動中は笑顔を忘れないようにと指示されたクラブレベルの長距離ランナーは、彼らの身体運動をかなり効率化して、ランニングに費やす労力を2％以上節約できたという。そのような結果は、世界最速のマラソンランナー、エリウド・キプチヨゲが、レース中にいつも微笑んでいるように見える理由を説明するのに役立つかもしれない。彼は、２００９年、10月のフルマラソンのレースで、世界で初めて2時間を切った選手だ。[41] 一流のサッカーコーチ、ジョゼ・モウリーニョの有名な不機嫌な表情が彼の選手に与えているものは何だろうか？　不思議に思うしかない。

筋肉を鍛え、トレーニングの回復を早めるための栄養補助食品やプロテインサプリメントを業界全体で販売促進している。しかし、スポーツのパフォーマンスを高めるために、味や香りが果たす役割を考えたとき、私の注意を引いたのは、エナジードリンクで口をすすいでいる、一流のサイクリストだった。[42] エナジードリンクがサイクリストのパフォーマンスを高めることはすでに証明されている。持久力を必要とするアスリートにとって、高エネルギーの糖質ドリンクが、グリコーゲンの置換に役立つのは知られていることから、これは当然の結果だ。ちなみにグリコーゲンは体内に蓄えられて、エネルギーを放出するブドウ糖の一種である。[43] しかしながら、驚くべきことには、デイビッド・ジョーンズ教授〔ユニバーシティ・カレッジ・ロンドンのバイオインフォマティクスの教授〕と同僚はその後、サイクリストが7、8分かそこら毎にブドウ糖かマルトデキストリン〔デンプンを酵素分解したもの、ブドウ糖ほど甘くない〕糖質ドリンクを口に含み、その後（口の中がいっぱいにならないように）それを吐き出すだけで、60分のタイムトライアルのパフォーマンスもかなり向上することを発見した。単に数秒間、糖質を「味わう」だけで、サイクリストの運動パフォーマンスを2、3%高めたのだ。だから、チームスポーツの選手も、プレーの休憩中に同じことをしている姿をよく見かけるのだろう。

しかし、サイクリストが実際に何も飲み込まなければ、どうしてサイクリストのパフォーマンスは向上するのか？ パフォーマンスを高めるのは、エナジードリンクそのものではないのだろうか？ （ここで注目してほしいのは、単にブドウ糖を血管に注入しても有益な効果がないことだ。[44]）一つの可能性は、予測符号化という現象だ。つまり、私たちの脳は口の中で糖質を検知すると、エネルギーが注入されると予測するのだ。それは一種の自己充足的予言〔未来に対して予言、予測すると、無意識のうちに予測に適合した行動をし、結果的に予想度通りの状況を現実に作ってしまうこと〕だ。持久力を養成したアスリートは、胃からすぐに入ってくると予想されるエネルギーを元に、身体パフォーマンスを最大化する。興味深いことに、神経画像研究で報酬と運動制御に関与している、島皮質〔脳の外側面の奥、側頭部と頭頂葉を分ける、外側溝の中に位置している大脳皮質の一領域〕や前頭弁蓋〔脳の前頭葉、側頭葉、頭頂葉の一部、島皮質を覆うように存在している〕、眼窩前頭皮質〔前頭葉の腹側面にあり、視覚、聴覚、体性感覚とともに、味覚、嗅覚情報も集約されている〕や線条体〔大脳基底核の主要な構成要素の1つ、運動機能への関与がよく知られている〕を含む脳領域は、糖類の味に反応して、すべてが活性化することが明らかになっている。だから、このおかげで、運動がもう少し楽しく、もう少し楽に感じるのだろう。[45]

最終的に私たちの内臓や脳が、この予測符号化という策略に気付くがどうかは、今後の研究課題だ。同様に、今はそれほど一流ではない参加者にとっても、同じように有益なのかはわかっていない。それにもかかわらず、多くの研究で、糖質ドリンクでの口すすぎの有益性が再現されている点を考えると、自分たちの味蕾〔舌や軟口蓋にある味覚の感覚器〕をハックしたい人にとって、そのような調査結果は幸先の良いスタートとなるだろう。このような結果は、基本的に、人のスポーツパフォーマンスを制限するのは、筋肉や心臓、肺ではなく、脳であるという提案、いわゆる「central governor theory」〔限界に近い運動を行う際、心臓や活動筋に深刻なダメージを与える前に、大脳が身体能力を無効化するという仮説〕を裏付けている。それが本当なら、なおさら、五感をハックして、パフォーマンスを高めるのは可能だということだ。[46]

味覚のハッキングについて考えるならば、ガムについても言及すべきだろう。多くの人が、ストレス抑制に効果的だと信じてガムを噛んでいる。ただ、研究によると、効果があるのは反復的咀嚼ではなく、むしろフレーバー活性化合物のようだ。[47] 最も人気のあるガムのフレーバーはミントだから、私たちはまた、ミントの香りの恩恵に戻ってきている。しかし、口に入れるもの以外で、スポーツのパフォーマンスに対して驚くほどの効果を持つと証明されているのは、着るものである。

衣服の力

ノーベル賞作家、アイザック・バシェヴィス・シンガーが、かつて、「衣服にはなんて不思議な力があるんだろう」と書いているが、確かにいいところに気付いている。運動中に私たちが身に着ける衣服は、パフォーマンスに重要な《マテリアル》違い（失礼！）［materialには「重要な」以外に「生地」の意味がある］をもたらす。しかしその理由はあなたが考えているのとは違うだろう。私たちは身に着けている衣服についてはめったに考えない。それは、通常、衣服の肌触りは、着た直後に意識から消えてしまうからだ。実際、私が今、この話題を持ち出すまでは、あなたも自分自身の衣服の肌触りについて考えてさえもいなかっただろう。しかし、私たちがこの背景触覚刺激にそれほど注意を払わないからと言って、衣服が私たちに影響を与えないということにはならないのだ。ナイキのようなスポーツウェアのブランドは、自社の衣類の性能を強調して、適切なウェアは彼らの顧客がスポーツ界での野心を達成するのに役に立つと提言している。しかし、衣類の機能性が、卓越した運動能力に影響を与える点以外に、多くのさらに驚くべき心理的効果についても考慮する必要がある。

衣服の色の重要性を示唆する事例証拠は、イギリスサッカー界の神童ウェイン・ルーニーからのものだ。このマンチェスターユナイテッドとイギリス代表チームのストライカーは、彼のチームが翌日、どの色を使うか知らなかったら動揺しただろう。ウェインの問題は、マンチェスターユナイテッドは、アウェイの試合では、赤や、時として青色のユニフォームでプレーしていたことだ。彼は大きな試合の前には、自分が完璧なゴールを決めるのをイメージして夜を過ごしたものだが、フィールドでの自分自身のパフォーマンスを思い描くには、どのユニフォームを着用するのか知る必要があった。

僕の準備の一部は、用具係のところに行き、上は赤か、ショートパンツは白か、ソックスは白か、黒か等、自分たちが身に着けるユニフォームの色を聞くことだった。それから、試合の前の晩、ベッドに横になって、自分がゴールを決め、いいプレーをするのを思い描く。君は試合の前に、その瞬間に身を置き、「イメージ」を明確にするために準備しようとするだろう。君がそれを視覚化と呼ぶか、夢想と呼ぶかはわからないが、僕はこれまでずっと、そうしてきた……。君がそうすればするだけ、それはうまくいく。君はみんながピッチのどこにいるか知る必要がある。君はすべてを見る必要がある。[48]

確かにユニフォームの色のような些細なことが、実際に誰かの、特にルーニーのような得点力の高い、国際的なストライカーのゴールの数に影響を与えるはずがない。ひょっとしたら、論理が逆に働いているのかもしれない。イングランド代表チームの得点王の得点力が非常に高いのは、すべての試合の準備の度に彼が取り入れた、あらゆる感覚的心構え、言うなれば、センスハッキングのせいだろう。

一部の人にとっては、ルーニーの視覚化への取り組みは、ただの迷信や試合前の儀式のように思われるかもしれない。しかし、感覚と運動イメージを取り入れると、少なくとも、地元クラブのレベルに達している人にとっては、単に練習により多くの時間を費やすよりも、多くのメリットを提供できると証明する証拠は山とある。何と言っても、ベテランはすでに、練習には十分の時間を費やしているだろうから。ある研究によると、コート上でシュートを決めるのをイメージしているバスケットボールの選手は、コートでの練習に同じ時間を費やしている選手に比べて、いいプレーをし、より多くのフリースローを決める傾向があるそうだ。[49]

ユニフォームの特定の色は、視覚化の役割以外に、多くのコンタクトスポーツ〔相手との接触が許されているスポーツ〕で対戦相手のパフォーマンスに影響を与えることがある。たとえば、黒のユニフォームを着ている、アイスホッケーやアメリカンフットボールのプロのチームは、他の色を着ているチームよりも攻撃的傾向がある。さらに、チームのユニフォームを黒に変えると、ペナルティーの数が増加するようだ。[50] また、両腕を真横に広げたポーズも、人の権力意識と行為傾向に影響を与えるという。[51] この事実と黒色の持つ意味を結びつけると、ニュージーランドのラグビーチーム、オールブラックスが試合前にハカ〔ニュージーランドの先住民、マオリ族のダンスで、戦いの前に自分たちのアドレナリンを高め、敵を威嚇するために行っていた〕の儀式を行う理由が自ずとわかるだろう。だから、どうして、この小さな島国のラグビーチームが、厳しい状況の中で、世界のトップに立っているのだろうと思っていたのなら、もうおわかりだろう。まさに究極のセンスハッキングだ。

赤を見る〔seeing redには、激怒するという意味がある〕

ダラム大学〔イギリスのダラム州ダラム市にある、名門研究型総合大学〕の人類学研究者たちは、２００４年夏のアテネオリンピックで、四つの男子の格闘技――ボクシング、テコンドー、グレコローマンレスリング、フリースタイルレスリング――のすべての試合を分析した。オリンピックでは、これらのすべての競技の出場選手は、赤か青のボディースーツの着用が任意で規定されている。赤のボディースーツを着用した選手が、青の選手に勝利する可能性はわずかではあるが、明らかに高いという。さらに、当然のことながら、そのメリットは、競技者の力が非常に伯仲している場合は、最も明白だった。互いの力の差があまりにも大きい場合は、ユニフォームの色は影響しなかった。そのような不釣り合いな状況では、力強く印象的な才能が、驚くほど、試合を支配した。[52]

次に、同じ研究者たちが注目したのは、サッカーの成績だった。今回は、彼らは、ポルトガルでのユーロ2004のトーナメントで行われた、すべての試合を分析した。予備的証拠によると、よく赤のシャツを着ている五つのチームは、他のどの色よりも、赤いシャツを着ているときのほうが若干良い結果を出していた。とはいえ、予備的証拠が依拠した研究のサンプルサイズはかなり小さかった。しかし、その後、イングリッシュ・フットボールリーグ〔イングランドのプロサッカーリーグ〕の1946〜1947年のシーズン成績におけるシステマティックで長期的な分析から、補強証拠が出てきた。[53] 赤のユニフォームのチームは、一貫して、別の色のチームに勝っていた。同じ結果がリーグのすべてのディビジョン〔当時は4部構成だった〕で見られた。また、赤のユニフォームのチームは、リーグ優勝する可能性がより高かった。アウェイで試合をするときは、チームはユニフォームを変えなければならない。研究者たちはこの事実を利用して、状況を一変させるのは、当のチームの本来の特質ではなく、ユニフォームの色であることを証明した。つまり、「赤の」のチームは本拠地の試合では、予想以上のいい試合をしたが、アウェイの試合（赤のユニフォームを着ていないとき）ではそうではなかったのだ。★

ユニフォームの色に影響されるのは選手だけではない。審判もまた、影響される。ある研究で、ミュンスター大学〔ドイツで最大の総合大学の1つ、ヴェストファーレン・ヴィルヘルム大学の通称〕の研究者たちは、テコンドーのスパーリングラウンドから撮った、多くの4秒間ビデオクリップで、グラフィックスソフトを使って、選手の防具の色を反転させた。研究に参加した、42歳の経験豊富な審判は、赤の防具を付けている選手に対して、同一のビデオクリップで、青の防具を付けていた同選手よりも、13％多いポイントを与えた。[54] 今のところ、可視性の違いの観点からの赤の効果に対する新しい解釈は認められていないことを考えると、最も驚くべきでもあり、一見どこでも見られるような、赤の効果に対する心理的、ホルモン関連の解釈の可能性が高そうだ。[55] さらに、この色はスポーツ競技の成果にのみ影響を与えるわけではない。赤は、ＩＱテストや他の学力テストの記入に赤ペンの使用を含めて、さまざまな状況で、パフォーマンスを損ねることも証明されている。ここから、一部の研究者は「赤を見る」というわゆる、回避動機を引き起こすのではないかと結論付けている。[56] 確かに、微妙な感覚的合図はプロスポーツの対戦結果を変える。しかし、そのような感覚的影響は一流のアスリートにのみ限定されていると信じる根拠はない。

これらの調査結果にまつわる、当を得た、進化的な話がある。★★ 本来、赤色の存在や強さは、

★ しかし、もちろん、ここで、先ほど検討した「地元の歓声の利点」を忘れてはならない。

優位や興奮、攻撃性に関連する、進化的に重要な合図としての役割を持つと考えられている。ヒルとバートンが言及しているように、「赤色は、雌雄選択的で、さまざまな動物の雄性特質である、テストステロン〔雄性ホルモンの一つ〕依存性の合図である」。だから、この色を身に着けると、あなたやあなたの敵の脳をだまして、あなたが少しだけ優位に立っていると思わせるのだ。たとえば、従属的で、おびえた生き物は比較的、青白く見える一方で、支配的な雄の動物は平均的に、より赤く見える。この見解と一致して、２００４年のオリンピックではコンタクトスポーツにおいて、女性の選手間では、赤の利点は認められなかった。[57] 三色型視覚システム〔三色型色覚とは　色覚をつかさどる視細胞が3種類あること〕は可視領域のすべての色の中で、皮膚の紅潮や青白さに関連する色に最も敏感だという見解がある。このことからも、肌色の微妙な変化を「読み取る」能力の進化的重要性はわかるだろう。[58]

米軍もまた、衣服の研究を行っていた。今では信じられないが、かつて、某方面では、赤い下着を着けると、いくじがない兵士を勇気づけると信じられていた。ただし、もちろん、そんなことはなかった！　慎重に管理された科学的研究では、この特別なセンスハックをまったく、裏付けられなかったのだ。[59] このセクションでわかったことを考慮すると、この特別な赤い策略が効果を発揮しなかったのは、敵の兵士が戦っている相手の下着の色を見られなかったからだろう。だから、スーパーマンが、赤い下着をはっきり見えるように、外側に着ているのも納得できる。よく考えてみると、そんなに馬鹿げた考えではないだろう。

しかし、精神的な励みを求めている人のために、「enclothed cogin ition」に関する新興分野の最新調査結果から、奇妙な、しかし（おそらく）真実のヒントがある。[60] これは私たちが着ているものは、私たちの考え方に影響するという概念に関係している。もちろん、それは他人から自分に向けられる態度にも影響を与える。ある一般向けの科学的研究結果から推定すると、もしあなたがスーパーマンのTシャツを着て、スポーツをしたら、たとえ誰もあなたがそれを着ていることを知らなくても、他の服を着ているときよりも、パフォーマンスが向上するかもしれない。その基盤研究では、学生が、スーパーヒーローの服装を身に着けると、自己評価が高まり、持ち上げられると思う重量が増したという。その論理を拡張すると、スパイダーマンのTシャツを着るとロッククライミングの能力が向上するのだろうか？

確かに、「スーパーマン効果」は、マスコミでは広く取り上げられている。[61] とはいえ私が承知している限りでは、まだ、査読付きの雑誌には登場していないことは心に留めておくべきだ。だから、科学における最近の「再現危機」の点から、また、つい先ほど言及した効果ゼロの赤の下着のことを考えると、大好きなスーパーヒーローの衣装を着て、近場の絶壁を

★★ 実際、進化心理学者が説明できないことがあるのかと思うことがある。

登る企てはちょっと待ったほうがいいだろう。

五感を使ってのトレーニング

本章のほとんどの研究には、一度に一つの感覚のハッキングしか関わっていないが、未来を見据えて、さまざまなセンスハックを組み合わせるのも面白いだろう。ペパーミントのアロマのパフォーマンス向上特性は、アップテンポの音楽と組み合わせられるだろうか？　今後、研究者が、複数の感覚への同時的インプットを体系的に操作して、パフォーマンスや持久力が向上するかを判断するためには、より多くの研究が必要になるだろう。私は、その成果はすぐに積み重なっていくと信じている。

今すぐに、赤い下着に投資する必要はないだろう。ただ、レスリングやサッカーのような競技において、自分の色を注意深く選択するのは損にはならない。それは必ずしも、あなたが予想以上の結果を収める助けになるとは限らないが、互角の相手との競争力は高めるかもしれない。何と言っても、運動のメリットを最大化できるのは、それがフィットネスや健康、メンタルヘルスのいずれのためであろうと、五感のハッキングだけだ。おまけにブドウ糖入りのマウスウォッシュや、もし恥ずかしくなければ、スーパンマンの衣装も付け加えたら、あなたのパフォーマンスがどれだけ向上するかは、神のみぞ知る。

10
デート
Dating

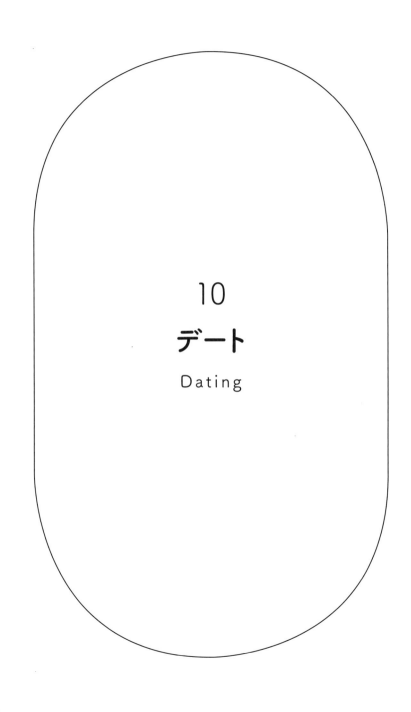

近頃、美は一大産業だ。もっと魅力的になりたいと思わない人がいるだろうか？　本章では、魅力は単なる見た目以上のものであり、本質的には多感覚的複合概念である点を見ていく[1]。ところで、美感を伝えるという話になると、どの感覚がより重要になるのだろうか？　人々は配偶者候補を評価する際に、具体的にどのように目や耳、鼻を使うのか？　また、男性も女性もまったく同じように、五感に依存するのか？　もしも、あなたの感覚が相反するメッセージを伝えたら、どうすべきか？　日常的な例を挙げると、見た目は信じられないほど素敵なのに、苦手な匂いがする人に出会ったら、どう思うか？　本章では、こういった興味深い問題にも取り組みたいと思う。

進化心理学者によると、私たちは適応度、つまり進化的適応度に惹かれる。健康的に見える人々ほど魅力的だ。なぜなら、生殖能力の観点から、彼らは生物学的により有望な候補者の典型だからだ。目下のところ、運命が私たちに与えた手札に関しては、両親のせいにする以外、どうしようもないだろう。そして、魅力度アップに関する多くのセンスハックは、進化的適応度の自然の信号を、たとえば、口紅、ハイヒール、赤い服やプッシュアップ・ブラによって強調や誇張し、場合によっては香水やデオドラント、かみそり等を使って隠すことによるものだ。しかし、整形手術やボトックス注射とは異なり、本章での提案は何年も変わらず、効果を発揮し続けるはずだ。★不思議なことに私たちは、自らの判断に最も影響を与える感覚的合図に、多くの場合気付いていないようだ。しかし、それらすべてに取り組む前に、外見的魅力度アップが証明されている、最も簡単なハックについて話そうと思う。

興奮

他人に対する魅力度を高めるための最も効果的な方法は、彼らを興奮させることだ。いや、そんな風にではない！　ここでの基本的な考えは、人々は必ずしも、自らの興奮の原因を正しく特定するのが得意ではないということだ。私たちは、その原因を興奮状態の根底にある、環境刺激のせいにするのではなく、そのとき対話している相手のせいにする傾向がある。た

★もしあなたがボトックス注射は人間のためだけだと考えていたら、それは間違いだ。2018年、ラクダのミスコンテストで、誇り高き12人のサウジアラビアのラクダのオーナーが、彼らの花形ラクダの口元を直そうとして、ボトックス注射を施したとして、失格となった（参照　www.theguardian.com/world/2018/jan/24/saudi-camel-beauty-judges-get--hump-botox-cheats)。

とえば、１９７４年に発表された社会心理学分野の古典的研究で、[2] カナダの研究者たちは、１人の若い女性インタビュアーを使って、橋を渡っている数人の独身男性に話しかけ、短いアンケートに記入するように依頼するという実験をした。このとき、二つの橋が利用された。一方は恐怖を引き起こすようなぐらついた吊り橋で、もう一方ははるかに頑丈な橋だ。アンケート用紙が記入された後、女性インタビュアーは用紙の端を切り取って、そこに彼女の名前と電話番号を書き、その研究について、後日時間を取って、もっと説明させてもらえないかと申し出た。研究者たちは、後で電話してくる参加者が、どちらの橋に影響されるかに注目していた（若い男性は、その研究の根底にある科学よりも、そのインタビュアーとのデートの方に興味を持つだろうと研究者は予想したのだ★）。結果は明らかだった。恐ろしい橋を渡っていた18人の男性のうち、９人が電話をしてきた。それに比べて、頑丈な橋の上で話しかけられた16人のうち、電話をしてきたのは２人だけだった★★。

他の研究でも、ジェットコースターを降りた人と、乗ろうとしている人を比較して、興奮による同様の誘引効果を証明している。[3] 刺激的な映画を見ると、カップル間の愛情表現も多くなるようだ。[4] 大音量で音楽を掛けられるようなオーディオ機器を搭載した車のボーイレーサー〔猛スピードを出して無謀な運転をする若者〕も、同様の戦略を用いていると考えられる。その場合、経験的証拠というよりも、むしろ直観に基づいているのだろうが。危険運転は、同乗者を興奮させる可能性が高く、大音量の音楽も同じだ。しかし、ボーイレーサーは時間を浪費しているかもしれない。というのも、最初の恐ろしい橋の実験によれば、少なくとも、吊り橋効果〔恐怖や緊張を伴う状況下で、興奮やドキドキ感を一緒にいる異性への好意や恋愛感情と勘違いするという心理効果〕は女性ではなく、男性にのみ働いていたのだから。それでも、次回、飛行機で魅力的な同乗者の隣に座ったら、乱気流にぶつかるまで待って――この場合、荒れているほどいいが――その後アタックすることをお勧めする。また、下心をもって、デート相手を映画館に誘うときは、スリラー映画を見に行ったらどうだろう。

私の同僚でウィーン大学のヘルムート・レーダーは、音楽によって引き起こされる興奮も他の原因にされる傾向があるという。レーダーと彼の研究者仲間は、人々に、プロが撮影した一連の写真の魅力度を評価してもらった。その場合、評価対象は無表情の見知らぬ異性で、評価する際の環境は、完全な静寂か、心地よさと興奮の点で異なる、19世紀のピアノ音楽が

★ 本章で扱う、ほかのほとんどの研究同様、これは異性の性的魅力に焦点を当てている。残念ながら、この分野の研究では、歴史的に異性の性的魅力に関するものが大多数である。

★★ つまらないダジャレだが、恐ろしい橋の上にいた若者は、チャンスに飛びついたとも言えるだろう。(「jumped at the chance」は「チャンスに飛びついた」以外に、「偶然、ジャンプした」とも解釈できる。)

流れている場合の2種類だった。女性は黙々と評価しているときに比べて、音楽を聴いた後のほうが、男性の写真を高く評価する傾向があった。さらに、顔の魅力度やデート相手としての望ましさの両方の評価の際に、気持ちを大きく掻き立てられるような音楽が最も効果的だった。[5] しかし、この研究では、男性参加者は音楽の介入には左右されなかった。

私は、そのような結果は、若者間でのナイトクラブ人気の一部を説明しているのかと、つい考えてしまう。あの刺激的な音楽は（ボーイレーサーのことを思い出してほしい）、男性を普段よりも魅力的に見せ、社交的交流を促進するのだろうか？　おそらくそうなのだろう。[6] 音楽に同期した挑発的な動きも効果的だ。[7] 進化的心理学者は、ずっと以前から、ダンスは配偶者選択に影響を与えると主張している。[8] では、ダンスのステップを磨きたいと思っている人が、勝機を高めるために、正確には何をすべきなのか？　うれしいことに、現在、多くの本格的な科学研究が、あなたの動きを最大限に魅力的にするために、「shake your stuff（あなたの体を揺り動かす）」具体的な方法に関する秘訣を提供している。[9] しかし、男性と女性では、求めているものが多少違うという点は心に留めておいてほしい。

女性にアピールしたい男性は、首や胴体の動きの多様性と大きさ、また、驚かないでほしいが、右膝の動きの速さが重要であることに注目すべきだ（何だって？　少なくとも、私はダンスのコツを呑み込めなかったからといって、気にしていない）。動きが多様で、目立つていればいるほど良い。女性は明らかにこれらの点を、健康と活力、強さを示す遺伝的特質のしるしと考えている。一方、男性が女性のダンスの質を評価する際に、より大きな腰の振りと（コロンビアの歌手、シャキーラははっきりとこれを認めている）、太ももの非対照的な動き、腕の適度に非対称的な動きに強く印象付けられる。ダンスフロアで、配偶者候補の感覚をハックしたければ、どうすればいいか、これでわかっただろう！　しかし、次回、チャンスをつかんだら、最もかっこいい動きはもちろん、さらにあなたをパワーアップするのは、音楽かもしれないことを覚えておいて。

ディスコ（またはクラブ）での性的信号について、研究している学者もいる。ある意義深い分析によると、排卵期のウィーンの女性は（つまり、月経周期の中で最も受精しやすい時期の女性）、１人で出かける際は、多少挑発的な服装をすることがわかっている。[★10] 月経周期の中で、最も受精しやすい時期の女性の顔は、より魅力的に見える傾向がある。[11] だから、プ

★その調査結果は、他のあらゆる場所の女性にも当てはまるだろう。そして、研究者たちが彼女たちの服の挑発性を評価する際に、具体的にはどのように取り組んだかと言うと、「私たちは彼女たちの衣服の好みをデジタル分析して、肌の露出度と衣服の透け感、ぴったり感を決定した」と書かれている。

ロのラップダンサーが生理中よりも、排卵期のほうが、約2倍のチップを稼ぐのも納得できる。[12]

しかし、効果があるのは、吊り橋や刺激的な音楽だけではない。★私が今よりもずっと若かった頃、数人の幸運な女性たちに、スパイシーな食事をふるまったものだ。実は、このとき、統計的分析を実行するチャンスがまったくなく、残念ながらサンプルサイズも小さかったかもしれない。★★とは言っても、私の彼女たちに対する印象はいつも同じだった。伝説のスパイシーなタイのグリーンカレーや、非常に辛いアラビアータを味わった人に共通した反応は、紅潮した肌、発汗、動悸、散大瞳孔である。そのせいで、女友達の脳は混乱しているようだった。特に影響を受け、そんな症状が出た女性たちは、自分たちの最も異常な身体的感覚を、皿の上の料理に隠されているものが何であれ、勘違いして、その夜の魅力的な愛想のいいシェフのせいにしただろう。多くの場合、ガストロフィジックス〔食の物理学。gastronomy（美食学）＋physics（物理学）を語源とする〕に触発された、誘惑戦略は効果があるようだ。実際、とても効果があるので、テレビ放映された、ヘストン・ブルメンタールのバレンタインデーのための**恋するレシピ**のコンサルタントを務めた際に、これは私にとって、最高のヒントになった。

「ルック・オブ・ラブ（恋の面影）」

あなたは配偶者候補のどこに魅力を感じるか？　すでに述べたように、それは進化的適応度にかかっている。無粋な話で申し訳ないが、それが進化心理学の分野の数十年にわたる研究の避けられない結論だ。男女両性にとって、性的志向に関係なく、顔が対称的であるほど、魅力的に見えるらしい[13]。左右対称は進化的適応度のしるしだ。それが好まれるのは、見た目が良いからだけではなく、健康な配偶者の合図だからだ。一方、非対称的な顔や姿は、評価対象者が誰であろうと、多くの場合、これまで何らかの不幸な環境影響を受けたことを示している。いわば、部品が損傷しているように見えるのだ。顔や姿の不均衡は、年齢や病気、感染症、寄生虫感染症に関連している。どれも、特に魅力的なものはない。もしあなたの顔の左右を平均化して、もう少し対称に見えるようにできれば、あなたはより魅力的だと評価

★ スペンス夫人、君はこの段落は読み飛ばしていいよ！
★★ よく考えてみると、私はこれを「実験」と表現すべきではないだろう。さもなければ、私は大学の倫理委員会にしつこく監視され、倫理審査の承認を受けるように要求されるだろう。

されるだろう。それほど単純なことだ。★

微笑みは健康のしるしとして捉えられ、それゆえ魅力的だとも考えられている。[14]２０１０年の報告によると、１９５２年のドラフトで指名されたメジャーリーガーのうち、当時から、写真の笑顔が情熱的な選手ほど、笑顔が控えめな選手よりも長生きする傾向があるそうだ。[15]他の条件が同じなら、幸せな人はより長生きするという提言がある。しかし、『ランセット』誌〔週刊で発行される査読制の医学雑誌〕に発表された、イギリス全土の70万人以上の女性を対象とした大規模な研究結果は、この提言を疑問視している。というのも、その研究では、健康全般や睡眠の質といった他の要因が管理されているからといって、幸せそれ自体が寿命を延ばすという証拠は発見されなかったからだ。[16]他人に対する印象を改善したい人のためのヒントは、目の前の人に対してだろうと、パソコンのカメラを見つめている場合だろうと、アイコンタクトを取ることだ。アイコンタクトは、視線のそれた凝視に比べ、より刺激的で、より注意を喚起するからだ。さらに、神経画像研究によると、相手を直接見ると、その視線が写真や画面からのものであっても、報酬予測に関与する脳領域の一つである、腹側線条体をより活性化するという。[17]

恋人探し競争で優位に立つための別の方法は、ギターを演奏するか、★★あるいは少なくとも、演奏できるふりをすることだ。ある小規模なオンライン研究によると、女子学生が、フェイスブックで、若い男性からの友達リクエストに応じる可能性は、彼が楽器を持っているのを見ると高くなるらしい。[18] 作曲や演奏能力は進化的適応度を示していると考えられている。また、一定の創造性と手先の器用さの両方を示唆しているとすれば、この結果は当然だろう。[19] チャールズ・ダーウィンは、男性の特徴の進化は、配偶者選びによる性淘汰によって説明可能だと考えていたようだ。作曲や演奏は、多様な求愛行動の一種として感性と複雑さの両面で、進化論的条件にぴったり合うことに注目してほしい。[20] 興味深いことに、少なくとも排卵期の女性にとっては、音楽が複雑であればあるほど、演奏者がより魅力的で、より優秀に見えるらしい。[21] 創造性はまた、男女ともに、肉体的魅力度の低さを補えるのだ。[22]

異性愛の男性の目から、出産のための広い腰と授乳のための大きな胸は、昔から出産の普遍的象徴として認識されてきた。そこまでたどり着けばの話だが。とにかく、出産の、最も初期の象徴の一つである、フルスペックのヴィレンドルフのヴィーナスを見てみよう。確かに、このヴィーナスがすぐにも飢える危険性はなさそうだ。

★ しかし、悲しいことに、同じことをしても、より魅力的な声は合成できない。異なった声の周波数を平均化しようとしたら、残されるのは多くの不快な高周波だ。
★★ このセンスハックは、どの楽器でも効果があるようだ。

ヴィレンドルフのヴィーナス（旧石器時代の女性裸像。1909年、オーストリアのヴィレンドルフ近くにある3万年前の遺跡から発掘された。乳房、腹部、臀部、股部等、女性部分が意図的に強調されており、生殖、出産を象徴する呪術的、原始的崇拝の対象と考えられる）

一方、女性はあまり外見には興味がなく、むしろ配偶者候補の匂いや声を優先する傾向があるようだ。[23] 少なくともこの点では、男性と女性は根本的に異なっている。男性は配偶者の潜在的特質、要するに若さと健康を、目だけでかなり適切に評価する。繰り返しになるが、これは進化心理学の観点から、完全に理にかなっている（しかし、すぐにわかるように、結局、嗅覚の合図も重要になる）。対照的に、女性にとって、配偶者候補の自然な香りは、彼の免疫学的プロフィールに対する唯一の最も重要な合図であり、それによって無意識に、胎児の生存能力を評価するようだ。そして、当然のことながら、金持ちであることと、男性の生殖的可能性とは関係なさそうなので、お忘れなきよう。[24]

男らしい顔や声の男性は、女性にとって魅力的に感じられる傾向がある。そう考えると、第2指・第4指比、いわゆる2D―4D比〔人差し指（示指、2nd digit）と薬指（環指、4th digit）の長さの比〕も、セクシーに感じられるはずだ。特にその比率が低い場合はなおさらだ。というのも、この指標は、妊娠初期のテストステロン暴露〔胎児期に、男性ホルモンの一種であるテストステロンに暴露すること〕によって決定されるので、男性の男らしさの尺度を提供するからだ。もし男性の薬指が、人差し指よりも長ければ、2D―4D比は1よりも低くなる。男性の平均比率は0・98だ。比率が低いほど、より男性的な特徴を示す。[25]また、比率が低いほど、射精ごとの精子の数も多くなるようだ。[26]研究によると、長距離ランナーと一流のミュージシャンはともに、平均以下の比率を示しているという。このような理由で、異性愛の女性は、2D―4D比の低い配偶者候補を注意して探さねばと思うかもしれない。しかし、一方で、胎児期の高レベルのテストステロンに関しては、自閉症やディスレクシア〔知的に問題はないが、文字の読み書きに著しい困難を抱える障害〕、偏頭痛、免疫不全のリスクの増加を含む、多くのマイナス面があることにも注意が必要だ。[27]（女性よりも男性のほうが明らかである）性的二型〔性によって、生殖器以外の外的形態が異なる現象〕の兆候が特に「セクシー」というわけではないことは、この二律背反で説明が付くだろう。しかし、大多数の文化で、薬指は結婚指輪をはめる指で、それをは

めている人は婚約中か、既婚者か、または、そのふりをしているかを教えてくれるのは、単なる偶然だろうか。★

女性の香り——セクシーな匂い

女性の匂いは月経周期の中で、微妙に変わる。[28] 男性は、女性が生理中のときよりも卵胞期（すなわち受精しやすい時期）のほうが、わきの下の匂いをより心地よく、魅力的で、あまり強くないと感じる。[29] 言い換えれば、この分野の一部の研究者が説明しているように、「送信される」または「漏れ伝わる」可能性がある感覚的情報は、私たちが認識している以上にたくさんあるということだ。

驚くべきことに、私たちは、匂いだけで、人の性格に関するいくつかの情報、すなわち、外向性、神経症的傾向、統制性（主要5因子のうちの三つ）を嗅ぎ分けることさえできるのだ。[30] 女性の匂いの魅力や心地よさはさておき、男女ともに、病気の初期における化学感覚の合図を提供してくれる自然免疫反応の匂いを嗅ぎ分けられる。[31] 体臭から、人のおおよその年齢も推定できる。[32] ダンスの動きの魅力的な性質さえも、嗅ぎ分けられるのだ。実際、好ましい匂いがする人の体の動きを魅力的だと思いがちだ。[33]

男女ともに、他の人の主要組織適合遺伝子複合体〔外来または非自己組織の拒絶にかかわる遺伝子領域で、個体の恒常性維持に重要な役割を果たしている」として知られている、DNAの特定の並びに敏感だ。一説によれば、私たちは自分自身の匂いにあまりにも似た匂いの人には魅了されないようだ。このおかげで、私たちは多様な人との性交渉による、近親交配を避けることができる。[34]とはいえ、一般的に、他の人種の匂いは自らの人種に比べて、それほど魅力的に感じないようだ。だから、そのような恋愛相手の多様性が必ずしも民族にまで及ぶことはない。それは顔の魅力についても同じことが言える。私たちは、外見が自分たちに似た人に、より引かれるからだ。フレグランス製品を使って、体の匂いを消すのに費やしている時間の多さと努力のおかげで、香り産業が数十億ドル規模のビジネスになっているとしたら、変に思えるかもしれない。[35]

香りの好みは、なぜ人それぞれ異なるのか不思議に思ったことはないだろうか？　香りの好みの多様性には、規則性はないのか？　私たちが選択する香りは、ある意味で自分自身の自然な香りの印象を強くするのか？　数年前、ある業界会議の議長が、香りの選択が自分の

★この習慣は古代エジプト人に由来していると考えられている。というのも、彼らは、左手の薬指には、心臓に直接血液を運ぶと考えられている血管、愛の血管があると間違って、信じていたからだ。

体の匂いと関係している可能性を提言している。もしこのような主張が、多少なりとも正しければ、私たちは無意識のうちに、自分自身をさらけ出しているのかもしれない。興味深いことに、レノチョバと同僚によると、体臭は、好みの香りと混ざり合うと、ランダムに割り当てられた香りと混ざり合うよりも、心地よいと評価されるらしい。たとえ、ランダムに割り当てられた香りのそれぞれが、良い香りであったとしてもだ。[36]

「リンクス効果」

「リンクス効果（The Lynx effect）」は四半世紀以上も、ユニリーバのベストセラーのデオドラントブランドの企業スローガンになっている。★そのマーケティングキャンペーンがあまりにも効果的だったので、担当者からは、その信ぴょう性を調査したいという希望がほとんどなかったほどだ。少なくとも、ターゲットグループの若者の間でのキャンペーンの成功は、さまざまなネット掲示板上に教師が挙げている苦情によって、十分に実証されている。十代の若者を担当している教師は、朝一のクラスに充満している、その匂いにうんざりし、イライラしているようだ。[37] しかし、16歳のニュージーランド人のジェイミー・エドモンドには同情の余地がある。彼はリンクスを使って、ダッシュボードを磨き、ドアの裏張りのペンキのシミを落とし、それから、夜中にトランクス姿で、車内でたばこを喫いながら、ステレオを聞いていた。まずい考えだ。非常に危険だ。リンクスは他のエアゾール噴霧器と同様、非常に燃えやすい。車は炎上し、その衝撃から回復するのに、3日間の入院とさらに9日間、学校を休まなければならなかった。彼は運が悪かったのだ。それは確かだ。[38]

数年間の粘り強い交渉の末、私はついにリンクス効果の実証テストを行う許可を得た。そのテストには、男性の魅力の全領域をカバーするように注意深く選ばれた、匿名男性の顔のデータベースを利用した。ジョン・ベルーシからジョージ・クルーニーまで、という具合だ。私たちは若い女性のグループに、魅力度の観点から、男性の写真を評価してもらった。参加者は、目の前にあるコンピューターのスクリーンにちょっとの間表示される、男性の顔の魅力を報告するように依頼された。しかし、彼女たちの判断は環境芳香によって偏りが生じていた。リンクスのデオドラントの匂いがすると、無臭や不快な臭い（合成の体臭か焦げたタイヤの臭いのいずれか）がするときに比べて、結果的に、男性の顔はより魅力的だと評価された。その違いはわずかだが、しかし有意なものだった。ご想像通り、結果に対するこの解釈は、私たちのスポンサーを非常に喜ばせた。ここまでは順調だった。しかし、バラの香り

★そのブランドはイギリス国外では、アックス（ＡＸＥ）として知られている。

も、男性の魅力にほぼ同じ効果があるとわかったのだ。言い換えると、リンクス効果は本物だが、私たちの研究から見えてきた、最も単純な結論は、男性はどんな香りをまとっても、彼がアピールしようとしている相手が心地よい匂いと感じる限り、まったく同様に魅力度を上げられるというものだった。[39]

近年、食べたくなるようないい匂いがする香水、グルマン系の香りに人気が集まっている。[40]数年前、ユニリーバはこの流行に飛びつき、チョコレートの香りのリンクス商品を考案した。『エコノミスト』誌に、ある国での性行為の回数とチョコレートの消費量の正の相関関係を強調した、バレンタインデーのレポートが掲載された。そのような結果を考慮すると、この特別な匂いが私たちのリンクス研究における評価に、どんな影響を与えたのだろうかと思う。[41]もちろん、相関関係は因果関係ではないことを忘れてはいけない。

私たちの行動研究のフォローアップで、今回は脳スキャナーを利用して実施した結果、リンクスの心地よい香りが、男性の顔の魅力をコード化する、女性の脳の領域の神経活動を変えることを証明できた。[42]この研究のために、私たちはまず、男性の顔の魅力に反応する眼窩前頭皮質（ＯＦＣ）を特定した。次に、個々に提示されたあらゆる種類の男性の顔に対する脳の反応を分析した。これによって、ＯＦＣの中央に局限されている神経活性化は、よりハンサムな顔に焦点を合わせることが明らかになった。対照的にそれほど魅力的ではない顔は、活性化の焦点をＯＦＣの周辺部に移行させた。重要なことに、心地よい香りの存在は、神経反応をこの報酬関連の魅力的な脳領域に移行させるのだ。しかし、研究に対して最大の反響があったのは、ベストセラーになっている若者向け雑誌『マキシム』に、ある記事が載ったときだった。その記事は９００万の若い男性読者に、本当にターゲットにすべき、女性の脳領域を教えていた（もちろん、それはＯＦＣだ）[43]。まさに影響力のある研究だ！

多くの若者は、香りが強いほど効果的だと信じている。一方、カリフォルニアで実施された研究では、多くの場合、逆も正しいことが証明されている。つまり、環境芳香は、その匂いが無意識下で提示されたときのほうが、より効果があるようだ。人々はその匂いにまったく気付いていないにもかかわらずだ[44]。言い換えると、たとえあなたが空気中の匂いにまったく気付いていなくても、あなたの鼻が無意識に嗅ぎ取ったものに影響されていないという確証はないのだ。

香りに影響されるのは、身体的魅力だけではない。写真の場合、適切な香りを付加すると、人々はより男性的、または女性的でより情け深く情緒的に見せることができる。私たちはオックスフォードで、女性が少し若見えするためのお手伝いをした。日本の高砂香料工業株式会社と協力して、その会社独自の「若々しい」香りの１つを使うだけで、中年女性の知覚年齢を約６カ月下げることができたのだ。これまで、香りと魅力の研究は、見知らぬ顔の静止画像を利用してきた。現在、これは通常、出会い系サイトで見るようなものかもしれない。（そして、香り付きの出会い系アプリに多くの関心がある一方で）馴染みのある動的な（つまり、動きがあって生き生きしている）顔を評価する際には、香りはそれほど重要でなくなるかもしれない。これは明らかに、将来の研究のための重要な課題だ。

女性がいつも赤いドレスを着るわけ

もちろん、見た目の印象だけではなく、着ている物もまた大事だ。当然のことながら、私たちがどれほど魅力的に見えるか、また、自分自身についての感じ方を判断する際に、衣服は重要な役割を果たす。そして、男性が視覚にかなり依存していることを考えると、女性の服装が科学的精査の対象になっても驚くにはあたらない。実際、グレスケビシャス〔ミネソタ大学、カールソン経営管理大学院教授〕とケンリック〔アリゾナ州立大学、心理学部教授〕によると、「世界中の女性が、自分たちの魅力を高めるような、服やアクセサリーやメーキャップの色合いを選ぶのに、かなりの時間とエネルギーとお金を費やしているようだ。[45]」多くの、偶然にも男性の研究者によると、通常女性は赤の服を着ているときは、より魅力的で性的にも魅力があると評価されるという。男性も自分たちが性的な下心を抱くのは、赤い衣服を着ている女性のせいだと言う。ただ、彼らはこの最も挑発的な色の効果に必ずしも気付いているわけではないようだが。[46] 数年前、サバティカルでオックスフォードのクロスモーダル研究所を訪れたアンドリュー・エリオット教授〔アメリカのロチェスター大学、心理学部教授〕によると、通常、この種のセンスハッキングは無意識のうちに行われているようだ。ちなみに、赤の服を着ても、女性や男性に対する、女性の評価にはまったく影響を与えないようだ。[47]

ウェイトレスへのチップの額を、女性の魅力度に対する、確かに雑な代替的指標として利用している研究者たちもいる。今度もまた、赤のTシャツを着ている女性は、黒や白、青、緑、または黄色のTシャツを着ている女性たちよりも、多くのチップを手にしていた。[48] さらなる分析で服の色は、女性客ではなく、男性客のチップ行為に、影響を与えていることが確認されている。もし女性がメーキャップをしたり、髪に花を付けていたら、チップの額はさらに上がる。[49] 少なくとも、レストランでのチップ行為から判断すると、化粧も魅力の評価アップにつながるようだ。[50] しかし、最新の研究によると、個人間の自然の美しさの違いと比べたとき、化粧品による魅力度アップは、たとえそれがプロの手によるものであっても、有意ではあるものの小さい傾向がある。この研究の実験の一つは、35人のユーチューブのモデルグループを研究対象とし、一方、他の研究では、45人のスーパーモデルが関与している。[51]

興味深いことに、エリオットとニエスタによると、女性の写真の周りを赤く色づけすると、白や緑、灰色、緑色とは対照的に、（女性ではなく）男性は彼女たちをより魅力的で、性的魅力があると評価している。一方、台湾の研究者たちによると、男性は赤のラップトップを携行している女性を、黒やシルバー、青のラップトップの女性よりも、魅力的で、性的魅力があると評価している。男性の評価のセンスハックに利用できるのは、服や背景だけではないのだ。[52]

何千年も前から、人は本能的に「魅力的な赤」の現象を知っている。何と言っても、女性は、約1万年前の古代エジプトの時代以来、頬紅や赤い口紅を付けているのだ。さらに、「赤いドレスの女性」は映画、歌、そして実際シリアルでも、人気のフレーズだ。ジーン・ワイルダーの1984年のロマンチック・コメディ、『ウーマン・イン・レッド』や『ダイアルMを回せ』、『欲望という名の電車』、『黒欄の女』のような、舞台や映画作品で、情熱や性的衝動の象徴として使われている赤いドレスを思い出してほしい。[53] 1986年、クリス・デ・バー〔アイルランドで活動する、イギリス国籍のシンガーソングライター〕は「ザ・レディ・イン・レッド」をリリースした。また、ケロッグスペシャルK・ブレックファストシリアルの箱の側面に、赤いフロックを着た女性が描かれているのをよく目にするだろう。『ロジャー・ラビット』のアニメキャラクター、ジェシカはまさに彼女の赤い髪で、赤いドレスを引き立たせている。

しかしながら、その人気にもかかわらず、「魅力的な赤」の現象は、メディアに配慮した効果の一つであることがわかってきている。このような、社会心理学者の報告はますます増えている一方、再現の圧力に晒されている。実際、これを書いている時点でも、いくつかの研究グループがその効果を再現しようとして失敗している。その中には、一つの研究に、830人以上のオランダと北米の男性の大規模グループのサンプルを含むものもある。そして、赤い服を着ているからと言って、ウェイトレスが手にするチップの額も必ずしも増えているわけではない。[54] 赤い服を着ると、本当に男性を引き付けるのだろうか？　正直なところ、どう言っていいかわからない。基本的な考えとしては、進化的には明らかに理にかなっている。すなわち、赤い服は、興奮したときの肌の赤い色合いを、極端な形で模倣（つまり、誇張）している。だが、赤や他のどんな色合いの意味も、状況次第だということを覚えておくべきだ。だから、赤がいつも望ましい効果を生むわけではないのかもしれない。また、文献に報告されている多くの重要な結果は、サンプルサイズが小さすぎて信頼できないような研究から得られているのも真実である。[55] これに関してはまだ結果は出ていないが、私は、家中にある赤いズボンをまだ廃棄するつもりはないとだけ言っておこう。センスハッキング万歳！

先のとがったヒール

ハイヒールは多くの女性にとって、人生の悩みのようだ。ハイヒールは身長を高くして、女性をより魅力的に見せ、垢ぬけた感じにすると主張する人もいる。赤い色が、男という種族に与えるかもしれない影響を考えると、最近、クリスチャン・ルブタン〔フランスの高級ファッションブランド〕が、彼らの代表的な靴の底の部分に見られる独特の赤い色を守るために、懸命に奮闘している事情がよくわかる。しかし、この分野での複数の経験的実証に裏付けられた、最新の進化的報告によると、ハイヒールを履くと背中が少し丸くなって、腰椎の彎曲率を高める点でも重要だという。[56] 腰と臀部の最適な角度は、およそ45・5度らしい。これは、多くの種に見られる性的受容性を示す姿勢に似ているので、男性にとっては、とても魅力的だろう。

しかし、それは妊娠中の二足歩行動物にプラスになる形態的適応でもある。いわゆる「胎児の負荷」に対する適応だ。換言すると、腰椎湾曲の促進により、脊椎に損傷を与えずに、妊婦が多胎妊娠を維持する可能性を高め、同時に、妊娠後期には食べ物を食べやすくする。なるほど、だから配偶者を探している男性には魅力的なのか。[57] ヒールによって、腰椎湾曲が強調される以前は、進化的に、第3腰椎を打ち込んで、同じような目的が達成されていた。[58] ジョン・アップダイク〔アメリカの作家〕は彼の作品『鳩の羽』の中で、この合図の重要性を完全にとらえている。彼は次のように書いている。「女の美しさについてとやかく言われますが、それを女体の特別な部位を強調してみたり、全体的に調和がとれていると言ってもだめです。しかもその調和は美学的に黄金律によって生じるとか、他の美学は妄信によるものだと言ってもいけない。女が美しいのは背筋をまろやかに曲げるその姿態にあるのですから」。

右にスワイプ──オンラインデートのコツ〔右へのスワイプは、出会い系アプリで好きというメッセージを送ること〕

他のどんな場所よりも、オンライン上でデートが行われているだろう。ティンダーやグラインダー〔アメリカやヨーロッパで広く利用されている、ゲイのための出会い系アプリ〕、アシュレイ・マディソン〔いわゆる不倫サイト〕のようなサイトやアプリは、世界中の愛（または性愛）を求めている人々の要望に応じている。ある市場調査によると、出会いを求めている人の10人に7人は、これまでに使ったことがなくても、出会い系サイトの利用を考えているという。[59] それほど孤独でなくても、ちょっとコーヒーを飲んだり、会話をしたり、またはもう少し面白い何か──どう言えばいいのかな──を求めて、同様のサイトを利用する人もいるようだ。しかし、オンラインプロフィールを見る人は、一つの印象しか当てにしていない。それはプロフィール写真での見た目である。しかも写真を見るのに割く時間は1秒かそこらだ。だから、あなたは確実に、一瞬のうちに、望ましい視覚的印象を与える必要がある。何と言っても人々は一瞬のうちに心を決めるのだから。それ以上写真を見つめても、あなたの印象はあまり変わらない。ただ、あなたに対する判断が強化されるだけだ。[60]

しかし、あなたが最も魅力的に見えるスナップをアップするとき、あなたは「外見の良さ」を伝えているだろうか？　最近のあるオーストラリアの研究によると、答えは「ノー」だろう。研究者たちは、６００人以上の人々に自分自身の写真をアップするよう依頼した。それから、自分自身のスナップと、その研究の他の参加者がアップした写真をランク付けしてもらった。びっくり、びっくり。若者が選んだ自らのベストショットのほとんどが、他の人の目には、そうではなかったのだ。だから、次回、オンライン上に写真をアップするときは、あなたの友人に、彼らの好みのショットを選んでもらったらどうだろう。[★] そうすれば、あなたはもう少し人気が出るか、好感を持たれるようになるかもしれない。[61] そして、カメラをまっすぐ見るのをお忘れなく。

カキは本当に愛の食べ物か？

よく知られている俗説だが、これは本当にそうなのか？ もうそうならば、なぜそうなのか？ それはカキの味や香りに関係しているのか、または女性の性器に似た何かに関係した、象徴的意味合いがあるのだろうか？ 有名なフードライターのM・F・K・フィッシャーは明らかに、この二枚貝はその「匂い、粘度、そしておそらく、その奇妙さ」ゆえに人気の媚薬だと確信していた。[62] この提言は伝統と伝承、愚かな迷信の単なる融合に過ぎないのだろうか？

それはその費用と何か関係があるのだろうか？ 何と言っても、男性は魅力的な女性の前では、より高価な食べ物を選ぶことがわかっている。[63] しかし、カキは昔、最も安価な食べ物の1つだったことを考えると、少なくとも歴史的背景からは、可能性が低そうだ。カキと情熱の考えられる関連性は、少なくとも、古代ギリシャにまでさかのぼる。また、フランス・ファン・ミーリス（1635〜1681）の『Lunch with Oysters and Wine』のような後の絵画にも見られる。この好色そうな男の魂胆は明らかだ。リンクスが登場するまでは、これが最善の策だったのだろう！

カサノヴァ［イタリアの文人で漁色家］も、カキの魅惑的な力を信頼していた。情事で忙しい一日を前にして、万全の準備のために、彼は毎朝50個のカキを飲み干していたものだ。残念ながらこれまで誰も、カキを定期的に食べると誘惑の成功率が上がるか究明しようとして、妥当な「比較化対象試験」を行ったものはいない。ついでに言うと、情事とカキの接点は、カキと精液の両方に含まれる亜鉛だ。これまでのところ、この問題に対する最も厳密で精力的

★実際、これはとてもいい考えだと思われたので、数人の同僚とともに、私たちはあるプログラムさえ作成した。そのプログラムのシステムは、自分がアップした数枚の写真の中から、1枚につき、ほんの数セントのオンライン支払いで、ベストショットを選んでもらえるのだ。

『Lunch with Oysters and wine（カキとワインのランチ）』

な研究は、イタリアの研究者グループのものだ。彼らは、カキに豊富に含まれる、数個の異常アミノ酸を明らかにした。重要なのは、調理するとアミノ酸濃度が下がることだ。だから生で食することをお勧めする。これらの異常アミノ酸複合物をオスのネズミに注入すると、テストステロンの産生量が増える。一方、別の論文によると、あくまでも雄のウサギの話だが、精子数が増えるようだ。だが、元気に動き回っているネズミや発情したウサギから、人間の情事までには、かなり大きな飛躍がある。いずれにしても、たとえ一般的主張が真実であったとしても、食中毒のリスクが常にある。ある調査によると、イギリスのカキの70%は、ノロウイルスで汚染されている可能性があるという。このリスクは、食べる量に関係なく、カキが誘発する情熱の激発に水を差すだろう。

男性は、ビールをそれもたくさん飲んでいるときに、女性をより魅力的に感じるという。確かに彼らは、閉店時間に近くなればなるほど、女性をより魅力的だと思う傾向がある。[64] いわゆるビール・ゴーグル効果〔アルコールの摂取量が増えると、性的欲求に対する抑制力が低下する効果〕と言われるもので、多くの暇な心理学者がその信ぴょう性を認めている。[65] また、その効果は十分本物だと証明されている。酔った男性にとって、女性、特に明らかに酔っていない女性は、本当に魅力的に見えるらしい。興味深いことに、この魅力度の上昇は女性に限ったものではない。ビール・ゴーグル効果は、そこそこ魅力的な風景画の外観も向上させるようだ。[66] しかし、念のために言っておくが、次回、あなたがその「美を高める」飲み物を注文する前に、『マクベス』〔シェークスピアの戯曲〕の中での、酒は「やりたい気にさせて、いざとなったらやらしてくれない」という、門番からマクダフへのコメントを忘れないでほしい。[67]

欲望の声――美は本当に見る人の耳の中にあるのか？

あなたはこれまで、声がとてもすてきな人と電話で話し、その人は魅力的に違いないと想像して、直接会ってみたいと思ったことはないだろうか？　それは本当に理にかなっているのか？　声だけで、人の外見に関して、意義深い推測ができるのだろうか？　身体的な魅力は、感覚全体で相互に関係しているのだろうか？

テストステロン値が男性の声に影響を与え、人間の顔の形態を変えるとすれば、女性が魅力的な声の男性に惹かれるのは、理にかなっている。少年の声が思春期にどれほど低くなるかを考えてみたらどうか。狩猟採集民の集団の分析でも、より低音の声の人は、生殖能力が高いことがわかっている。[68] 男性の声に基づいた、男らしさに対する女性の判断は、彼らの顔に対する女性の評価と互いに関連している（ただ、避妊具の使用はそのような判断を妨げる）。[69] 女性の地声もまた、生理の周期に応じて、微妙に変わる。[70]

興味深いことに、多くの種のオスは、対立的または競合的交尾状況で自分を大きく見せるために、鳴き声や唸り声の高さを下げるらしい。[71] 小さな犬も同様の印象を与えるために、高いところにおしっこをする。[72] これらはいずれも、いわゆる「不正な情報伝達」の例だ。どんな単一の感覚的合図も簡単に変更されうる。だから、多感覚的判断に依存したほうがいいだろう。それらは実に信頼性が高い（つまり、いくつかの感覚で、同時に「ごまかす」のは、はるかに難しい）。

匂い結婚相談所にようこそ

数年前、グラスゴーを拠点とする、クララ・ウルシッティ〔カナダ系イタリア人アーティスト〕が、クロスモーダル研究所の一員として、6カ月間滞在した。オックスフォードに来る前、クララは多様な香りをベースにした、インスタレーション〔1970年代以降一般化した、現代美術の手法の1つ。作品を展示環境と有機的に関連付けて構想し、場所や空間全体を作品として体験させる芸術〕を制作しており、あらゆる珍しい場所に精液の合成臭を取り込んでいた。この製作手法で、彼女の得意ないたずらを説明できるだろう。研究室のみんなで夕食に出かけたとき、彼女はその代物が入っているびんをさっと取り出し、その匂いを密かに部屋全体に漂わせたのだ。別のテーブルで食事をしている人々の間で、おかしな視線が交わされた。人々は通常、匂いの源の特定は苦手なので、誰もその奇妙な匂いの出所を探し出せなかったのは幸いだった。

他のプロジェクトの一つで、クララは一群の人々に、数日間、無香料の石鹼で体を洗い、その間、同じTシャツを着てもらった。それから、Tシャツは袋に入れられた。そのあと、袋の持ち主に集まってもらい、魅力的なデート相手や配偶者候補を嗅ぎ分けてもらった。まさに匂いのスピードデートだと考えてもらいたい。人々は順番に、シャツの匂いを嗅ぎ、彼らが最も会いたいと思う、数人のシャツの所有者を選び出した。そのイベントは通称、フェロモンカフェという名前で呼ばれていた。非常に好ましい体臭の持ち主が特定されたとき、特に、異性愛の男性たちにとっては、かなりの衝撃だった。というのも、彼らが選び出したＴシャツの持ち主が、想像したような魅力的な女性ではなく、毛むくじゃらの男性だったのだから。

たとえ、誰かが非常に魅力的に見えても、彼らの魅力は嗅覚的特徴によって損なわれる可能性がある。かつて、私の友人の一人が、驚くほど美しいが、体臭があまりしっくりこない女性と付き合っていた。どうすべきか？　最終的判断は鼻に任せるべきだろう。しかし、特に男性にとっては、視覚的優位性を無視するのは難しいものだ。

多感覚マジック——あなたのすべてを愛しています

これまでのいくつかのセクションで見てきたことをまとめると、それが視覚、匂い、または音であろうと、それぞれの感覚が★、大切な人が配偶者になる可能性についての有用な情報を提供するのは、明らかだ[73]。魅力の重要な合図は、顔立ちや体格、声、匂いにある。だが、男性と女性は優先する感覚的合図の点でやや異なっている。たぶん配偶者選びに関する限り、目標が異なるからだろう。

どの進化論的説明が、魅力に対するさまざまな合図を統合する適応効果をうまく説明できるかは、今のところ、あまり明らかになっていない。ある説明によると、私たちのそれぞれの感覚は、有望な配偶者の進化論的意味での「健康」に関して、比較的独立した合図、または、情報源を提供するという。ここで、先述の、匂いはするが見たり聞いたりできない主要組織適合遺伝子複合体のことを思い出してほしい。これはいわゆる、複数メッセージ仮説〔それぞれの異なった見せかけは個人の全体的性質のさまざまな特性を示しているという仮説〕である。しかしながら、別の説明では、五感は少なくとも一部重複した情報を伝えると考えられている。たとえば、私たちが先ほど遭遇した、男らしさに対する聴覚的、視覚的合図について考えてほしい。これは、重複シグナル仮説〔それぞれの特徴は、全体的な状態の一部のみを表示しているという仮説〕として知られている。一方、3番目の説明によると、人の遺伝的性質は、個々に健康や生殖能力を表示する、さまざまな表現型★★の形質の組み合わせによって表されるという。[74] やや複雑な問題ではあるが、これらの理論は、必ずしも互いに矛盾しているわけではない。どの理論が適用されるかは、評価対象の特定の特性または属性次第だ。とはいえ、近くで起きていることを知

★　触れ合いもまた、親和的絆にとって重要だが、ここにはそれを入れるスペースがない。
★★　ここで言う表現型とは、彼らの形態や行動のような、観察可能な形質のことであり、彼または彼女の遺伝子型と環境の相互作用によって生じると考えられている。

らせる、近位感覚（匂い）によって提供される合図と、遠位感覚（たとえば、視覚や聴覚）からの情報の結合によって、遠くから（声や外観）でも、近くから（体臭）でも、はっきりした特性を見つけられるのだ。

五感のいずれかをハックするのは、比較的簡単だ。しかし、視覚のためのメーキャップ、体臭を隠すための芳香製品、または、より男らしく見せるための男性の声の低音化、これらの合図のすべて（または、いくつか）を同時に変更するのは、はるかに難しい。

ただ、究極的には、私たちは誰でも五感をハックして、他人に対する多感覚的魅力を最適化できるのだ。多感覚的魅力は、部分的には天賦の才能や特性であり、自信であり、また、かなりの遺伝的特徴の問題だ。一方、私たちは皆、五感が提供するものを最大限に利用して、他人に対する魅力を高められるという証拠もある。[75] あなたの五感のすべてに働きかける利点は、ボトックスよりも優れている可能性が高く……また、フィラー〔ヒアルロン酸などの注入剤または注入治療〕の必要もない！　だから、次回、出会い系サイトに写真をアップするときは、必ず、微笑みながら、カメラをまっすぐ見ること。ギターを持っても、チャンスを逃すことはないだろう。さらに、アップする写真を誰かに見てもらうことをお勧めする。同時に、どれほどあなたが輝いていているかをよく考える必要がある。そして、チャンスをつかんだら、必ず、空気中に心地よい香りをスプレーすること。

日常生活におけるセンスハッキングをめぐる旅を終えて、これから私がしなければならないのは、本書で繰り返し取り上げられてきた重要なテーマの要約と、センスハッキングに関する限り、将来何が待ち受けているかを検討することだけだ。

11

感覚を取り戻す

Coming to Our Senses

センスハッキングの未来はどうなるだろうか？　これまでの章で、五感と感覚間の種々のつながりについての理解を深め、最も革新的な個人や組織が、あらゆる人々の感覚をハックできるようになったことを学んできた。車内でも職場でも、買い物で外出中だろうと、センスハッキングは今や生活の一部だ。近い将来、センスハッキングは医療現場や、家庭においてさえも、ますます一般的になるだろう。

多くの最新のセンスハッキングの洞察はすでに利用されている。入眠剤なしで安眠したり、空腹を感じることなく食事量を減らしたり、整形手術の力を借りずに最高の自分を見せたり、また、安全運転や、運動療法を最大限に活用するのに役立っている。さらに、感覚が及ぼす感知されない影響に注目するだけで、もっと多くのことが、達成されうるのだ。感覚を訓練し、教育すればするほど、人生から得るものが多くなる。[1] 五感を大切にすると、誰でも恩恵を受けるだろう。だから、フェアリー食器用液体洗剤の2001年のマーケティング・キャンペーンの魅惑的なキャッチフレーズが勧めるように、「五感を満喫し」たらどうだろうか。

感覚と知覚は基本的に心地よいものだ。[2] これに疑問があるならば、先天的聴覚障害の子供が人工内耳〔聴覚障害者の聴覚補助器具〕のスイッチを入れるのを見るだけで、すぐに納得するだろう。★ 初めて聞こえる音に、無条件の喜びの涙をどっと流す彼らの姿を見てほしい。オンライン上には、自然に沸きあがる喜びの、数多くの心温まる実例が上げられている。たとえそれが視覚や音のセンスハッキングであろうと、それは新しいルートからの感覚の体験に伴う、ほとんど原始的な喜びのほとばしりだ。

感覚遮断〔感覚に対する刺激を極力減少させるか、なくすこと〕

ＣＩＡのお気に入りの合法的な拷問を知っているかい？　感覚遮断だ。純粋な感覚は明らかに非常に心地よい。しかし、その強制的剝奪、感覚遮断は絶対的な拷問だ。それはセンスハッキングと考えていいだろう。ただ、あまり良いやり方ではないと思うが。目隠しされて耳をふさがれ、匂い、味、そして触覚もすべて最小限に抑えられている。この外部刺激の遮断は、物理的な傷跡こそ残さないが、損傷は永続的に続く可能性がある。人々は、わずか数日後に、外部刺激の埋め合わせとして、豊かで鮮やかな、視覚的、聴覚的幻覚を経験し始め

★ たとえば、www.youtube.com/watch?v=ZLRhGUhxKrQ または、www.youtube.com/watch?v=yZ6vSn7PaPI.

グアンタナモ収容所（キューバ南東のグアンタナモ湾米軍基地にある収容キャンプ）では、多くの「重要な」戦争抑留者が感覚遮断に晒されていた。この写真の中で、有罪判決を受けたテロの陰謀者のホセ・パディーラは、黒塗りのゴーグルと耳当てを付けている。これらは、感覚欠如に陥れることにより、囚人の精神的軟化を意図した、基本的な感覚遮断ツールである。感覚遮断によって犯罪者を罰するアイデアは、はるか昔、ドイツの医師、ルードヴィッヒ・フロリープの論文で、最初に提案された。★

る。多くは精神病を引き起こし、ほどなく完全な精神衰弱に陥る。非常に深刻な結果を招く可能性があるため、この行為はジュネーブ協定に違反するのではないかと疑問視する声もある。

しかし、感覚遮断には肯定的側面もある。多くの代替医療センターでは、現代社会の感覚過負荷で苦しんでいる人々に、ちょっとした任意の感覚遮断の機会を提供している。このアイデアは、まったくの静寂で真っ暗闇の中、人肌のお湯のタンクに、しばらく浮遊しているだけで、私たちの感覚をリフレッシュできるというものだ。ただ、あまり長時間、入っていてはいけない。脳は真空空間を拒絶するので、すぐに、感覚的幻覚が始まるだろう。私たちは、感覚が外部で生成されるのを好むが、いかなる理由であれ、それが不可能ならば、脳はすぐに行動を起こし、数時間以内に私たちにそれを提供する。[3]

★ Jütte (2005); Salon, 7 June 2007, www.salon.com/2007/06/07/sensory_deprivation/

あなたは感覚過負荷に悩まされているか？

確かに感覚遮断は拷問に利用されることがある。一方、その反対の感覚過負荷も同等の苦痛になることがある。多くの人が、長時間のテクノロジー依存のせいで、感覚過負荷の症状に悩まされている。事態は転換点に達しており、シリコンバレーのテクノロジー業界の大物たちでさえも、もううんざりだと言っている。現在、いわゆる、「ドーパミン断食」〔日常生活の刺激を一切断って、ドーパミンの分泌を抑え、脳をリセットすること〕によって、「感覚過負荷」を避けようとする傾向が、高まっているようだ。[★4]

ドーパミン断食では、短期間、あらゆる種類の社会的接触を断つ必要がある。たとえば、直接的アイコンタクトは、あまりにも刺激的なので、絶対に避けるべきだ。同時に、飲食による刺激のような、他のあらゆる種類の刺激も制限すべきだ。この最も禁欲的な道を選択した人々にとって、その後の感覚の回復が、以前よりも快適で管理しやすくなることを願っている。[5] 会えないとますます思いが募ると言うよね？　ハイテク起業家さえも、感覚過負荷に対処するのに苦労しているようだ。それならば、身体障害者や、何らかの認知されている種類の感覚処理障害を持つ多くの人々にとって、日常生活の感覚に対する「視覚的、聴覚的暴力」がどんなものか想像できるだろう。[6]

モバイル機器中毒も、感覚過負荷が継続する点で、間違いなく関与している。何と言っても多くの人が、テクノロジーが提供するあらゆるものを利用して、一度に多くの仕事をしようとしている。それなのに、彼らは情報過多について不平を言うのだ。[7] 同時に、世界中のメガシティ（人口1000万人を超える都市）の急激な増加は、状況を一層悪化させている。1960年代に服従に関する実験を行ったことで有名な、イェール大学の心理学者、スタンレー・ミルグラムは、★★確かにそう思っていた。1970年に、「都市生活は、私たちがそれ

★ しかし、ある評論家が言っているように、「ドーパミン断食」という用語には少し違和感がある。それは実際には、むしろ、刺激断食だ。

★★ ミルグラムはある実験を行い、人は権威者に命じられた場合、いとも簡単にその命令に従うことを証明した。その実験では、被検者はレベルが上がるごとに強くなる電気ショック〔最も強いレベルの電気ショックは致死的レベル〕を他の人に与えることを要求された。実際には電気ショックは発生していない〔この実験では「疑似電気ショック発生器」が使われた〕。役者が、いかにも電気ショックに苦しんでいるかのような演技をしているだけだ。しかしながら、その実験に参加した被検者には、実際には電気ショックが与えられていないことは知らされていなかった。〔その実験はいくつかの設定で行われたが、最終的に61～66％の被験者が、1～5段階のうち最大電圧の450ボルトまでスイッチを入れた〕。

を経験するとき、一連の過重負担との継続的遭遇を生み出す」と書いているように。[8]『Sex and the City（セックス・アンド・ザ・シティ）』〔ニューヨークを舞台に、4人の女性の友情と恋愛を描いたアメリカの連続人気ドラマ。続編となる同名の映画も公開されている〕はとんでもない。私に言わせると、それはむしろ、「Sensory Overload and the City（センソリー・オーバーロード〔感覚過負荷〕・アンド・ザ・シティ）」のケースだ。メガシティは騒音や汚染の増加以外に何を与えてくれるのだろうか？　私たちはテレビで、加工された最新のネイチャー番組を見て、昔を懐かしく思い出している。回復力のある自然の景色や音、匂いは、今や遠い記憶に他ならない。私たちが自らのために作り出した、「感覚器」〔視覚器、聴覚器、嗅覚器、触覚器、味覚器など〕における現代的変化も、間違いなく、健康や幸せ、認知機能に対して問題を引き起こしている。[9]

都市生活者の多くが、人生の約95％を室内で過ごしていることを考えると、私たちを取り巻く多感覚環境の最適化が最重要になる。２０１０年の時点で、世界中で、地方より都市に多くの人が住んでいる。[10]国連の最新予測によると、２０５０年までには、世界の人口の68％が都市に住むことになるという。[11]私たちは、仕事、家庭、健康、運動、または睡眠のいずれの側面においても、多くの大気汚染物質や騒音に継続的に晒されており、自然光源から切り離されている。私たちが作り出した不自然な室内環境の否定的な結果は、すべての人に見えて（匂いもするし聞こえても）いるのだ。[12]季節性情動障害やシックハウス症候群の発生率は、依然として高いままだ。[13] 同時に、多くの人の生活の障害となっている、慢性的不眠症も感覚的刺激の貧しい生活習慣に一部起因している。[14] また、肥満症的環境に到達していなくても、増え続けている座りっぱなしのライフスタイルを続ける環境が、世界規模の肥満危機の責任の一端を担いかねなくなる。

原始の喜び――自然の効果

風景や音、匂いを含む、自然との触れ合いが、健康や精神安定にいかに有益かを証明する研究が、毎週のように発表されている。「自然の効果」は本物だ。よく覚えておいたほうがいいだろう。[15] 人間の初期の歴史を彷彿とさせるような感覚誘引の影響はとても強力だ。だから、以前述べたように、私たちは結局、人類が約５００万年前に進化したエチオピア高原の気候に合わせて、部屋の温度と湿度を設定することになる。[16] 私たちの熱快適性は、室内の気温だけではなく、一部は目に映るもので決定されるという。それなら、そのような認識に基づいて、五感をハックしたらどうだろう。たとえば、暖色系の色を使用してエネルギー使用を削減すれば、気候変動のような地球規模の問題に取り組むのに役立つ、多感覚的環境や介入を考案できるかもしれない。[17]

歓迎、感覚マーケティングの激増

本書で見てきたように、感覚マーケターは、多くの人に影響を与えている感覚過負荷に対して責任の一端がある。[18] 彼らは長年にわたって、顧客とのあらゆる感覚的タッチ・ポイントを自由に利用して、店頭で私たちの注目を引こうと競い合ってきた。このあと、これがいかに普及しているかわかるだろう。最近の製品や経験のための大量の広告は、感覚の魅惑からリフレッシュまで、さらに、感覚を刺激し、酔わせるために全力を尽くすと約束している。マーケターは、すべての感覚機能にかかわる気構えで、あらゆる手段を講じているようだ。

だが、感覚マーケターは大抵、約束を果たせていない。彼らは口先では、私たちの五感の刺激について話しているが、多くの場合、バランスの取れた感覚刺激を提供できていないようだ。この点に関して私は、長年、ＪＷＴ広告代理店〔アメリカの広告代理店〕で感覚マーケティングのグローバルリーダーをしていた経験から話している。[19] それでも、急速に発展している多感覚知覚の研究分野からの新しい証拠を考慮すると、私たちのすべての感覚に刺激を与えたいという、マーケターの直感的欲求は理解できる。[20] 何と言っても、人生で最も心地よい経験は極めて多感覚的なのだ。★

すでに、感覚の力を利用して、私たちを彼らの店に誘い込み、あらゆる場所に注意を向けるように促している多くの企業を非難できるだろうか？　市場におけるそのような多感覚操作に伴う倫理的問題を否定するつもりはない。特に、それらが日常生活のほぼすべての側面に与える影響はもちろん、めったにそれらの感覚的誘引に気づかないという事実を考えると、問題がないとは言えないだろう。感覚が私たち個人と、さらに重要なことに、社会全体（よく考えると、ほとんどの場合そうだが）の両方に及ぼす力の大きさが次第にわかってくると、恐ろしくもある。しかし、私たちに対する感覚の疑いようのない影響に気付いたら、もう後には引けない。すなわち、私たちが、感覚の力をうまく利用して、私たち自身や周りの愛する人の経験をセンスハッキングしてはいけないという正当な理由はないのだ。少なくとも、センスハッキングの目的が、ソーシャルグッド〔社会に対して良い影響を与える製品や行動を通して、社会貢献活動を促進する取り組み〕であるとき、それは「自発的行動変容に対する感覚的促進」と考えていいだろう。[21] 身体的、精神的、社会的健康のための五感の利用と言えば……。

★何もひらめかなかったら、食べ物やセックスはどうだろうか？

感覚中心主義——感覚への注意深いアプローチ

私たちは今よりもっと、感覚に注意を向けるべきだ。それを感覚への注意深いアプローチと呼ぶのもいいだろう。ただ、私のお勧めの用語は、約20年前に産業レポートの中で作りだされた「感覚中心主義」だ。[22] 感覚中心主義の基本的目的は、感覚を総合的に捉え、それらの相互作用のメカニズムを理解し、その理解を日常生活に取り入れて健康改善のためのカギを提供することである。感覚マーケターは、感覚に関する情報を集めて、整理公開したという点に関する限り、先駆者だったかもしれない。ただ、それは必ずしも、彼らがすべてわかっているという意味ではない。むしろその逆だ。過去半世紀のアメリカでの優れた経営学者の一人である、フィリップ・コトラーからの次の引用をちょっと取り上げてみよう。彼は、第3ミレニアム〔2001年1月1日から3000年12月31日まで〕のマーケティングに関する総説論文の中で次のように述べている。「感覚は私たちが世界を経験するための媒体である。しかし、疑問は残る。何かを『経験し』、その経験が満足のいくものだったかどうかとは、どういう意味なのか？」[23]

個々の感覚を対象とする、多くのマーケターが直面している根本的問題は、間違いなく感

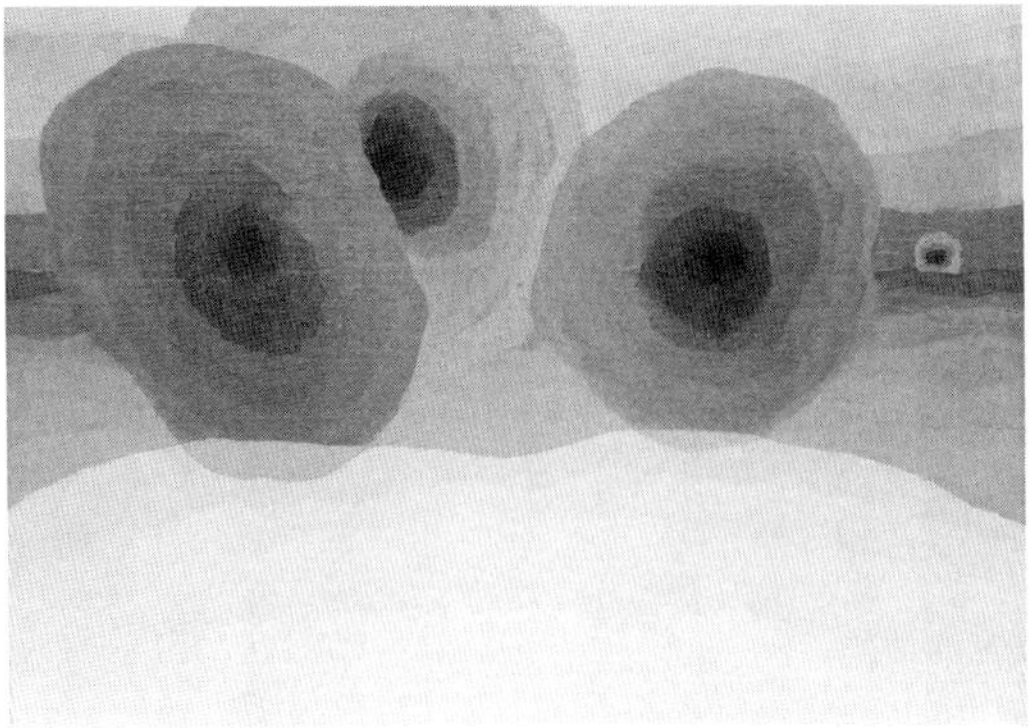

アーサー・ダヴ（アメリカの初期の抽象主義の画家）の『Fog horns（霧笛）』。大音量で低音の警告音が、絵の中の輪のサイズと暗さによって、ほとんど合成的に伝わってくる。

覚の力を認識している一方で、感覚間の相互作用の程度を把握できていない点だ。また、本書で見てきたように、知覚は非常に多感覚的である。見るものは、聞こえるものによってしばしば影響され、そして、匂いは感じるものによって、感じるものは見るものによって、という具合に続いていく。センスハッキングは感覚的相互関連についての、高まりつつある理解に基づいている。近年では広告者も、これらの時として驚かされながらも広く受け入れられている感覚間のつながりや調和をセンスハッキングすることで、私たちとのコミュニケーションを図ろうとしている。[24] これらは、作曲家や芸術家、デザイナーが、何世紀もの間、直感的にやってきたことだ。カンディンスキー〔ロシアの画家、抽象芸術の先駆者〕やスクリャービン〔ロシアの作曲家、ピアノ奏者〕、または、あまり有名ではない、アーサー・ダヴがいい例だ。[25]

あなたの感覚バランスは適切か？

感覚中心主義とは、究極的には生活の中でバランスの取れた感覚刺激を見つけることだ。多くの人が愚痴をこぼす感覚過負荷は、高次の合理的感覚、すなわち目や耳にのみ影響を及ぼすことを認識する必要がある。一方、より情緒的感覚、すなわち、接触、味覚、匂いの欠如に苦しんでいる人も非常に多い。[26] フロリダ大学のティファニー・フィールド博士のような人々は、この問題について何十年も論じている。特に西洋では、家庭でも医療でも、社会全体が、彼女が言う「タッチハンガー（触れ合い飢餓）」に悩まされているようだ。

長い間、私たちは皮膚を軽視してきた。最大の感覚器官である皮膚の重要性を認識してこなかったのだ。[27] アロマサージだろうと、恋人との抱擁からだろうと、皮膚への刺激の必要性に関する提案は、非常に長い間、非科学的と見られてきた。それにもかかわらず、社会的、認知的、そして効果的な神経科学の最新の発展の中で、皮膚を撫でることによる非常に有益な効果が強調されている。赤ん坊が最初に経験する世界との出会いから、老人が経験している感覚過少負荷を補う手助けまで、その恩恵はずっと広がっている。人々はしわだらけの老人の皮膚にあまり触れたがらないようだ。[28] 科学者も刺激の最適な範囲を明らかにしている。だから、皮膚や皮膚感覚のもう少し知的なセンスハッキングを始めるときではないのか？

刺激の程度に関する好みは千差万別だ。一部の感覚探求者、つまり「感覚中毒者」は刺激を渇望している。一方、刺激をあまり好まない人もいる。[29] 私たちは皆、自分自身の感覚の世界に住んでいる。結局のところ、私たちが受ける刺激の適量に関しては、正否はなく、まさに多様性に富む世界なのだ。この点で、感覚デザイン〔製品の知覚に関する全体的な分析を目的として、その分析をもとに製品をデザインすること〕の分野が、私たちの好みの感覚で対処可能な段階を認識し始めているのは心強い。うれしいことに、これは、さまざまな状況で、デザインのセンスハッキングに対する入手可能な包括的アプローチにつながる。つまり、私たちの多様な感覚の世界に対する認識が促進されるのだ。[30] あなたの世界体験は、他の人とは微妙に（または、明らかに）異なっているのを心に留めておいてほしい。

私たちは、現代社会における視覚の優勢や主導権を疑問視すべきだ。現在のこの特別な感覚階層の状況が、私たち自身や社会にとって正しいのかどうか模索する必要がある。文化や歴史を超えて見てみると、多くの多様で可能な感覚階層があり、さらに重要なことに、かつてあったことがわかる。[31] ちょっと考えてみてほしい。ずっと昔は、腕時計ではなく、教会の鐘の音で時刻を知ったとか、サイズや均一性ではなく、香りや匂いで花や果物の成長の時期を見極めたということではまったくない。[32] 私はどちらが好みかわかっている。あなたもそうだと思う（これには、なぜスーパーマーケットは私たちの好きなものを提供しないのかという疑問が残るが）。それでは、私たちは、個人的に、また社会にとって、どのような感覚的刺激のバランスを必要としているのか？　これらは私たちが、自問すべき問題だ。

パンデミック時代の社会的孤立

コロナウイルス・パンデミックの結果としての、対人間距離の確保と長期的孤立のせいで、感覚的アンバランスは悪化する一方だ。そして実際、その後に続くかもしれないその他のことも、私たちの精神的安定に避けられない打撃を与えるだろう。[33]　このような状況で、私は、「タッチハンガー」の埋め合わせの一手段として、デジタル触覚刺激に関するアイデアに興味を持っている。インターネットで、離れた場所から愛する人に抱擁やハグを送ることができたら、多くの人が悩まされている社会的孤立は改善されうるだろうか？　ある人から別の人に、触覚刺激を送れる衣類はずっと以前からあった。いわゆる、Hug Shirt（ハグシャツ）は、『タイム』誌に、２００６年の最高の発明の一つとして取り上げられた。また、４５０ポンド（２０４kg）の改造研究ロボット、Huggie Robot〔ユーザーの望みを察知して優しく、また時には激しく抱きしめてくれるロボット〕もある。この最も大変な時代に、あなたが探し求めているのは、しっかりと抱きしめて安心感を与えてくれる、このようなロボットだろう。[34]

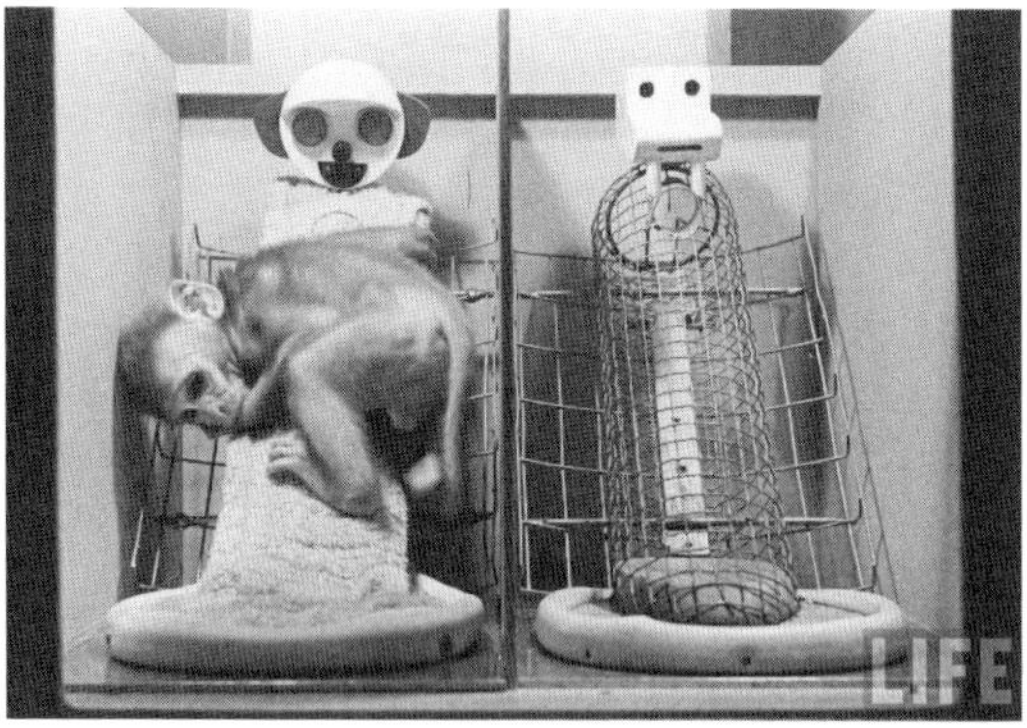

1950年代に、ハリー・ハーロー（ウィスコンシン大学の心理学者）は一連のショッキングな実験を実施し、社会的に隔離された赤ちゃん猿は、食べ物を与えてくれる針金のサルよりも、毛皮のような手触りの「母親」にしがみつくのを好むと証明した。つまり、赤ちゃん猿は栄養よりも、感覚のほうを選んだのだ。

　しかし、問題なのは、医療健康管理の章で見たように、このような機械媒体のデジタル接触は、実際の対人間の接触とまったく同様の、社会的、情緒的、または認知的恩恵を与えるわけではないという点だ。それは温度を適切にするだけの問題に過ぎないかもしれない。というのも、人間の感触は通常温かいが、機械的感触は往々にして中温か、冷たくなりがちだから。あるいは、デートの章で学んだ、フェロモン化学感覚シグナルを含む、適切な匂いが必要かもしれない。一方、対人間の優しい抱擁の背後にある、感情的つながりのような、まったくまねできない何かがあるのかもしれない。少なくともこの場合、「形だけやっているふり

キュートサーキットのハグシャツは、10個のアクチュエータを内蔵しており、ブルートゥース技術を利用して、遠方に「直接的」触れ合いを届けている。

をする」だけでは十分でないかもしれない。最終的に、触れ合いは単に、皮膚の表面上で起きている問題ではないと認識する必要がある。私たちの相互の触れ合い経験は、見たり、聞いたり、匂うものに影響される。つまり、人生の他のほとんどのことと同様に、多感覚的な現象なのだ。[35] この知覚の多感覚的性質を認めて初めて、私たちは感覚をうまくハッキングできる。

職場の章で、偽物の植物は本物と同じくらい効果的か、動画配信の自然は眺めのいい部屋と同じくらい役に立つのかを検討した。その際、まったく同じ問題に遭遇した。[36] 覚えているだろうか？　パンデミック時代において、多くの人が社会から孤立している今、インターネットべースのデジタル親交によって社会関係を維持しようとしている誰にとっても、この問題は意味を持ち続けるだろう。[37]

新感覚のセンスハッキング

本書のセンスハッキングの大半の例が、五感に関連している。一方、バイオハッカー〔バイオテクノロジーの専門知識を持っているマニア〕が少数ながら、増加しており、彼らは自然が与えるものを超越したいという欲求を持っている。たとえば、カタロニア人の前衛芸術家で、サイボーグ活動家の（だから、あなたが日常的に、出会うような人ではない）、ムーン・リバスは地震感覚を持っている。彼女の肘の中に埋め込まれたセンサーは、地球上のどんな場所でも、地震が起きる度に振動するため、常に地球の地震活動を感知できるのだ。[38]また、カタロニア育ちのイギリス人、ニール・ハービソンは、色を認識できない「色覚異常」をもって生まれた。彼は自らをサイボーグ、または、アイボーグ〔音波を使って色を感知できる人工頭脳身体装置を装着した人間〕と呼んでおり、パスポート写真に身体改造装置が写っている唯一の人間かもしれない。彼は、外科的に頭に取り付けたアンテナ型のセンサーが認識した色を、振動と音に変えるチップを頭頂部に埋め込んでいる。[★]彼はこの装置によって、「私たちが感知できない、赤外線と紫外線を含む、色を聞ける」のだ。だから、これはセンスハッキングというよりも感覚代

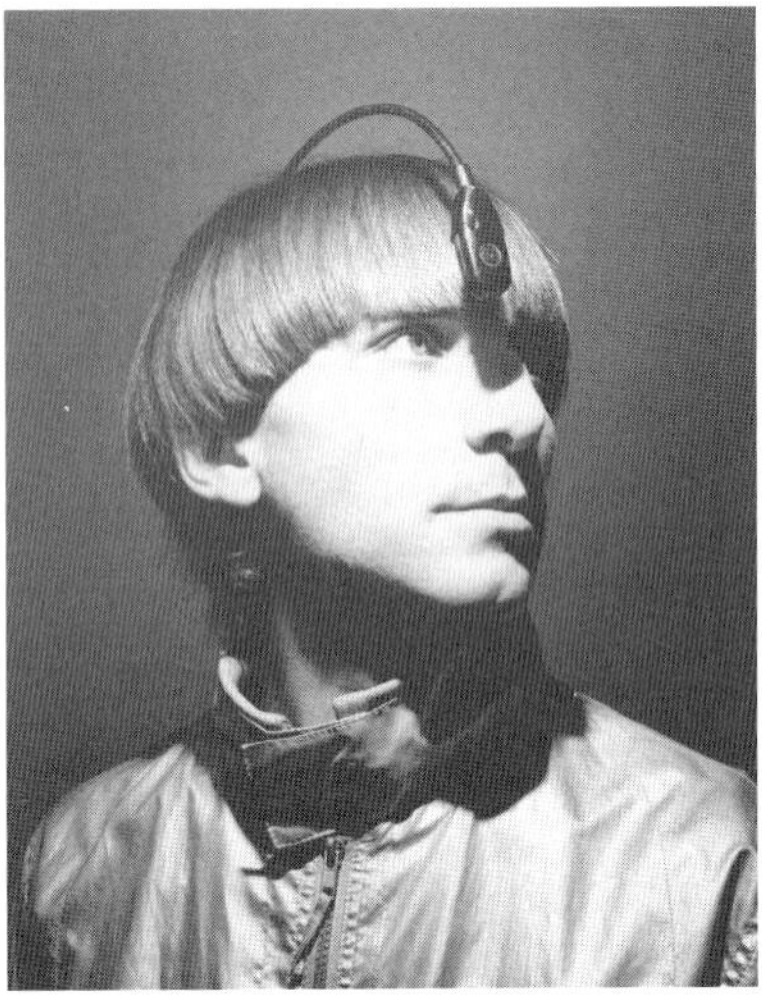

サイボーグ、さもなければ「アイボーク」、ニール・ハービソン。

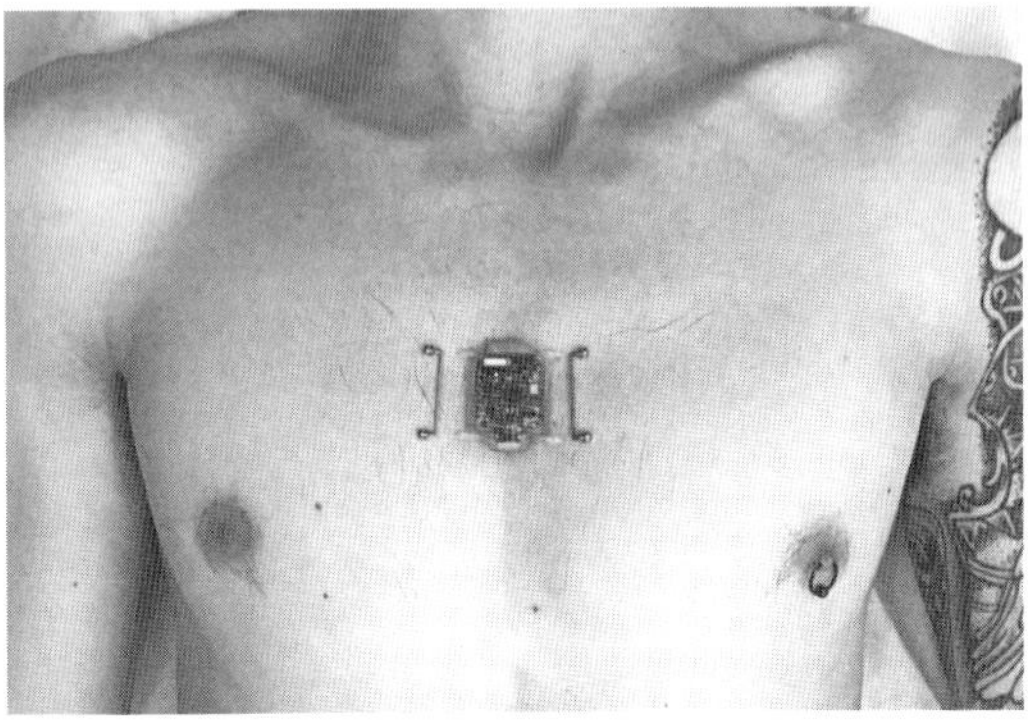

Cyborg Nestのノース・センス。(ニップルリングはオプショナル。)

行の一例としてみなされる点に留意してほしい。ニール・ハービソンによると、彼のアンテナはアドオン・テクノロジーとして考えられるべきではなく、それ自体、一つの感覚器だという。[39]

あなたが自ら新感覚を体験したければ、ロンドンに拠点を置く企業、Cyborg Nestがお勧めかもしれない。現在、その会社は先頭に立って、センスハッキングを提供しており、数年前から、ノース・センス（North Sense）を商業的に売り出している。その基本的アイデアは、あなたが北の方を向く度に、胸に装着した、体が拒絶反応を起こさない、1辺が2・5㎝のシリコンケース入りの磁石が、短時間振動するというものだ。体の表面にある、その装置は、皮下に挿入された2個のチタンバーベルによって、体に取り付けられている。それが侵襲的（メスなどで体を傷つけて行う療法など）に聞こえるならば、その通りだ。ノース・センスのような装置の普及は、いつの日か、人間の感覚能力における「サイボーグ」技術の進化を促進するのだろうか？

★だけど、かつて私が空港のセキュリティで、たまたま彼の後ろにいたときの光景を想像できるだろう……大騒ぎだったよ！

Cyborg Nestの創始者スコット・コーエンとリヴィウ・バービッツによると、2017年に彼らの装置が発売されて以来、世界中の進取の気性に富んだ人々に、数百個の製品を発送したという。CEOのバービッツは、その製品が実際に人々に特別な感覚を与えられると証明されたら、その後に続く壮大なアイデアを持っているという。あるインタビューで、彼は「私たちがこれまで作り出したものはすべて、私たちが感覚を持っているから作り出せたのだ。もし私たちがより多くの感覚を持てば、人間の前に立ちはだかる、創造に対する目に見えない障壁は、飛躍的に少なくなるだろう」と言っている。[40]

ところで、ノース・センス体験とは実際どんなものか、また、そのような装置を装着していると、それは時間とともにどのように変化するかは、現在のところ不明だ。とはいえ、この装置を装着したロシアのノボシビリスクに住むあるITオタクが表明した希望は実に明快だ。「それは、ある時点で、感情に馴染んでくると思う。私は振動を感じなくなり、代わりに方向を感じる」。いつかそれは自分の第六感になると信じているとも言っている。実際、このバイオハッカーはとても熱狂的で、彼の妻にもこれをインプラントしたいとのちに語っている！　何よりもまず、奥さんに許可を求めるのを願うばかりだ。すべてのサイボーグ男性は、彼のサイボーグ女性を必要としているようだ。[41]　熱心なグラインダー〔身体改造装置を製作するバイオハッカー〕や超人間主義者★たちは、私たちに「新感覚」を信じさせたがっている。しかし、最終的に、バイオハッカーが好む、インプラントや装置のいずれかが、実際の使用者に対して「新感覚」を与えるかどうかは、まだわからない。[42] それでも、感覚（または、未来の感覚）の限界への挑戦は、将来のセンスハッキング像を明らかにするだろう。

最後に、未来へ目を向けてみよう。現在、感覚と体をまったく無視して、コントロールセンター、つまり脳に直行したがっている人々がいる。将来を予感させるものとしては、2017年に、テスラとスペースXの創設者で億万長者の起業家、イーロン・マスクが始めた、ニューラリンクという会社がある。カリフォルニアに本社を置くこの企業は、脳に直接、極小チップをインプラントする研究に取り組んでいる。[43] ニューラル・レース〔コンピューターと脳を融合させようとする先端技術〕と呼ばれる、このアイデアのおかげで、人々はいつか彼らの考えを直接、コンピューターにアップしたり、ダウンロードできるようになるかもしれない。そのような製品が商業的に実現可能になれば、人間はより高度な認知機能を獲得できるだろう。★★ そして、20年以上前に、ハリウッドのヒット映画『マトリックス』に記録されてい

★ 超人間主義とは、科学の進歩によって、人間の体は改善可能だという信念に基づく運動の名称である。

るように、いつの日か、そのような脳インプラントは、私たちの現実認識のセンスハックにさえも利用されるかもしれない。

いわゆる、仮想現実装置が君の感覚のすべてに接続されて、感覚を支配したら、君は仮想世界と現実世界の区別が付けられるだろうか？

現実とは何だ？　君の感覚について言うならば、もし、触ったり、味がしたり、匂いがしたり、見えたりというのであれば、それらはすべて、脳が解釈している電気信号だ。

『マトリックス』（１９９９）より

感覚を取り戻す

私はいつの日か、センスハッキングが、日常生活のありふれた経験の改善だけでなく、真に変革をもたらす可能性のある、並外れた経験の提供に利用されるのを見るのが楽しみだ。また、バイオハッカーやグラインダーが、内側からのセンスハッキングにより、磁気感覚や地震感覚のような、何かもっと風変わりな新感覚を有効にできるかどうか知りたいと思う。私たちは、感覚の独特な世界を認識するとともに、感覚に対する理解を深めてこそ、感覚との斬新な関係を築けるようになる。その目標の達成は、間違いなく、感覚や、感覚間に存在する相互作用に関する新しい科学的知識によって促進されるだろう。最終的にセンスハッキングの未来は、芸術家や建築家、デザイナーによっても促進されるだろう。彼らは、感覚の科学的知識を興味深く魅力的な多感覚経験に変換し、感覚階層の現状に疑問を投げかける。都会人は、ロックダウンされていないときでさえも、室内で過ごす時間が長い。そう考えると、建築家や都市計画者は、私たちの社会的、認知的、そして情緒的健康の促進に役立つような、多感覚環境を提供するために果たすべき重要な役割を担っている。[44] 同時に、センスハッキングにとって、感覚のコンテクスト化［それぞれの感覚の意味を理解し、感覚同士を関連付けること］は明らかに有益だ。近年、感覚の歴史家、人類学者、そして社会学者の多くが「感覚を転回」させており［これらの学問分野で、感覚の概念が変化している］、新たな媒介感覚を提供している。この媒介感覚も、センスハッキングにとって恩恵をもたらすだろう。[45]

これまで、私はセンスハッキングの秘訣を語ってきたが、それが、社会的、情緒的、また

★★ フェイスブックもまた、秘密ハードウェア部門、Building 8（2018年に閉鎖）で同様のテクノロジーを開発しているようだ。伝えられているところによれば、そのグループは、外部のハードウェア端末とのコミュニケーションを可能にする、外科手術を必要としない、ブレイン・コンピューター・インターフェース技術を開発しているらしい。

は認知的健康のいずれの観点からであろうと、感覚が提供するものを最大限に活用する動機付けになればと期待している。同時に、感覚が与える影響力の程度がわかれば、世の中の策略に富む、マーケターがあなた方の感覚をハックするのが多少難しくなるはずだ。

謝辞

まず、本書の多くのアイデアの土台となっている、基礎研究の資金提供をしてくださった、リヴァプール大学のフランシス・マグローン教授（以前はユニリーバ研究所所属）に感謝申し上げる。彼はこれまでずっと、触感や他の感覚の重要性に対する揺るぎない信念を持って研究機関に在籍してきた。ICI〔Invest Company Institute、レギュレーテッド・ファンドの世界的な団体〕は、私が２００２年に発表したセンシズムのレポートに対して資金提供してくれた。そのレポートも、その後の長年にわたるセンスハッキングの多くの研究にとって基礎となっている。多感覚マーケティング部門に私を受け入れてくれた、JWT広告代理店〔ジェイ・ウォルター・トンプソン広告代理店はニューヨークに本社を置く世界1位の広告代理店〕のChristophe Cauveyと、私にいつもさまざまな興味深い多感覚的な酒を提供してくれた、（R＆R広告代理店の）Rupert Ponsonbyにお礼を申し上げる。また、医療のセンスハッキングに関する多くのアイデアは、現在、パンドラ〔アメリカ最大のミュージック・ストリーミング会社〕で働いているSteve Kellerとの討論や共同研究から生まれたものである。ロンドンのハイバーネット地区のKitchen Theory〔月に3日間だけ、サパークラブとしてオープンしており、プロジェクションマッピング、アロマ、オーディオ、照明、そして、ナレーションを利用した、予約制の特別な個人的体験を提供している〕のシェフズテーブルで、とても美味な料理を提供し、センスハッキングの力を証明してくれたシェフのJozef Youssefにもお礼を申し上げる。私を最初に研究生活に導いてくれ、（そして、ロンドン中心部から救い出してくれた）、故ジョン・ドライバー〔心理学者、神経科学者。2011年に49歳の若さで亡くなった〕に心からの感謝を伝えたい。彼の学問的洞察力と厳格さはもちろんのこと、彼の壊れたテレビがなかったら、私の人生は非常に変わっていただろう。また、長年にわたって、多くの優れた学生たちや学問的共同研究者たちから、多大なる恩恵を受けた。

ペンギン・ブックスのDaniel CreweとConnor Brownは、数年前の執筆開始からずっと、本書の進展を根気強く支えてくれた！ 最後にどんな時でも、厳しくも建設的なサポートをしてくれた妻のバーバラに心からの感謝を捧げる。

付録：簡単なセンスハック ※〈　〉内の数字はページ数

●匂いのいいタオルは手触りが柔らかい。〈44〉

●テーブルクロスを使うと料理のおいしさが10％アップする。また、食事量が50％アップする。〈56～57〉

●冷たいシャワーは病欠を29％削減する。（この数字を大局的に見てみると、定期的な運動は病欠を35％削減する。）〈64〉

●（一時的に）顔のしわを取り除くのは、モイスチャークリームに加えられているリラックス効果のある香り成分である。〈66〉

●自然の音はリラックス効果がある（期待通り）。また、鳴き声が聞こえる鳥の種が多ければ多いほど、リラックス効果は高くなる。〈80～81〉

●隣人の音がうるさい？　彼らと同じものを聞けば、もっとよく眠れるだろう。〈110〉

●夜のお風呂の理想的なお湯の温度は、40～42・5℃（104～108・5°F）である。〈113〉

●なかなか寝付けない。でも耳栓が一つしかない？　そんなときは、耳栓を特に右の耳にぴったりはめ込むことをお勧めする。〈119〉

●ファミリーカーの「スポーツ」モードは、赤の室内照明やエンジンのうなり音で、実際よりも性能を高く見せている。しかし、車の性能には、大抵影響はない。〈141〉

●女性は代謝率が男性よりも低いので、オフィスでは大抵、寒く感じる。〈177〉

●室内温度を上げると、男性の成績は0・6％低下するが、女性の成績は1～2％向上する。だから、温

度を上げたほうがいいだろう。〈178〉

◉職場でのストレスの多い会議の後は、デスク周りの香りを変えるといいかもしれない。〈180〉

◉オープンプランオフィスで働く場合、騒音のせいで、平均で一日86分損失する。もし在宅勤務ができなければ、BGMは生産性を10〜20％も改善する。〈185、189〉

◉観葉植物はオフィスの空気汚染を25％削減できる。また、よりきれいな空気は生産性を8〜11％高める。〈192〉

◉お店やファーストフード店の焼き立てのパンの匂いは、通説に反して、本物の可能性が高い。〈208〉

◉買い物客は早いテンポの音楽とは対照的に、ゆっくりとした音楽が流れているときには、38〜50％多く支出する。〈216〉

◉もっと激しい運動をしたい？　音楽のテンポを10％上げることをお勧めする。そうすれば、もっと運動を楽しめるだろう。〈294〉

◉テニスの試合で優位に立ちたい？　実際、唸り声は効果がある。〈299〉

◉笑顔で運動すれば、ランニングに費やす労力を2％以上節約できる。〈302〉

◉運動中に、7、8分かそこら毎に、糖質を味わうだけで（つまり、スポーツドリンクを口に含み、その後それを吐き出すだけで）、運動パフォーマンスを2、3％高められる。〈303〉

◉ユニフォームの色を選ぶなら、黒をお勧めする。きっと、勝利に導いてくれるだろう。〈308〉

◉交際相手を映画に誘いたい？　そんなときは、スリラー映画がデートの成功の秘訣だ。〈319〉

◉匂いで人の年齢は嗅ぎ分けられるが〈333〉、性別まではわからない。〈345〉

参考文献

A

Abel, E. L. and Kruger, M. L. (2010). Smile intensity in photographs predicts longevity. *Psychological Science*, 21, 542–4

Achrol, R. S. and Kotler, P. (2011). Frontiers of the marketing paradigm in the third millennium. *Journal of the Academy of Marketing Science*, 40, 35–52

Ackerman, D. (2000). *A natural history of the senses*. London: Phoenix

『「感覚」の博物誌』ダイアン・アッカーマン著、岩崎徹、原田大輔訳、河出書房新社、1996年

Adam, D. (2018). *The genius within: Smart pills, brain hacks and adventures in intelligence*. London: Picador

Adam, H. and Galinsky, A. D. (2012). Enclothed cognition. *Journal of Experimental Social Psychology*, 48, 918–25

Agnew, H. W., Jr et al. (1966). The first night effect: An EEG study of sleep. *Psychophysiology*, 2, 263–6

Aiello, L. M. et al. (2019). Large-scale and high-resolution analysis of food purchases and health outcomes. *EPJ Data Science*, 8, 14

Aikman, L. (1951). Perfume, the business of illusion. *National Geographic*, 99, 531–50

Allen, K. and Blascovich, J. (1994). Effects of music on cardiovascular reactivity among surgeons. *Journal of the American Medical Association*, 272, 882–4

Alter, A. (2013). *Drunk tank pink: And other unexpected forces that shape how we think, feel, and behave*. New York: Penguin

『心理学が教える人生のヒント』アダム・オルター著、林田陽子訳、日経BP、2013年

Alvarsson, J. J. et al. (2010). Nature sounds beneficial: Stress recovery during exposure to nature sound and environmental noise. *International Journal of Environmental Research and Public Health*, 7, 1036–46

Ambrose, G. et al. (2020). Is gardening associated with greater happiness of urban residents? A multiactivity, dynamic assessment in the Twin-Cities region, USA. *Landscape and Urban Planning*, 198, 103776

Ames, B. N. (1989). Pesticides, risk, and applesauce. *Science*, 244, 755–7

Anderson, C. et al. (2012). Deterioration of neurobehavioral performance in resident physicians during repeated exposure to extended duration work shifts. *Sleep*, 35, 1137–46

Anderson, L. M. et al. (1983). Effects of sounds on preferences for outdoor settings. *Environment and Behavior*, 15, 539–66

Annerstedt, M. et al. (2013). Inducing physiological stress recovery with sounds of nature in a virtual reality forest – results from a pilot study. *Physiology and Behavior*, 118, 240–50

Antonovsky, A. (1979). *Health, stress and coping*. San Francisco: Jossey-Bass

Apicella, C. L. et al. (2007). Voice pitch predicts reproductive success in male hunter-gatherers. *Biology Letters*, 3, 682–4

Appleton, J. (1975). *The experience of landscape.* New York: John Wiley & Sons (repr. 1996)
『風景の経験—景観の美について』ジェイ・アプルトン著、菅野弘久訳、法政大学出版局、2005年
Appleyard, D., Lynch, K. and Myer, J. R. (1965). *The view from the road.* Cambridge, MA: MIT Press.
Arbon, E. L. et al. (2015). Randomised clinical trial of the effects of prolonged release melatonin, temazepam and zolpidem on slow-wave activity during sleep in healthy people. *Journal of Psychopharmacology*, 29, 764–76
Argo, J. et al. (2006). Consumer contamination: How consumers react to products touched by others. *Journal of Marketing*, 70 (April), 81–94
Ariely, D. (2008). *Predictably irrational: The hidden forces that shape our decisions.* London: HarperCollins
『予想どおりに不合理:行動経済学が明かす「あなたがそれを選ぶわけ」』、ダン・アリエリー著、熊谷淳子訳、早川書房、2013年
Arzi, A. et al. (2012). Humans can learn new information during sleep. *Nature Neuroscience*, 15, 1460–65
Ashley, S. (2001). Driving the info highway. *Scientific American*, 285, 44–50
Ataide-Silva, T. et al. (2014). Can carbohydrate mouth rinse improve performance during exercise? A systematic review. *Nutrients*, 6, 1–10
Attfield, J. (1999). Bringing modernity home: Open plan in the British domestic interior. In I. Cieraad (ed.), *At home: An anthropology of domestic space.* New York: Syracuse University Press, pp. 73–82
Attrill, M. J. et al. (2008). Red shirt colour is associated with long-term team success in English football. *Journal of Sports Sciences*, 26, 577–82
Ayabe-Kanamura, S. et al. (1998). Differences in perception of everyday odors: A Japanese–German cross-cultural study. *Chemical Senses*, 23, 31–8

B

Babbitt, E. D. (1896). *The principles of light and color.* East Orange, NJ: Published by the author
Badia, P. et al. (1990). Responsiveness to olfactory stimuli presented in sleep. *Physiology and Behavior*, 48, 87–90
Bailly Dunne, C. and Sears, M. (1998). *Interior designing for all five senses.* New York: St. Martin's Press
Baird, J. C. et al. (1978). Room preference as a function of architectural features and user activities. *Journal of Applied Psychology*, 63, 719–27
Baker, F. (1888). Anthropological notes on the human hand. *American Anthropologist*, 1, 51–76
Balachandra, L. (2013). Should you eat while you negotiate? *Harvard Business Review*, 29 January, https://hbr.org/2013/01/should-you-eat-while-you-negot
Balken, D. B. (1997). *Arthur Dove: A retrospective.* Cambridge, MA: MIT Press
Balmer, N. J. et al. (2005). Do judges enhance home advantage in European

championship boxing? *Journal of Sports Sciences*, 23, 409–16
Barnsley, N. et al. (2011). The rubber hand illusion increases histamine reactivity in the real arm. *Current Biology*, 21, R945–R946
Baron, R. A. (1994). The physical environment of work settings: Effects on task performance, interpersonal relations, and job satisfaction. In B. M. Staw and L. L. Cummings (eds.), *Research in organizational behaviour*, 16, pp. 1–46
——— (1997). The sweet smell of helping: Effects of pleasant ambient fragrance on prosocial behavior in shopping malls. *Personality and Social Psychology Bulletin*, 23, 498–505
Barr, J. (1970). *The assaults on our senses*. London: Methuen
Barton, R. A. and Hill, R. A. (2005). Sporting contests – seeing red? Putting sportswear in context – Reply. *Nature*, 437, E10–E11
Barwood, M. J. et al. (2009). A motivational music and video intervention improves high-intensity exercise performance. *Journal of Sports Science and Medicine*, 8, 435–42
Basner, M. et al. (2014). Auditory and non-auditory effects of noise on health. *The Lancet*, 383, 1325–32
Batra, R. et al. (eds.) (2016). *The psychology of design: Creating consumer appeal*. London: Routledge
Beach, E. F. and Nie, V. (2014). Noise levels in fitness classes are still too high: Evidence from 1997–1998 and 2009–2011. *Archives of Environmental and Occupational Health*, 69, 223–30
Beall, A. T. and Tracy, J. L. (2013). Women are more likely to wear red or pink at peak fertility. *Psychological Science*, 24, 1837–41
Beh, H. C. and Hirst, R. (1999). Performance on driving-related tasks during music. *Ergonomics*, 42, 1087–98
Béjean, S. and Sultan-Taïeb, H. (2005). Modeling the economic burden of diseases imputable to stress at work. *European Journal of Health Economics*, 6, 16–23
Bell, G. and Kaye, J. (2002). Designing technology for domestic spaces: A kitchen manifesto. *Gastronomica*, 2, 46–62
Bellak, L. (1975). *Overload: The new human condition*. New York: Human Sciences Press
Benfield, J. A. et al. (2010). Does anthropogenic noise in national parks impair memory? *Environment and Behavior*, 42, 693–706
Berglund, B. et al. (1999). *Guidelines for community noise*. Geneva: World Health Organization
Berman, M. G. et al. (2008). The cognitive benefits of interacting with nature. *Psychological Science*, 19, 1207–12
Bernstein, E. S. and Turban, S. (2018). The impact of the 'open' workspace on human collaboration. *Philosophical Transactions of the Royal Society B*, 373, 20170239
Berto, R. (2005). Exposure to restorative environments helps restore attentional

capacity. *Journal of Environmental Psychology*, 25, 249–59
Bigliassi, M. et al. (2019). The way you make me feel: Psychological and cerebral responses to music during real-life physical activity. *Journal of Sport and Exercise*, 41, 211–17
Bijsterveld, K. et al. (2014). *Sound and safe: A history of listening behind the wheel.* Oxford: Oxford University Press
Blass, E. M. and Shah, A. (1995). Pain reducing properties of sucrose in human newborns. *Chemical Senses*, 20, 29–35
Blass, T. (2004). *The man who shocked the world: The life and legacy of Stanley Milgram.* New York: Basic Books
『服従実験とは何だったのか―スタンレー・ミルグラムの生涯と遺産』、トーマス・ブラス著、野島久雄、藍沢美紀訳、誠信書房、2008年
Block, A. E. and Kuchenbecker, K. J. (2018). Emotionally supporting humans through robot hugs. *HRI '18: Companion of the 2018 ACM/IEEE International Conference on Human–Robot Interaction, March 2018*, 293–4
Bodin, M. and Hartig, T. (2003). Does the outdoor environment matter for psychological restoration gained through running? *Psychology of Sport and Exercise*, 4, 141–53
Bowler, D. E. et al. (2010). A systematic review of evidence for the added benefits to health of exposure to natural environments. *BMC Public Health*, 10, 456
Branstetter, B. K. et al. (2012). Dolphins can maintain vigilant behavior through echolocation for 15 days without interruption or cognitive impairment. *PLOS One*, 7, e47478
Bratman, G. N. et al. (2015). Nature experience reduces rumination and subgenual prefrontal cortex activation. *Proceedings of the National Academy of Sciences of the USA*, 112, 8567–72
Bremner, A. et al. (eds.) (2012). *Multisensory development.* Oxford: Oxford University Press
Brick, N. et al. (2018). The effects of facial expression and relaxation cues on movement economy, physiological, and perceptual responses during running. *Psychology of Sport and Exercise*, 34, 20–28
Bringslimark, T. et al. (2011). Adaptation to windowlessness: Do office workers compensate for a lack of visual access to the outdoors? *Environment and Behavior*, 43, 469–87
Brodsky, W. (2002). The effects of music tempo on simulated driving performance and vehicular control. *Transportation Research Part F*, 4, 219–41
Broughton, R. J. (1968). Sleep disorders: Disorders of arousal? *Science*, 159, 1070–78
Bschaden, A. et al. (2020). The impact of lighting and table linen as ambient factors on meal intake and taste perception. *Food Quality and Preference*, 79, 103797
Buijze, G. A. et al. (2016). The effect of cold showering on health and work: A randomized controlled trial. *PLOS One*, 11, e0161749
Burge, S. et al. (1987). Sick building syndrome: A study of 4373 office workers.

Annals of Occupational Hygiene, 31, 493–504
Burns, A. et al. (2002). Sensory stimulation in dementia: An effective option for managing behavioural problems. *British Medical Journal*, 325, 1312–13
Buss, D. M. (1989). Sex differences in human mate preferences: Evolutionary hypotheses tested in 37 cultures. *Behavioral and Brain Sciences*, 12, 1–49
Byers, J. et al. (2010). Female mate choice based upon male motor performance. *Animal Behavior*, 79, 771–8

C

Cabanac, M. (1979). Sensory pleasure. *Quarterly Review of Biology*, 54, 1–22
Cackowski, J. M. and Nasar, J. L. (2003). The restorative effects of roadside vegetation: Implications for automobile driver anger and frustration. *Environment and Behavior*, 35, 736–51
Cain, S. (2012). *Quiet: The power of introverts in a world that can't stop talking*. New York: Penguin
『内向型人間の時代:社会を変える静かな人の力』、スーザン・ケイン著、古草秀子訳、講談社、2013年
『内向型人間が無理せず幸せになる唯一の方法』、スーザン・ケイン著、古草秀子訳、講談社、2020年
Calvert, G. A. et al. (eds.) (2004). *The handbook of multisensory processing*. Cambridge, MA: MIT Press
Camponogara, I. et al. (2017). Expert players accurately detect an opponent's movement intentions through sound alone. *Journal of Experimental Psychology: Human Perception and Performance*, 43, 348–59
Campos, C. et al. (2019). Dietary approaches to stop hypertension diet concordance and incident heart failure: The multi-ethnic study of atherosclerosis. *American Journal of Preventive Medicine*, 56, 89–96
Cañal-Bruland, R. et al. (2018). Auditory contributions to visual anticipation in tennis. *Psychology of Sport and Exercise*, 36, 100–103
Carlin, S. et al. (1962). Sound stimulation and its effect on dental sensation threshold. *Science*, 138, 1258–9
Carrus, G. et al. (2017). A different way to stay in touch with 'urban nature': The perceived restorative qualities of botanical gardens. *Frontiers in Psychology*, 8, 914
Carskadon, M. A. and Herz, R. S. (2004). Minimal olfactory perception during sleep: Why odor alarms will not work for humans. *Sleep*, 27, 402–5
Carter, J. M. et al. (2004). The effect of glucose infusion on glucose kinetics during a 1-h time trial. *Medicine and Science in Sports and Exercise*, 36, 1543–50
Castiello, U. et al. (2006). Cross-modal interactions between olfaction and vision when grasping. *Chemical Senses*, 31, 665–71
Chambers, E. S. et al. (2009). Carbohydrate sensing in the human mouth: Effects on exercise performance and brain activity. *Journal of Physiology*, 587, 1779–94
Chang, A.- M. et al. (2015). Evening use of light-emitting eReaders negatively affects

sleep, circadian timing, and next-morning alertness. *Proceedings of the National Academy of Sciences of the USA*, 112, 1232–7
Chang, T. Y. and Kajackaite, A. (2019). Battle for the thermostat: Gender and the effect of temperature on cognitive performance. *PLOS One*, 14, e0216362
Changizi, M. A. et al. (2006). Bare skin, blood and the evolution of primate colour vision. *Biology Letters*, 2, 217–21
Charlton, B. D. et al. (2012). Do women prefer more complex music around ovulation? *PLOS One*, 7, e35626
Chekroud, S. R. et al. (2018). Association between physical exercise and mental health in 1.2 million individuals in the USA between 2011 and 2015: A cross-sectional study. *Lancet Psychiatry*, 5, 739–46
Chellappa, S. L. et al. (2011). Can light make us bright? Effects of light on cognition and sleep. *Progress in Brain Research*, 190, 119–33
Chen, X. et al. (2014). The moderating effect of stimulus attractiveness on the effect of alcohol consumption on attractiveness ratings. *Alcohol and Alcoholism*, 49, 515–19
Cheskin, L. and Ward, L. B. (1948). Indirect approach to market reactions. *Harvard Business Review*, 26, 572–80
Cho, S. et al. (2015). Blue lighting decreases the amount of food consumed in men, but not in women. *Appetite*, 85, 111–17
Churchill, A. et al. (2009). The cross-modal effect of fragrance in shampoo: Modifying the perceived feel of both product and hair during and after washing. *Food Quality and Preference*, 20, 320–28
Classen, C. (2012). *The deepest sense: A cultural history of touch*. Chicago: University of Illinois Press
Classen, C. et al. (1994). *Aroma: The cultural history of smell*. London: Routledge
『アローマ:匂いの文化史』、コンスタンス・クラッセン他著、時田正博訳、筑摩書房、1997年
Clifford, C. (1985). New scent waves. *Self*, December, 115–17
Cohen, B. et al. (1989). At the movies: An unobtrusive study of arousal-attraction. *Journal of Social Psychology*, 129, 691–3
Cohen, S. et al. (2015). Does hugging provide stress-buffering social support? A study of susceptibility to upper respiratory infection and illness. *Psychological Science*, 26, 135–47
Collins, J. F. (1965). The colour temperature of daylight. *British Journal of Applied Psychology*, 16, 527–32
Colvile, R. (2017). *The great acceleration: How the world is getting faster, faster*. London: Bloomsbury
Conrad, C. et al. (2007). Overture for growth hormone: Requiem for interleukin-6? *Critical Care Medicine*, 35, 2709–13
Corbin, A. (1986). *The foul and the fragrant: Odor and the French social imagination*. Cambridge, MA: Harvard University Press
Costa, M. et al. (2018). Interior color and psychological functioning in a university

residence hall. *Frontiers in Psychology*, 9, 1580

Craig, R. et al. (2009). *Health survey for England 2008*, vol. 1: *Physical activity and fitness.* NHS Information Centre for Health and Social Care: Leeds, www.healthypeople.gov/2020/topics-objectives/topic/physical-activity

Crawford, I. (1997). *Sensual home: Liberate your senses and change your life.* London: Quadrille Publishing

『センシュアルホーム』、イルゼ・クロフォード著、鬼頭英里子訳、フェリシモ出版、2000年

Croon, E. et al. (2005). The effect of office concepts on worker health and performance: A systematic review of the literature. *Ergonomics*, 48, 119–34

Crossman, M. K. (2017). Effects of interactions with animals on human psychological distress. *Journal of Clinical Psychology*, 73, 761–84

Crowley, K. (2011). Sleep and sleep disorders in older adults. *Neuropsychology Review*, 21, 41–53

Croy, I. et al. (2015). Reduced pleasant touch appraisal in the presence of a disgusting odor. *PLOS One*, 9, e92975

Cummings, B. E. and Waring, M. S. (2020). Potted plants do not improve indoor air quality: a review and analysis of reported VOC removal efficiencies. *Journal of Exposure Science and Environmental Epidemiology*, 30, 253–61

Cutting, J. E. (2006). The mere exposure effect and aesthetic preference. In P. Locher et al. (eds.), *New directions in aesthetics, creativity, and the arts.* Amityville, NY: Baywood Publishing, pp. 33–46

Czeisler, C. A. et al. (1986). Bright light resets the human circadian pacemaker independent of the timing of the sleep-wake cycle. *Science*, 233, 667–71

D

Dalke, H. et al. (2006). Colour and lighting in hospital design. *Optics and Laser Technology*, 38, 343–65

Dalton, P. (1996). Odor perception and beliefs about risk. *Chemical Senses*, 21, 447–58

Dalton, P. and Wysocki, C. J. (1996). The nature and duration of adaptation following long-term odor exposure. *Perception and Psychophysics*, 58, 781–92

Darbyshire, J. L. (2016). Excessive noise in intensive care units. *British Medical Journal*, 353, i1956

Darbyshire, J. L. and Young, J. D. (2013). An investigation of sound levels on intensive care units with reference to the WHO guidelines. *Critical Care*, 17, R187

Darwin, C. (1871). The descent of man, and selection in relation to sex. In E. O. Wilson (ed.) (2006), *From so simple a beginning: The four great books of Charles Darwin.* New York: W. W. Norton

Dazkir, S. S. and Read, M. A. (2012). Furniture forms and their influence on our emotional responses toward interior environments. *Environment and Behavior*, 44, 722–34

de Bell, S. et al. (2020). Spending time in the garden is positively associated with health and wellbeing: Results from a national survey in England. *Landscape and Urban Planning*, 200, 103836.

de Wijk, R. A. et al. (2018). Supermarket shopper movements versus sales, and the effects of scent, light, and sound. *Food Quality and Preference*, 68, 304–14

Demattè, M. L. et al. (2006). Cross-modal interactions between olfaction and touch. *Chemical Senses*, 31, 291–300

Demattè, M. L. et al. (2007). Olfactory cues modulate judgments of facial attractiveness. *Chemical Senses*, 32, 603–10

Denworth, L. (2015). The social power of touch. *Scientific American Mind*, July/August, 30–39

Diaconu, M. et al. (eds.) (2011). *Senses and the city: An interdisciplinary approach to urban sensescapes.* Vienna, Austria: Lit Verlag

Diamond, J. (1993). New Guineans and their natural world. In S. R. Kellert and E. O. Wilson (eds.), *The biophilia hypothesis.* Washington, DC: Island Press, pp. 251–74

Diette, G. B. et al. (2003). Distraction therapy with nature sights and sounds reduces pain during flexible bronchoscopy: A complementary approach to routine analgesia. *Chest*, 123, 941–8

Dijkstra, K. et al. (2008). Stress-reducing effects of indoor plants in the built healthcare environment: The mediating role of perceived attractiveness. *Preventative Medicine*, 47, 279–83

Dobzhansky, T. (1973). Nothing in biology makes sense except in the light of evolution. *American Biology Teacher*, 35, 125–9

Dolan, B. (2004). *Josiah Wedgwood: Entrepreneur to the enlightenment.* London: HarperPerennial

Dunn, W. (2007). *Living sensationally: Understanding your senses.* London: Jessica Kingsley

Dutton, D. G. and Aron, A. P. (1974). Some evidence for heightened sexual attraction under conditions of high anxiety. *Journal of Personality and Social Psychology*, 30, 510–17

E

Edworthy, J. and Waring, H. (2006). The effects of music tempo and loudness level on treadmill exercise. *Ergonomics*, 49, 1597–610

Einöther, S. J. and Martens, V. E. (2013). Acute effects of tea consumption on attention and mood. *American Journal of Clinical Nutrition*, 98, 1700S–1708S

Ellingsen, D.- M. et al. (2016). The neurobiology shaping affective touch: Expectation, motivation, and meaning in the multisensory context. *Frontiers in Psychology*, 6, 1986

Elliot, A. J. and Niesta, D. (2008). Romantic red: Red enhances men's attraction to women. *Journal of Personality and Social Psychology*, 95, 1150–64

Elliot, A. J. and Pazda, A. D. (2012). Dressed for sex: Red as a female sexual signal in humans. *PLOS One*, 7, e34607

Elliot, A. J. et al. (2007). Color and psychological functioning: The effect of red on performance attainment. *Journal of Experimental Psychology: General*, 136, 154–68

Etzi, R. et al. (2014). Textures that we like to touch: An experimental study of aesthetic preferences for tactile stimuli. *Consciousness and Cognition*, 29, 178–88

Evans, D. (2002). *Emotion: The science of sentiment.* Oxford: Oxford University Press

『感情』、ディラン・エヴァンス著、遠藤利彦訳、岩波書店、2005年

Evans, G. W. and Johnson, D. (2000). Stress and open-office noise. *Journal of Applied Psychology*, 85, 779–83

Evans, W. N. and Graham, J. D. (1991). Risk reduction or risk compensation? The case of mandatory safety-belt use laws. *Journal of Risk and Uncertainty*, 4, 61–73

F

Facer-Childs, E. R. et al. (2019). Resetting the late timing of 'night owls' has a positive impact on mental health and performance. *Sleep Medicine*, 60, 236–47

Fancourt, D. et al. (2016). The razor's edge: Australian rock music impairs men's performance when pretending to be a surgeon. *Medical Journal of Australia*, 205, 515–18

Feinberg, D. R. et al. (2008). Correlated preferences for men's facial and vocal masculinity. *Evolution and Human Behavior*, 29, 233–41

Feldstein, I. T. and Peli, E. (2020). Pedestrians accept shorter distances to light vehicles than dark ones when crossing the street. *Perception*, 49, 558–66

Fenko, A. and Loock, C. (2014). The influence of ambient scent and music on patients' anxiety in a waiting room of a plastic surgeon. *HERD: Health Environments Research and Design Journal*, 7, 38–59

Fich, L. B. et al. (2014). Can architectural design alter the physiological reaction to psychosocial stress? A virtual TSST experiment. *Physiology and Behavior*, 135, 91–7

Field, T. (2001). *Touch.* Cambridge, MA: MIT Press

『タッチ』、ティファニー・フィールド著、佐久間徹監訳、二瓶社、2008年

Field, T. et al. (1996). Massage therapy reduces anxiety and enhances EEG pattern of alertness and math computations. *International Journal of Neuroscience*, 86, 197–205

Field, T. et al. (2008). Lavender bath oil reduces stress and crying and enhances sleep in very young infants. *Early Human Development*, 84, 399–401

Fisk, W. J. (2000). Health and productivity gains from better indoor environments and their relationship with building energy efficiency. *Annual Review of Energy and the Environment*, 25, 537–66

Fismer, K. L. and Pilkington, K. (2012). Lavender and sleep: A systematic review of the evidence. *European Journal of Integrative Medicine*, 4, e436–e447

Forster, S. and Spence, C. (2018). 'What smell?' Temporarily loading visual attention

induces prolonged inattentional anosmia. *Psychological Science*, 29, 1642–52
Fox, J. G. and Embrey, E. D. (1972). Music: An aid to productivity. *Applied Ergonomics*, 3, 202–5
Frank, M. G. and Gilovich, T. (1988). The dark side of self- and social perception: Black uniforms and aggression in professional sports. *Journal of Personality and Social Psychology*, 54, 74–85
Franklin, D. (2012). How hospital gardens help patients heal. *Scientific American*, 1 March, www.scientificamerican.com/article/nature-that-nurtures/
Fritz, T. H. et al. (2013). Musical agency reduces perceived exertion during strenuous physical performance. *Proceedings of the National Academy of Sciences of the USA*, 110, 17784–9
Fruhata, T. et al. (2013). Doze sleepy driving prevention system (finger massage, high density oxygen spray, grapefruit fragrance) with that involves chewing dried shredded squid. *Procedia Computer Science*, 22, 790–99
Frumkin, H. (2001). Beyond toxicity: Human health and the natural environment. *American Journal of Preventative Medicine*, 20, 234–40
Fukuda, M. and Aoyama, K. (2017). Decaffeinated coffee induces a faster conditioned reaction time even when participants know that the drink does not contain caffeine. *Learning and Motivation*, 59, 11–18
Fuller, R. A. and Gaston, K. J. (2009). The scaling of green space coverage in European cities. *Biology Letters*, 5, 352–5
Fuller, R. A. et al. (2007). Psychological benefits of greenspace increase with biodiversity. *Biology Letters*, 3, 390–94
Fumento, M. (1998). 'Road rage' versus reality. *Atlantic Monthly*, 282, 12–17

G

Gabel, V. et al. (2013). Effects of artificial dawn and morning blue light on daytime cognitive performance, well-being, cortisol and melatonin levels. *Chronobiology International*, 30, 988–97
Gafsou, M. and Hildyard, D. (2019). H+. *Granta*, 148, 94–128
Gallace, A. and Spence, C. (2014). *In touch with the future: The sense of touch from cognitive neuroscience to virtual reality*. Oxford: Oxford University Press
Galton, F. (1883). *Inquiries into human faculty and its development*. London: Macmillan
García-Segovia, P. et al. (2015). Influence of table setting and eating location on food acceptance and intake. *Food Quality and Preference*, 39, 1–7
Gatti, M. F. and da Silva, M. J. P. (2007). Ambient music in emergency services: The professionals' perspective. *Latin American Journal of Nursing*, 15, 377–83
Geddes, L. (2020). How to hug people in a coronavirus-stricken world. *New Scientist*, 5 August, www.newscientist.com/article/mg24732944-300-how-to-hug-people-in-a-coronavirus-stricken-world/#ixzz6UKxBNFzI
Genschow, O. et al. (2015). Does Baker-Miller pink reduce aggression in prison detention cells? A critical empirical examination. *Psychology, Crime and Law*, 21,

482–9
Geschwind, N. and Galaburda, A. M. (1985). Cerebral lateralization. Biological mechanisms, associations, and pathology: A hypothesis and a program for research. *Archives of Neurology*, 42, 428–59, 521–52, 634–54
Gibson, J. J. and Crooks, L. E. (1938). A theoretical field-analysis of automobile-driving. *American Journal of Psychology*, 51, 453–71
Gibson, M. and Shrader, J. (2014). Time use and productivity: The wage returns to sleep. UC San Diego Department of Economics Working Paper
Gillis, K. and Gatersleben, B. (2015). A review of psychological literature on the health and wellbeing benefits of biophilic design. *Buildings*, 5, 948–63
Glacken, C. J. (1967). *Traces on the Rhodian shore: Nature and culture in Western thought from ancient times to the end of the Eighteenth Century*. Berkeley, CA: University of California Press
Gladue, B. and Delaney, H. J. (1990). Gender differences in perception of attractiveness of men and women in bars. *Personality and Social Psychology Bulletin*, 16, 378–91
Glass, S. T. et al. (2014). Do ambient urban odors evoke basic emotions? *Frontiers in Psychology*, 5, 340
Golan, A. and Fenko, A. (2015). Toward a sustainable faucet design: Effects of sound and vision on perception of running water. *Environment and Behavior*, 47, 85–101
Goldstein, P. et al. (2017). The role of touch in regulating inter-partner physiological coupling during empathy for pain. *Scientific Reports*, 7, 3252
Gori, M. et al. (2008). Young children do not integrate visual and haptic information. *Current Biology*, 18, 694–8
Graff, V. et al. (2019). Music versus midazolam during preoperative nerve block placements: A prospective randomized controlled study. *Regional Anesthesia and Pain Medicine*, 44, 796–9
Graham-Rowe, D. (2001). Asleep at the wheel. *New Scientist*, 169, 24
Grammer, K. et al. (2004). Disco clothing, female sexual motivation, and relationship status: Is she dressed to impress? *Journal of Sex Research*, 41, 66–74
Greene, M. R. and Oliva, A. (2009). The briefest of glances: The time course of natural scene understanding. *Psychological Science*, 20, 464–72
Greenfield, A. B. (2005). *A perfect red: Empire, espionage, and the quest for the color of desire*. New York: HarperCollins
『完璧な赤：「欲望の色」をめぐる帝国と密偵と大航海の物語』、エイミー・B・グリーンフィールド著、佐藤桂訳、早川書房、2006年
Griskevicius, V. and Kenrick, D. T. (2013). Fundamental motives: How evolutionary needs influence consumer behavior. *Journal of Consumer Psychology*, 23, 372–86
Groyecka, A. et al. (2017). Attractiveness is multimodal: Beauty is also in the nose and ear of the beholder. *Frontiers in Psychology*, 8, 778
Gubbels, J. L. (1938). *American highways and roadsides*. Boston, MA: Houghton-

Mifflin
Guéguen, N. (2012). Color and women attractiveness: When red clothed women are perceived to have more intense sexual intent. *Journal of Social Psychology*, 152, 261–5
Guéguen, N. and Jacob, C. (2011). Enhanced female attractiveness with use of cosmetics and male tipping behavior in restaurants. *Journal of Cosmetic Science*, 62, 283–90
——— (2014). Clothing color and tipping: Gentlemen patrons give more tips to waitresses with red clothes. *Journal of Hospitality and Tourism Research*, 38, 275–80
Guéguen, N. et al. (2012). When drivers see red: Car color frustrators and drivers' aggressiveness. *Aggressive Behaviour*, 38, 166–9
Guieysse, B. et al. (2008). Biological treatment of indoor air for VOC removal: Potential and challenges. *Biotechnology Advances*, 26, 398–410
Gupta, A. et al. (2018). Innovative technology using virtual reality in the treatment of pain: Does it reduce pain via distraction, or is there more to it? *Pain Medicine*, 19, 151–9

H

Haehner, A. et al. (2017). Influence of room fragrance on attention, anxiety and mood. *Flavour and Fragrance Journal*, 1, 24–8
Hafner, M. et al. (2016). Why sleep matters – the economic costs of insufficient sleep. A cross-country comparative analysis. Rand Corporation, www.rand.org/pubs/research_reports/RR1791.html
Haga, A. et al. (2016). Psychological restoration can depend on stimulus-source attribution: A challenge for the evolutionary account. *Frontiers in Psychology*, 7, 1831
Hagemann, N. et al. (2008). When the referee sees red. *Psychological Science*, 19, 769–71
Hagerhall, C. M. et al. (2004). Fractal dimension of landscape silhouette outlines as a predictor of landscape preference. *Journal of Environmental Psychology*, 24, 247–55
Haghayegh, S. et al. (2019). Before-bedtime passive body heating by warm shower or bath to improve sleep: A systematic review and meta-analysis. *Sleep Medicine Reviews*, 46, 124– 35
Hamilton, A. (1966). What science is learning about smell. *Science Digest*, 55 (November), 81–4
Han, K. (2007). Responses to six major terrestrial biomes in terms of scenic beauty, preference, and restorativeness. *Environment and Behavior*, 39, 529–56
Hanss, D. et al. (2012). Active red sports car and relaxed purple-blue van: Affective qualities predict color appropriateness for car types. *Journal of Consumer Behaviour*, 11, 368–80

Harada, H. et al. (2018). Linalool odor-induced anxiolytic effects in mice. *Frontiers in Behavioral Neuroscience*, 12, 241
Hardy, M. et al. (1995). Replacement of drug treatment for insomnia by ambient odour. *The Lancet*, 346, 701
Harlow, H. F. and Zimmerman, R. R. (1959). Affectional responses in the infant monkey. *Science*, 130, 421–32
Harper, M. B. et al. (2015). Photographic art in exam rooms may reduce white coat hypertension. *Medical Humanities*, 41, 86–8
Hartig, T. et al. (2011). Health benefits of nature experience: Psychological, social and cultural processes. In K. Nilsson et al. (eds.), *Forests, trees and human health*. Berlin: Springer Science, pp. 127–68
Harvey, A. G. (2003). The attempted suppression of presleep cognitive activity in insomnia. *Cognitive Therapy and Research*, 27, 593–602
Harvey, A. G. and Payne, S. (2002). The management of unwanted pre-sleep thoughts in insomnia: Distraction with imagery versus general distraction. *Behaviour Research and Therapy*, 40, 267–77
Haslam, S. A. and Knight, C. (2010). Cubicle, sweet cubicle. *Scientific American Mind*, September/October, 30–35
Haverkamp, M. (2014). *Synesthetic design: Handbook for a multisensory approach*. Basel: Birkhäuser
Haviland-Jones, J. et al. (2005). An environmental approach to positive emotion: Flowers. *Evolutionary Psychology*, 3, 104–32
Havlíček, J. et al. (2006). Non-advertised does not mean concealed: Body odour changes across the human menstrual cycle. *Ethology*, 112, 81–90
Havlíček, J. et al. (2008). He sees, she smells? Male and female reports of sensory reliance in mate choice and non-mate choice contexts. *Personality and Individual Differences*, 45, 565–70
Hawksworth, C. et al. (1997). Music in theatre: Not so harmonious. A survey of attitudes to music played in the operating theatre. *Anaesthesia*, 52, 79–83
Hedblom, M. et al. (2014). Bird song diversity influences young people's appreciation of urban landscapes. *Urban Forestry and Urban Greening*, 13, 469–74
Hellier, E. et al. (2011). The influence of auditory feedback on speed choice, violations and comfort in a driving simulation game. *Transportation Research Part F: Traffic Psychology and Behaviour*, 14, 591–9
Helmefalk, M. and Hultén, B. (2017). Multi-sensory congruent cues in designing retail store atmosphere: Effects on shoppers' emotions and purchase behaviour. *Journal of Retailing and Consumer Services*, 38, 1–11
Hepper, P. G. (1988). Fetal 'soap' addiction. *The Lancet*, 11 June, 1347–8
Herz, R. (2007). *The scent of desire: Discovering our enigmatic sense of smell*. New York: William Morrow
——— (2009). Aromatherapy facts and fictions: A scientific analysis of olfactory effects on mood, physiology and psychology. *International Journal of*

Neuroscience, 119, 263–90

Herz, R. S. and Cahill, E. D. (1997). Differential use of sensory information in sexual behavior as a function of gender. *Human Nature*, 8, 275–86

Heschong, L. (1979). *Thermal delight in architecture*. Cambridge, MA: MIT Press

Hewlett, S. A. and Luce, C. B. (2006). Extreme jobs: The dangerous allure of the 70-hour workweek. *Harvard Business Review*, December, https://hbr.org/2006/12/extreme-jobs-the-dangerous-allure-of-the-70-hour-workweek

Higham, W. (2019). *The work colleague of the future: A report on the long-term health of office workers*. Report commissioned by Fellowes, July, https://assets.fellowes.com/skins/fellowes/responsive/gb/en/resources/work-colleague-of-the-future/download/WCOF_Report_EU.pdf

Hilditch, C. J. et al. (2016). Time to wake up: Reactive countermeasures to sleep inertia. *Industrial Health*, 54, 528–41

Hill, A. W. (1915). The history and functions of botanic gardens. *Annals of the Missouri Botanical Garden*, 2, 185–240

Hill, R. A. and Barton, R. A. (2005). Red enhances human performance in contests. *Nature*, 435, 293

Hillman, C. H. et al. (2008). Be smart, exercise your heart: Exercise effects on brain and cognition. *Nature Reviews Neuroscience*, 9, 58–65

Hilton, K. (2015). Psychology: The science of sensory marketing. *Harvard Business Review*, March, 28–31, https://hbr.org/2015/03/the-science-of-sensory-marketing（現在はリンク切れ）

Hirano, H. (1996). *5 pillars of the visual workplace: The sourcebook for 5S implementation*. New York: Productivity Press

Ho, C. and Spence, C. (2005). Olfactory facilitation of dual-task performance. *Neuroscience Letters*, 389, 35–40

——— (2008). *The multisensory driver: Implications for ergonomic car interface design*. Aldershot: Ashgate

——— (2009). Using peripersonal warning signals to orient a driver's gaze. *Human Factors*, 51, 539–56

——— (2013). Affective multisensory driver interface design. *International Journal of Vehicle Noise and Vibration* (Special Issue on *Human Emotional Responses to Sound and Vibration in Automobiles*), 9, 61–74

Hoehl, S. et al. (2017). Itsy bitsy spider: Infants react with increased arousal to spiders and snakes. *Frontiers in Psychology*, 8, 1710

Hoekstra, S. P. et al. (2018). Acute and chronic effects of hot water immersion on inflammation and metabolism in sedentary, overweight adults. *Journal of Applied Physiology*, 125, 2008–18

Holgate, S. T. (2017). 'Every breath we take: The lifelong impact of air pollution' – a call for action. *Clinical Medicine*, 17, 8–12

Holland, R. W. et al. (2005). Smells like clean spirit. Nonconscious effects of scent on cognition and behavior. *Psychological Science*, 16, 689–93

Hollingworth, H. L. (1939). Chewing as a technique of relaxation. *Science*, 90, 385–7
Holmes, C. et al. (2002). Lavender oil as a treatment for agitated behaviour in severe dementia: A placebo controlled study. *International Journal of Geriatric Psychiatry*, 17, 305–8
Homburg, C. et al. (2012). Of dollars and scents – Does multisensory marketing pay off? Working paper, Institute for Marketing Oriented Management.
Hongisto, V. et al. (2017). Perception of water-based masking sounds – long-term experiment in an open-plan office. *Frontiers in Psychology*, 8, 1177
Horswill, M. S. and Plooy, A. M. (2008). Auditory feedback influences perceived driving speeds. *Perception*, 37, 1037–43
Hove, M. J. and Risen, J. L. (2009). It's all in the timing: Interpersonal synchrony increases affiliation. *Social Cognition*, 27, 949–61
Howes, D. (ed.) (2004). *Empire of the senses: The sensual culture reader*. Oxford: Berg
——— (2014). *A cultural history of the senses in the modern age*. London: Bloomsbury Academic
Howes, D. and Classen, C. (2014). *Ways of sensing: Understanding the senses in society*. London: Routledge
Huang, L. et al. (2011). Powerful postures versus powerful roles: Which is the proximate correlate of thought and behaviour? *Psychological Science*, 22, 95–102
Hugill, N. et al. (2010). The role of human body movements in mate selection. *Evolutionary Psychology*, 8, 66–89
Hull, J. M. (1990). *Touching the rock: An experience of blindness*. London: Society for Promoting Christian Knowledge
『光と闇を超えて:失明についての一つの体験』、ジョン・ハル著、松川成夫訳、新疆出版、1996年
Hulsegge, J. and Verheul, A. (1987). *Snoezelen: another world. A practical book of sensory experience environments for the mentally handicapped*. Chesterfield: ROMPA
Hultén, B. (2012). Sensory cues and shoppers' touching behaviour: The case of IKEA. *International Journal of Retail and Distribution Management*, 40, 273–89
Huss, E. et al. (2018). Humans' relationship to flowers as an example of the multiple components of embodied aesthetics. *Behavioral Sciences*, 8, 32
Hutmacher, F. (2019). Why is there so much more research on vision than on any other sensory modality? *Frontiers in Psychology*, 10, 2246
Huxley, A. (1954). *The doors of perception*. London: Harper & Brothers Imschloss, M. and Kuehnl, C. (2019). Feel the music! Exploring the cross-modal correspondence between music and haptic perceptions of softness. *Journal of Retailing*, 95, 158–69
『知覚の扉・天国と地獄』、オルダス・ハックスリー著、今村光一訳、河出書房新社、1976年
『知覚の扉』、A・ハクスリー著、河村錠一郎訳、朝日出版社、1978年
『知覚の扉・天国と地獄』、A・ハクスリー著、今村光一訳、河出書房新社、1984年
『知覚の扉』、オルダス・ハクスリー著、河村錠一郎訳、平凡社、1995年

I

Itten, J. and Birren, F. (1970). *The elements of color* (trans. E. van Hagen). New York: John Wiley & Sons

J

『色彩論』、ヨハネス・イッテン著、大智浩訳、美術出版社、1971年

Jacob, C. et al. (2012). She wore something in her hair: The effect of ornamentation on tipping. *Journal of Hospitality Marketing and Management*, 21, 414–20

Jacobs, K. W. and Hustmyer, F. E. (1974). Effects of four psychological primary colors on GSR, heart rate and respiration rate. *Perceptual and Motor Skills*, 38, 763–6

Jacquier, C. and Giboreau, A. (2012). Perception and emotions of colored atmospheres at the restaurant. *Predicting Perceptions: Proceedings of the 3rd International Conference on Appearance*, pp. 165–7

James, L. and Nahl, D. (2000). *Road rage*. Amherst, NY: Prometheus Books

James, W. (1890). *The principles of psychology* (2 vols.). New York: Henry Holt

『心理学の根本問題』、W.ジェームス著、松浦孝作訳、三笠書房、1940年、抄訳版

Jewett, M. E. et al. (1999). Time course of sleep inertia dissipation in human performance and alertness. *Journal of Sleep Research*, 8, 1–8

Jones, A. L. and Kramer, R. S. S. (2016). Facial cosmetics and attractiveness: Comparing the effect sizes of professionally-applied cosmetics and identity. *PLOS One*, 11, e0164218

Jones, A. L. et al. (2018). Positive facial affect looks healthy. *Visual Cognition*, 26, 1–12

Jones, B. T. et al. (2003). Alcohol consumption increases attractiveness ratings of opposite-sex faces: A possible third route to risky sex. *Addiction*, 98, 1069–75

Jones, S. E. et al. (2019). Genome-wide association analyses of chronotype in 697,828 individuals provides insights into circadian rhythms. *Nature Communications*, 10, 343

Joye, Y. (2007). Architectural lessons from environmental psychology: The case of biophilic architecture. *Review of General Psychology*, 11, 305–28

Joye, Y. and van den Berg, A. (2011). Is love for green in our genes? A critical analysis of evolutionary assumptions in restorative environments research. *Urban Forestry and Urban Greening*, 10, 261–8

Just, M. G. et al. (2019). Human indoor climate preferences approximate specific geographies. *Royal Society Open Science*, 6, 180695

Jütte, R. (2005). *A history of the senses: From antiquity to cyberspace*. Cambridge: Polity Press

K

Kabat-Zinn, J. (2005). *Coming to our senses: Healing ourselves and the world through mindfulness*. New York: Hyperion Kahn, P. H., Jr (1999). *The human relationship*

with nature: Development and culture. Cambridge, MA: MIT Press
Kahn, P. H., Jr et al. (2008). A plasma display window? The shifting baseline problem in a technologically mediated natural world. *Journal of Environmental Psychology*, 28, 192–9
Kahn, P. H., Jr et al. (2009). The human relation with nature and technological nature. *Current Directions in Psychological Science*, 18, 37–42
Kaida, K., et al. (2006). Indoor exposure to natural bright light prevents afternoon sleepiness. *Sleep*, 29, 462–9
Kampe, K. K. et al. (2001). Reward value of attractiveness and gaze. *Nature*, 413, 589
Kampfer, K. et al. (2017). Touch-flavor transference: Assessing the effect of packaging weight on gustatory evaluations, desire for food and beverages, and willingness to pay. *PLOS One*, 12(10), e0186121
Kaplan, K. A. et al. (2019). Effect of light flashes vs sham therapy during sleep with adjunct cognitive behavioral therapy on sleep quality among adolescents: A randomized clinical trial. *JAMA Network Open*, 2, e1911944
Kaplan, R. (1973). Some psychological benefits of gardening. *Environment and Behavior*, 5, 145–52
Kaplan, R. and Kaplan, S. (1989). *The experience of nature: A psychological perspective.* New York: Cambridge University Press
Kaplan, S. (1995). The restorative benefits of nature: Toward an integrative framework. *Journal of Environmental Psychology*, 15, 169–82
——— (2001). Meditation, restoration, and the management of mental fatigue. *Environment and Behavior*, 33, 480–506
Karageorghis, C. I. and Terry, P. C. (1997). The psychophysical effects of music in sport and exercise: A review. *Journal of Sport Behavior*, 20, 54–168
Karim, A. A. et al. (2017). Why is 10 past 10 the default setting for clocks and watches in advertisements? A psychological experiment. *Frontiers in Psychology*, 8, 1410
Karremans, J. C. et al. (2006). Beyond Vicary's fantasies: The impact of subliminal priming and branded choice. *Journal of Experimental Social Psychology*, 42, 792–8
Katz, J. (2014). Noise in the operating room. *Anesthesiology*, 121, 894–9
Keller, A. (2008). Toward the dominance of vision? *Science*, 320, 319
Kellert, S. R. and Wilson, E. O. (eds.) (1993). *The biophilia hypothesis.* Washington, DC: Island Press
Kingma, B. and van Marken Lichtenbelt, W. D. (2015). Energy consumption in buildings and female thermal demand. *Nature Climate Change*, 5, 1054–6
Kirk-Smith, M. (2003). The psychological effects of lavender 1: In literature and plays. *International Journal of Aromatherapy*, 13, 18–22
Knasko, S. C. (1989). Ambient odor and shopping behavior. *Chemical Senses*, 14, 718
Kniffin, K. M. et al. (2015). Eating together at the firehouse: How workplace commensality relates to the performance of firefighters. *Human Performance*, 28,

281–306
Knight, C. and Haslam, S. A. (2010). The relative merits of lean, enriched, and empowered offices: An experimental examination of the impact of workspace management. *Journal of Experimental Psychology: Applied*, 16, 158–72
Knoeferle, K. et al. (2012). It is all in the mix: The interactive effect of music tempo and mode on in-store sales. *Marketing Letters*, 23, 325–37
Knoeferle, K. et al. (2016). Multisensory brand search: How the meaning of sounds guides consumers' visual attention. *Journal of Experimental Psychology: Applied*, 22, 196–210
Knopf, R. C. (1987). Human behavior, cognition, and affect in the natural environment. In D. Stokols and I. Altman (eds.), *Handbook of environmental psychology*, vol. 1. New York: John Wiley & Sons, pp. 783–825
Kochanek, K. D. et al. (2014). Mortality in the United States, 2013. *NCHS Data Brief*, 178, 1–8
Koga, K. and Iwasaki, Y. (2013). Psychological and physiological effect in humans of touching plant foliage – using the semantic differential method and cerebral activity as indicators. *Journal of Physiological Anthropology*, 32, 7
Kohara, K. et al. (2018). Habitual hot water bathing protects cardiovascular function in middle-aged to elderly Japanese subjects. *Scientific Reports*, 8, 8687
Körber, M. et al. (2015). Vigilance decrement and passive fatigue caused by monotony in automated driving. *Procedia Manufacturing*, 3, 2403–9
Kort, Y. A. W. et al. (2006). What's wrong with virtual trees? Restoring from stress in a mediated environment. *Journal of Environmental Psychology*, 26, 309–20
Kotler, P. (1974). Atmospherics as a marketing tool. *Journal of Retailing*, 49, 48–64
Kozusznik, M. W. et al. (2019). Decoupling office energy efficiency from employees' well-being and performance: A systematic review. *Frontiers in Psychology*, 10, 293
Kranowitz, C. S. (1998). *The out-of-sync child: Recognizing and coping with sensory integration*. New York: Penguin Putnam
Kräuchi, K. et al. (1999). Warm feet promote the rapid onset of sleep. *Nature*, 401, 36–7
Kreutz, G. et al. (2018). *In dubio pro silentio* – Even loud music does not facilitate strenuous ergometer exercise. *Frontiers in Psychology*, 9, 590
Krieger, M. H. (1973). What's wrong with plastic trees? Artifice and authenticity in design. *Science*, 179, 446–55
Kripke, D. F. et al. (2012). Hypnotics' association with mortality or cancer: A matched cohort study. *BMJ Open*, 2, e000850
Kühn, S. et al. (2016). Multiple 'buy buttons' in the brain: Forecasting chocolate sales at point-of-sale based on functional brain activation using fMRI. *NeuroImage*, 136, 122–8
Kühn, S. et al. (2017). In search of features that constitute an 'enriched environment' in humans: Associations between geographical properties and brain structure. *Scientific Reports*, 7, 11920

Küller, R. et al. (2006). The impact of light and colour on psychological mood: A cross-cultural study of indoor work environments. *Ergonomics*, 49, 1496–507
Kunst-Wilson, W. R. and Zajonc, R. B. (1980). Affective discrimination of stimuli that cannot be recognized. *Science*, 207, 557–8
Kurzweil, R. (2005). *The singularity is near: When humans transcend biology.* London: Prelude
『ポスト・ヒューマン誕生：コンピュータが人類の知性を超えるとき』、レイ・カーツワイル著、井上健監訳、NHK出版、2007年
Kuukasjärvi, S. et al. (2004). Attractiveness of women's body odors over the menstrual cycle: The role of oral contraceptives and receiver sex. *Behavioral Ecology*, 15, 579–84
Kwallek, N. and Lewis, C. M. (1990). Effects of environmental colour on males and females: A red or white or green office. *Applied Ergonomics*, 21, 275–8
Kwallek, N. et al. (1996). Effects of nine monochromatic office interior colors on clerical tasks and worker mood. *Color Research and Application*, 21, 448–58
Kweon, B.-S. et al. (2008). Anger and stress: The role of landscape posters in an office setting. *Environment and Behavior*, 40, 355–81
Kyle, S. D. et al. (2010). '. . . Not just a minor thing, it is something major, which stops you from functioning daily': Quality of life and daytime functioning in insomnia. *Behavioral Sleep Medicine*, 8, 123–40

L

Lamote de Grignon Pérez, J. et al. (2019). Sleep differences in the UK between 1974 and 2015: Insights from detailed time diaries. *Journal of Sleep Research*, 28, e12753
Lankston, L. et al. (2010). Visual art in hospitals: Case studies and review of the evidence. *Journal of the Royal Society of Medicine*, 103, 490–99
Lanza, J. (2004). *Elevator music: A surreal history of Muzak, easy-listening, and other moodsong.* Ann Arbor: University of Michigan Press
Lay, M. G. (1992). *Ways of the world: A history of the world's roads and of the vehicles that used them.* New Brunswick, NJ: Rutgers University Press
Le Breton, D. (2017). *Sensing the world: An anthropology of the senses* (trans. C. Ruschiensky). London: Bloomsbury
Le Corbusier (1948/1972). *Towards a new architecture* (trans. F. Etchells). London: The Architectural Press
『建築をめざして』、ル・コルビジェ著、吉阪隆正訳、鹿島出版会、1967年
『建築へ』、ル・コルビュジェ著、樋口清訳、中央公論美術出版、2003年、新版2011年
——— (1987). *The decorative art of today* (trans. J. L. Dunnett). Cambridge, MA: MIT Press
『今日の装飾芸術』、ル・コルビュジェ著、前川國男訳、鹿島出版会、1966年
Leather, P. et al. (1998). Windows in the workplace: Sunlight, view, and occupational stress. *Environment and Behavior*, 30, 739–62
Lee, I. F. (2018). *Joyful: The surprising power of ordinary things to create extraordinary*

happiness. London: Rider
『Joyful　感性を磨く本』、イングリッド・フェテル・リー著、櫻井裕子訳、ダイヤモンド社、2020年
Lee, K. E. et al. (2015). 40-second green roof views sustain attention: The role of micro-breaks in attention restoration. *Journal of Environmental Psychology*, 42, 182–9
Lee, R. and DeVore, I. (1968). *Man the hunter.* Chicago: Aldine
Leenders, M. A. A. M. et al. (2019). Ambient scent as a mood inducer in supermarkets: The role of scent intensity and time-pressure of shoppers. *Journal of Retailing and Consumer Services*, 48, 270–80
Lehrl, S. et al. (2007). Blue light improves cognitive performance. *Journal of Neural Transmission*, 114, 1435–63
Lehrner, J. et al. (2000). Ambient odor of orange in a dental office reduces anxiety and improves mood in female patients. *Physiology and Behavior*, 71, 83–6
Lenochová, P. et al. (2012). Psychology of fragrance use: Perception of individual odor and perfume blends reveals a mechanism for idiosyncratic effects on fragrance choice. *PLOS One*, 7, e33810
Levin, M. D. (1993). *Modernity and the hegemony of vision.* Berkeley: University of California Press
Levitin, D. (2015). *The organized mind: thinking straight in the age of information overload.* London: Penguin.
Lewis, D. M. G. et al. (2015). Lumbar curvature: A previously undiscovered standard of attractiveness. *Evolution and Human Behavior*, 36, 345–50
Lewis, D. M. G. et al. (2017). Why women wear high heels: Evolution, lumbar curvature, and attractiveness. *Frontiers in Psychology*, 8, 1875
Li, A. et al. (2011). Virtual reality and pain management: Current trends and future directions. *Pain Management*, 1, 147–57
Li, Q. (2010). Effect of forest bathing trips on human immune function. *Environmental Health and Preventative Medicine*, 15, 1, 9–17
Li, W. et al. (2007). Subliminal smells can guide social preferences. *Psychological Science*, 18, 1044–9
Lies, S. and Zhang, A. (2015). Prospective randomized study of the effect of music on the efficiency of surgical closures. *Aesthetic Surgery Journal*, 35, 858–63
Lin, H. (2014). Red-colored products enhance the attractiveness of women. *Displays*, 35, 202–5
Lindstrom, M. (2005). *Brand sense: How to build powerful brands through touch, taste, smell, sight and sound.* London: Kogan Page
『五感刺激のブランド戦略：消費者の理性的判断を超えた感情的な絆の力』、マーチン・リンストローム著、ルディー和子訳、ダイヤモンド社、2005年
Liu, B. et al. (2015). Does happiness itself directly affect mortality? The prospective UK Million Women Study. *The Lancet*, 387, 874–81
Liu, J. et al. (2019). The impact of tablecloth on consumers' food perception in real-life eating situation. *Food Quality and Preference*, 71, 168–71

Lobmaier, J. S. et al. (2018). The scent of attractiveness: Levels of reproductive hormones explain individual differences in women's body odour. *Proceedings of the Royal Society B: Biological Sciences*, 285, 20181520

LoBue, V. (2014). Deconstructing the snake: The relative roles of perception, cognition, and emotion on threat detection. *Emotion*, 14, 701–11

Lockley, S. W. et al. (2006). Short-wavelength sensitivity for the direct effects of light on alertness, vigilance, and the waking electroencephalogram in humans. *Sleep*, 29, 161–8

Louv, R. (2005). *Last child in the woods: Saving our children from nature-deficit disorder.* Chapel Hill, NC: Algonquin Books

『あなたの子どもには自然が足りない』、リチャード・ループ著、春日井晶子訳、早川書房、2006年

Lovato, N. and Lack, L. (2016). Circadian phase delay using the newly developed re-timer portable light device. *Sleep and Biological Rhythms*, 14, 157–64

Lupton, E. and Lipps, A. (eds.) (2018). *The senses: Design beyond vision.* Hudson, NY: Princeton Architectural Press

Lynn, M. et al. (2016). Clothing color and tipping: An attempted replication and extension. *Journal of Hospitality and Tourism Research*, 40, 516–24

M

Mace, B. L. et al. (1999). Aesthetic, affective, and cognitive effects of noise on natural landscape assessment. *Society and Natural Resources*, 12, 225–42

Mackerron, G. and Mourato, S. (2013). Happiness is greater in natural environments. *Global Environmental Change*, 23, 992–1000

Madzharov, A. et al. (2018). The impact of coffee-like scent on expectations and performance. *Journal of Environmental Psychology*, 57, 83–6

Malhotra, N. K. (1984). Information and sensory overload: Information and sensory overload in psychology and marketing. *Psychology and Marketing*, 1, 9–21

Manaker, G. H. (1996). *Interior plantscapes: Installation, maintenance, and management* (3rd edn). Englewood Cliffs, NJ: Prentice-Hall

Mancini, F. et al. (2011). Visual distortion of body size modulates pain perception. *Psychological Science*, 22, 325–30

Manning, J. T. and Fink, B. (2008). Digit ratio (2D:4D), dominance, reproductive success, asymmetry, and sociosexuality in the BBC Internet Study. *American Journal of Human Biology*, 20, 451–61

Manning, J. T. et al. (1998). The ratio of 2nd to 4th digit length: A predictor of sperm numbers and levels of testosterone, LH and oestrogen. *Human Reproduction*, 13, 3000–3004

Marin, M. M. et al. (2017). Misattribution of musical arousal increases sexual attraction towards opposite-sex faces in females. *PLOS One*, 12, e0183531

Marks, L. (1978). *The unity of the senses: Interrelations among the modalities.* New York: Academic Press

Martin, B. A. S. (2012). A stranger's touch: Effects of accidental interpersonal touch

on consumer evaluations and shopping time. *Journal of Consumer Research*, 39, 174–84

Martin, S. (2013). How sensory information influences price decisions. *Harvard Business Review*, 26 July, https://hbr.org/2013/07/research-how-sensory-informati

Mathiesen, S. L. et al. (2020). Music to eat by: A systematic investigation of the relative importance of tempo and articulation on eating time. *Appetite*, 155, https://doi.org/10.1016/j.appet.2020.104801

Matsubayashi, T. et al. (2014). Does the installation of blue lights on train platforms shift suicide to another station? Evidence from Japan. *Journal of Affective Disorders*, 169, 57–60

Mattila, A. S. and Wirtz, J. (2001). Congruency of scent and music as a driver of in-store evaluations and behavior. *Journal of Retailing*, 77, 273–89

Mavrogianni, A. et al. (2013). Historic variations in winter indoor domestic temperatures and potential implications for body weight gain. *Indoor and Built Environment*, 22, 360–75

May, J. L. and Hamilton, P. A. (1980). Effects of musically evoked affect on women's interpersonal attraction toward and perceptual judgments of physical attractiveness of men. *Motivation and Emotion*, 4, 217–28

McCandless, C. (2011). *Feng shui that makes sense: Easy ways to create a home that feels as good as it looks.* Minneapolis, MN: Two Harbors Press

McCarty, K. et al. (2017). Optimal asymmetry and other motion parameters that characterise high-quality female dance. *Scientific Reports*, 7, 42435

McFarlane, S. J. et al. (2020). Alarm tones, music and their elements: A mixed methods analysis of reported waking sounds for the prevention of sleep inertia. *PLOS One*, 15, e0215788

McGann, J. P. (2017). Poor human olfaction is a 19th-century myth. *Science*, 356, eaam7263

McGlone, F. et al. (2013). The crossmodal influence of odor hedonics on facial attractiveness: Behavioral and fMRI measures. In F. Signorelli and D. Chirchiglia (eds.), *Functional Brain Mapping and the Endeavor to Understand the Working Brain.* Rijeka, Croatia: InTech Publications, pp. 209–25

McGuire, B. et al. (2018). Urine marking in male domestic dogs: Honest or dishonest? *Journal of Zoology*, 306, 163–70

McGurk, H. and MacDonald, J. (1976). Hearing lips and seeing voices. *Nature*, 264, 746–8

McKeown, J. D. and Isherwood, S. (2007). Mapping the urgency and pleasantness of speech, auditory icons, and abstract alarms to their referents within the vehicle. *Human Factors*, 49, 417–28

Mead, G. E. et al. (2009). Exercise for depression. *Cochrane Database Systematic Review*, CD004366

Mehta, R., Zhu, R. and Cheema, A. (2012). Is noise always bad? Exploring the effects of ambient noise on creative cognition. *Journal of Consumer Research*, 39,

784–99
Meijer, D. et al. (2019). Integration of audiovisual spatial signals is not consistent with maximum likelihood estimation. *Cortex*, 119, 74–88
Menzel, D. et al. (2008). Influence of vehicle color on loudness judgments. *Journal of the Acoustical Society of America*, 123, 2477–9
Merabet, L. B. et al. (2004). Visual hallucinations during prolonged blindfolding in sighted subjects. *Journal of Neuro-Ophthalmology*, 24, 109–13
Meston, C. M. and Frohlich, P. F. (2003). Love at first fright: Partner salience moderates roller-coaster-induced excitation transfer. *Archives of Sexual Behavior*, 32, 537–44
Meyers-Levy, J. and Zhu, R. (J.) (2007). The influence of ceiling height: The effect of priming on the type of processing that people use. *Journal of Consumer Research*, 34, 174–86
Mikellides, B. (1990). Color and physiological arousal. *Journal of Architectural and Planning Research*, 7, 13–20
Milgram, S. (1970). The experience of living in cities. *Science*, 167, 1461–8
Milinski, M. and Wedekind, C. (2001). Evidence for MHC-correlated perfume preferences in humans. *Behavioral Ecology*, 12, 140–49
Miller, G. et al. (2007). Ovulatory cycle effects on tip earnings by lap dancers: Economic evidence for human estrus? *Evolution and Human Behavior*, 28, 375–81
Miller, G. F. (1998). How mate choice shaped human nature: A review of sexual selection and human evolution. In C. B. Crawford and D. Krebs (eds.), *Handbook of evolutionary psychology: Ideas, issues, and applications*. Mahwah, NJ: Lawrence Erlbaum, pp. 87–129
——— (2000). Evolution of human music through sexual selection. In N. L. Wallin et al. (eds.), *The origins of music*. Cambridge, MA: MIT Press, pp. 329–60
『音楽の起源　上』、ニルス·L.ウォーリン、ビョルン·マーカー、スティーブン·ブラウン編著、山本聡訳、人間と歴史社、2013年
Milliman, R. E. (1982). Using background music to affect the behavior of supermarket shoppers. *Journal of Marketing*, 46, 86–91
——— (1986). The influence of background music on the behavior of restaurant patrons. *Journal of Consumer Research*, 13, 286–9
Mindell, J. A. et al. (2009). A nightly bedtime routine: Impact on sleep in young children and maternal mood. *Sleep*, 32, 599–606
Minsky, L. et al. (2018). Inside the invisible but influential world of scent branding. *Harvard Business Review*, 11 April, https://hbr.org/2018/04/inside-the-invisible-but-influential-world-of-scent-branding
Mitchell, R. and Popham, F. (2008). Effect of exposure to natural environment on health inequalities: An observational population study. *The Lancet*, 372, 1655–60
Mitler, M. M. et al. (1988). Catastrophes, sleep, and public policy: Consensus report. *Sleep*, 11, 100–109
Mitro, S. et al. (2012). The smell of age: Perception and discrimination of body

odors of different ages. *PLOS One*, 7, e38110
Miyazaki, Y. (2018). *Shinrin-yoku: The Japanese way of forest bathing for health and relaxation*. London: Aster Books
『Shirin-Yoku(森林浴)心と体を癒す自然セラピー』、宮崎良文著、創元社、2018年
Monahan, J. L. et al. (2000). Subliminal mere exposure: Specific, general and affective effects. *Psychological Science*, 11, 462–6
Montagu, A. (1971). *Touching: The human significance of the skin*. New York: Columbia University Press
『森林医学』、森本兼曩、宮崎良文、平野秀樹編、朝倉出版、
Montignies, F. et al. (2010). Empirical identification of perceptual criteria for customer-centred design. Focus on the sound of tapping on the dashboard when exploring a car. *International Journal of Industrial Ergonomics*, 40, 592–603
Moore, E. O. (1981). A prison environment's effect on health care service demands. *Journal of Environmental Systems*, 11, 17–34
Morgan, W. P. et al. (1988). Personality structure, mood states, and performance in elite male distance runners. *International Journal of Sport Psychology*, 19, 247–63
Morimoto, K. et al. (eds.) (2006). *Forest medicine*. Tokyo: Asakura Publishing
Morin, C. M. (1993). *Insomnia: Psychological assessment and management*. New York: Guilford Press
Morrin, M. and Chebat, J.-C. (2005). Person-place congruency: The interactive effects of shopper style and atmospherics on consumer expenditures. *Journal of Service Research*, 8, 181–91
Moseley, G. L. et al. (2008a). Is mirror therapy all it is cracked up to be? Current evidence and future directions. *Pain*, 138, 7–10
Moseley, G. L. et al. (2008b). Psychologically induced cooling of a specific body part caused by the illusory ownership of an artificial counterpart. *Proceedings of the National Academy of Sciences of the USA*, 105, 13168–72
Moseley, G. L. et al. (2008c). Visual distortion of a limb modulates the pain and swelling evoked by movement. *Current Biology*, 18, R1047–R1048
Moss, H. et al. (2007). A cure for the soul? The benefit of live music in the general hospital. *Irish Medical Journal*, 100, 636–8
Mueser, K. T. et al. (1984). You're only as pretty as you feel: Facial expression as a determinant of physical attractiveness. *Journal of Personality and Social Psychology*, 46, 469–78
Müller, F. et al. (2019). The sound of speed: How grunting affects opponents' anticipation in tennis. *PLOS One*, 14, e0214819
Mustafa, M. et al. (2016). The impact of vehicle fragrance on driving performance: What do we know? *Procedia – Social and Behavioral Sciences*, 222, 807–15
Muzet, A. et al. (1984). Ambient temperature and human sleep. *Experientia*, 40, 425–9

N

National Sleep Foundation (2006). *Teens and sleep.* https://sleepfoundation.org/sleep-topics/teens-and-sleep

Neave, N. et al. (2011). Male dance moves that catch a woman's eye. *Biology Letters*, 7, 221–4

Nettle, D. and Pollet, T. V. (2008). Natural selection on male wealth in humans. *American Naturalist*, 172, 658–66

Nieuwenhuis, M. et al. (2014). The relative benefits of green versus lean office space: Three field experiments. *Journal of Experimental Psychology: Applied*, 20, 199–214

Nightingale, F. (1860). *Notes on nursing. What it is, and what it is not.* New York: D. Appleton and Company

『看護覚え書　看護であること　看護でないこと』、フロレンス・ナイチンゲール著、薄井坦子他訳、現代社、1968年

Nisbet, E. K. and Zelenski, J. M. (2011). Underestimating nearby nature: Affective forecasting errors obscure the happy path to sustainability. *Psychological Science*, 22, 1101–6

North, A. C. and Hargreaves, D. J. (1999). Music and driving game performance. *Scandinavian Journal of Psychology*, 40, 285–92

——— (2000). Musical preferences when relaxing and exercising. *American Journal of Psychology*, 113, 43–67

North, A. C., et al. (1997). In-store music affects product choice. *Nature*, 390, 132

North, A. C. et al. (1998). Musical tempo and time perception in a gymnasium. *Psychology of Music*, 26, 78–88

Novaco, R. et al. (1990). Objective and subjective dimensions of travel impedance as determinants of commuting stress. *American Journal of Community Psychology*, 18, 231–57

O

O'Connell, M. (2018). *To be a machine.* London: Granta

『トランスヒューマニズム　人間強化の欲望から不死の夢まで』、マーク・オコネル著、松浦俊輔訳、作品社、2018年

Oberfeld, D. et al. (2009). Ambient lighting modifies the flavor of wine. *Journal of Sensory Studies*, 24, 797–832

Oberfeld, D. et al. (2010). Surface lightness influences perceived room height. *Quarterly Journal of Experimental Psychology*, 63, 1999–2011

Obst, P. et al. (2011). Age and gender comparisons of driving while sleepy: Behaviours and risk perceptions. *Transportation Research Part F: Traffic Psychology and Behaviour*, 14, 539–42

Oldham, G. R. et al. (1995). Listen while you work? Quasi-experimental relations between personal-stereo headset use and employee work responses. *Journal of Applied Psychology*, 80, 547–64

Olmsted, F. L. (1865a). The value and care of parks. Reprinted in R. Nash (ed.) (1968). *The American environment: Readings in the history of conservation*. Reading, MA: Addison-Wesley, pp. 18–24

——— (1865b). *Yosemite and the Mariposa Grove: A preliminary report*. Available online at: www.yosemite.ca.us/library/olmsted/report.html

Olson, R. L. et al. (2009). Driver distraction in commercial vehicle operations. Technical Report No. FMCSA-RRR-09-042. Federal Motor Carrier Safety Administration, US Department of Transportation, Washington, DC

Olsson, M. J. et al. (2014). The scent of disease: Human body odor contains an early chemosensory cue of sickness. *Psychological Science*, 25, 817–23

Ott, W. R. and Roberts, J. W. (1998). Everyday exposure to toxic pollutants. *Scientific American*, 278 (February), 86–91

Otterbring, T. (2018). Healthy or wealthy? Attractive individuals induce sex-specific food preferences. *Food Quality and Preference*, 70, 11–20

Otterbring, T. et al. (2018). The relationship between office type and job satisfaction: Testing a multiple mediation model through ease of interaction and well-being. *Scandinavian Journal of Work and Environmental Health*, 44, 330–34

Ottoson, J. and Grahn, P. (2005). A comparison of leisure time spent in a garden with leisure time spent indoors: On measures of restoration in residents in geriatric care. *Landscape Research*, 30, 23–55

Oyer, J. and Hardick, J. (1963). *Response of population to optimum warning signal*. Office of Civil Defence, Final Report No. SHSLR163. Contract No. OCK-OS-62-182, September

P

Packard, V. (1957). *The hidden persuaders*. Harmondsworth: Penguin

Pallasmaa, J. (1996). *The eyes of the skin: Architecture and the senses* (Polemics). London: Academy Editions

Palmer, H. (1978). *Sea gulls . . . Music for rest and relaxation*. Freeport, NY: Education Activities, Inc. (Tape #AR504)

Pancoast, S. (1877). *Blue and red light*. Philadelphia: J. M. Stoddart & Co.

Park, B. J. et al. (2007). Physiological effects of Shinrin-yoku (taking in the atmosphere of the forest) – using salivary cortisol and cerebral activity as indicators. *Journal of Physiological Anthropology*, 26, 123–8

Park, J. and Hadi, R. (2020). Shivering for status: When cold temperatures increase product evaluation. *Journal of Consumer Psychology*, 30, 314–28

Park, Y.-M. M. et al. (2019). Association of exposure to artificial light at night while sleeping with risk of obesity in women. *JAMA Internal Medicine*, 179, 1061–71

Parsons, R. et al. (1998). The view from the road: Implications for stress recovery and immunization. *Journal of Environmental Psychology*, 18, 113–40

Passchier-Vermeer, W. and Passchier, W. F. (2000). Noise exposure and public health. *Environmental Health Perspectives*, 108, 123–31

Pasut, W. et al. (2015). Energy-efficient comfort with a heated/cooled chair: Results from human subject tests. *Building and Environment*, 84, 10–21

Patania, V. M. et al. (2020). The psychophysiological effects of different tempo music on endurance versus high-intensity performances. *Frontiers in Psychology*, 11, 74

Pavela Banai, I. (2017). Voice in different phases of menstrual cycle among naturally cycling women and users of hormonal contraceptives. *PLOS One*, 12, e0183462

Peck, J. and Shu, S. B. (2009). The effect of mere touch on perceived ownership. *Journal of Consumer Research*, 36, 434–47

Peltzman, S. (1975). The effects of automobile safety regulation. *Journal of Political Economy*, 83, 677–725

Pencavel, J. (2014). The productivity of working hours. IZA Discussion Paper No. 8129, http://ftp.iza.org/dp8129.pdf

Peperkoorn, L. S. et al. (2016). Revisiting the red effect on attractiveness and sexual receptivity: No effect of the color red on human mate preference. *Evolutionary Psychology*, October–December, 1–13

Perrault, A. A. et al. (2019). Whole-night continuous rocking entrains spontaneous neural oscillations with benefits for sleep and memory. *Current Biology*, 29, 402–11

Petit, O. et al. (2019). Multisensory consumer-packaging interaction (CPI): The role of new technologies. In C. Velasco and C. Spence (eds.), *Multisensory packaging: Designing new product experiences*. Cham, Switzerland: Palgrave Macmillan, pp. 349–74

Pfaffmann, C. (1960). The pleasure of sensation. *Psychological Review*, 67, 253–68

Phalen, J. M. (1910). An experiment with orange-red underwear. *Philippine Journal of Science*, 5B, 525–46

Pinker, S. (2018). *Enlightenment now: The case for reason, science, humanism, and progress*. New York: Viking Penguin

『21世紀の啓蒙　上:理性、科学、ヒューマニズム、進歩』、スティーブン・ピンカー著、橘明美、坂田雪子訳、草思社、2019年

『21世紀の啓蒙　下:理性、科学、ヒューマニズム、進歩』、スティーブン・ピンカー著、橘明美、坂田雪子訳、草思社、2019年

Piqueras-Fiszman, B. and Spence, C. (2012). The weight of the bottle as a possible extrinsic cue with which to estimate the price (and quality) of the wine? Observed correlations. *Food Quality and Preference*, 25, 41–5

Plante, T. G. et al. (2006). Psychological benefits of exercise paired with virtual reality: Outdoor exercise energizes whereas indoor virtual exercise relaxes. *International Journal of Stress Management*, 13, 108–17

Pollet, T. et al. (2018). Do red objects enhance sexual attractiveness? No evidence from two large replications and an extension. PsyArXiv Preprints, 16 February 2018, https://doi.org/10.31234/osf.io/3bfwh

Prescott, J. and Wilkie, J. (2007). Pain tolerance selectively increased by a sweet-

smelling odor. *Psychological Science*, 18, 308–11

Pretty, J. et al. (2009). *Nature, childhood, health and life pathways.* University of Essex, Interdisciplinary Centre for Environment and Society, Occasional Paper 2009–2

Priest, D. L. et al. (2004). The characteristics and effects of motivational music in exercise settings: The possible influence of gender, age, frequency of attendance, and time of attendance. *Journal of Sports Medicine and Physical Fitness*, 44, 77–86

Przybylski, A. K. (2019). Digital screen time and pediatric sleep: Evidence from a preregistered cohort study. *Journal of Pediatrics*, 205, 218–23

Q

Qin, J. et al. (2014). The effect of indoor plants on human comfort. *Indoor Building Environment*, 23, 709–23

R

Ramachandran, V. S. and Blakeslee, S. (1998). *Phantoms in the brain.* London: Fourth Estate

『脳のなかの幽霊』、V・S・ラマチャンドラン、サンドラ・ブレイクスリー著、山下篤子訳、角川文庫、1999年

Ramsey, K. L. and Simmons, F. B. (1993). High-powered automobile stereos. *Otolaryngology – Head and Neck Surgery*, 109, 108–10

Ratcliffe, E. et al. (2016). Associations with bird sounds: How do they relate to perceived restorative potential? *Journal of Environmental Psychology*, 47, 136–44

Ratcliffe, V. F. et al. (2016). Cross-modal correspondences in non-human mammal communication. *Multisensory Research*, 29, 49–91

Rattenborg, N. C. et al. (1999). Half-awake to the risk of predation. *Nature*, 397, 397–8

Raudenbush, B. et al. (2001). Enhancing athletic performance through the administration of peppermint odor. *Journal of Sport and Exercise Psychology*, 23, 156–60

Raudenbush, B. et al. (2002). The effects of odors on objective and subjective measures of athletic performance. *International Sports Journal*, 6, 14–27

Raymann, R. J. et al. (2008). Skin deep: Enhanced sleep depth by cutaneous temperature manipulation. *Brain*, 131, 500–513

Raymond, J. (2000). The world of senses. *Newsweek Special Issue*, Fall–Winter, 136, 16–18

Reber, R., et al. (2004). Processing fluency and aesthetic pleasure: Is beauty in the perceiver's processing experience? *Personality and Social Psychology Review*, 8, 364–82

Reber, R., et al. (1998). Effects of perceptual fluency on affective judgments. *Psychological Science*, 9, 45–8

Redelmeier, D. A. and Tibshirani, R. J. (1997). Association between cellular-

telephone calls and motor vehicle collisions. *New England Journal of Medicine*, 336, 453–8
Redies, C. (2007). A universal model of esthetic perception based on the sensory coding of natural stimuli. *Spatial Vision*, 21, 97–117
Reinoso-Carvalho, F. et al. (2019). Not just another pint! Measuring the influence of the emotion induced by music on the consumer's tasting experience. *Multisensory Research*, 32, 367–400
Renvoisé, P. and Morin, C. (2007). *Neuromarketing: Understanding the 'buy buttons' in your customer's brain.* Nashville, TN: Thomas Nelson
『売れる脳科学: レプティリアン脳に売れ!』、クリストフ・モリン、パトリック・ランヴォワゼ著、岡村桂訳、ダイレクト出版、2019年
Rhodes, G. (2006). The evolutionary psychology of facial beauty. *Annual Review of Psychology*, 57, 199–226
Rice, T. (2003). Soundselves: An acoustemology of sound and self in the Edinburgh Royal Infirmary. *Anthropology Today*, 19, 4–9
Richter, J. and Muhlestein, D. (2017). Patient experience and hospital profitability: Is there a link? *Health Care Management Review*, 42, 247–57
Roberts, S. C. et al. (2004). Female facial attractiveness increases during the fertile phase of the menstrual cycle. *Proceedings of the Royal Society of London Series B*, 271 (S5), S270–S272
Roberts, S. C. et al. (2011). Body odor quality predicts behavioral attractiveness in humans. *Archives of Sexual Behavior*, 40, 1111–17
Roenneberg, T. (2012). *Internal time: Chronotypes, social jet lag, and why you're so tired.* Cambridge, MA: Harvard University Press
『なぜ生物時計は、あなたの生き方まで操っているのか?』、ティル・ローエンバーグ著、渡会圭子訳、インターシフト、2014年
——— (2013). Chronobiology: The human sleep project. *Nature*, 498, 427–8
Romero, J. et al. (2003). Color coordinates of objects with daylight changes. *Color Research and Application*, 28, 25–35
Romine, I. J. et al. (1999). Lavender aromatherapy in recovery from exercise. *Perceptual and Motor Skills*, 88, 756–8
Roschk, H. et al. (2017). Calibrating 30 years of experimental research: A meta-analysis of the atmospheric effects of music, scent, and color. *Journal of Retailing*, 93, 228–40
Rosenblum, L. D. (2010). *See what I am saying: The extraordinary powers of our five senses.* New York: W. W. Norton
『最新脳科学でわかった五感の驚異』、ローレンス・D・ローゼンブラム著、斎藤慎子訳、講談社、2011年
Rosenthal, N. E (2019). *Winter blues: Everything you need to know to beat Seasonal Affective Disorder.* New York: Guilford Press
『季節性うつ病』、ノーマン・E・ローゼンタール著、太田龍朗訳、講談社、1992年
Ross, S. (1966). Background music systems – do they pay? *Administrative*

Management Journal, 27 (August), 34–7
Rowe, C. et al. (2005). Seeing red? Putting sportswear in context. *Nature*, 437, E10
Rybkin, I. (2017). Music's potential effects on surgical performance. *Quill and Scope*, 10, 3

S

Sagberg, F. (1999). Road accidents caused by drivers falling asleep. *Accident Analysis and Prevention*, 31, 639–49
Salgado-Montejo., A. et al. (2015). Smiles over frowns: When curved lines influence product preference. *Psychology and Marketing*, 32, 771–81
Samuel, L. R. (2010). *Freud on Madison Avenue: Motivation research and subliminal advertising in America*. Oxford: University of Pennsylvania Press
Schaal, B. and Durand, K. (2012). The role of olfaction in human multisensory development. In A. J. Bremner et al. (eds.), *Multisensory development*. Oxford: Oxford University Press, pp. 29–62
Schaal, B. et al. (2000). Human foetuses learn odours from their pregnant mother's diet. *Chemical Senses*, 25, 729–37
Schaefer, E. W. et al. (2012). Sleep and circadian misalignment for the hospitalist: A review. *Journal of Hospital Medicine*, 7, 489–96
Schaffert, N. et al. (2011). An investigation of online acoustic information for elite rowers in on-water training conditions. *Journal of Human Sport and Exercise*, 6, 392–405
Schiffman, S. S. and Siebert, J. M. (1991). New frontiers in fragrance use. *Cosmetics and Toiletries*, 106, 39–45
Scholey, A. et al. (2009). Chewing gum alleviates negative mood and reduces cortisol during acute laboratory psychological stress. *Physiology and Behavior*, 97, 304–12
Schreiner, T. and Rasch, B. (2015). Boosting vocabulary learning by verbal cueing during sleep. *Cerebral Cortex*, 25, 4169–79
Schreuder, E. et al. (2016). Emotional responses to multisensory environmental stimuli: A conceptual framework and literature review. *Sage Open*, January–March, 1–19
Schwartzman, M. (2011). *See yourself sensing: Redefining human perception*. London: Black Dog
Sekuler, R. and Blake, R. (1987). Sensory underload. *Psychology Today*, 12 (December), 48–51
Seligman, M. E. (1971). Phobias and preparedness. *Behavior Therapy*, 2, 307–20
Senders, J. W. et al. (1967). The attentional demand of automobile driving. *Highway Research Record*, 195, 15–33
Senkowski, D. et al. (2014). Crossmodal shaping of pain: A multisensory approach to nociception. *Trends in Cognitive Sciences*, 18, 319–27
Seto, K. C. et al. (2012). Global forecasts of urban expansion to 2030 and direct

impacts on biodiversity and carbon pools. *Proceedings of the National Academy of Sciences of the USA*, 109, 16083–8
Sheldon, R. and Arens, E. (1932). *Consumer engineering: A new technique for prosperity*. New York: Harper & Brothers
Shippert, R. D. (2005). A study of time-dependent operating room fees and how to save $100 000 by using time-saving products. *American Journal of Cosmetic Surgery*, 22, 25–34
Sinnett, S. and Kingstone, A. (2010). A preliminary investigation regarding the effect of tennis grunting: Does white noise during a tennis shot have a negative impact on shot perception? *PLOS One*, 5, e13148
Sitwell, W. (2020). *The restaurant: A history of eating out*. London: Simon & Schuster
Sivak, M. (1996). The information that drivers use: Is it indeed 90% visual? *Perception*, 25, 1081–9
Siverdeen, Z. et al. (2008). Exposure to noise in orthopaedic theatres – do we need protection? *International Journal of Clinical Practice*, 62, 1720–22
Slabbekoorn, H. and Ripmeester, E. (2008). Birdsong and anthropogenic noise: Implications and applications for conservation. *Molecular Ecology*, 17, 72–83
Smith, G. A. et al. (2006). Comparison of a personalized parent voice smoke alarm with a conventional residential tone smoke alarm for awakening children. *Pediatrics*, 118, 1623–32
Smith, M. M. (2007). *Sensory history*. Oxford: Berg
Solomon, M. R. (2002). *Consumer behavior: Buying, having and being*. Upper Saddle River, NJ: Prentice-Hall
『ソロモン消費者行動論』、マイケル・R・ソロモン著、松井剛監訳、丸善出版、2015年
『ソロモン消費者行動論[上]』、マイケル・R・ソロモン著、松井剛監訳、丸善出版、2015年
『ソロモン消費者行動論[中]』、マイケル・R・ソロモン著、松井剛監訳、丸善出版、2015年
『ソロモン消費者行動論[下]』、マイケル・R・ソロモン著、松井剛監訳、丸善出版、2015年
Sorokowska, A. et al. (2012). Does personality smell? Accuracy of personality assessments based on body odour. *European Journal of Personality*, 26, 496–503
Sors, F. et al. (2017). The contribution of early auditory and visual information to the discrimination of shot power in ball sports. *Psychology of Sport and Exercise*, 31, 44–51
Souman, J. L. et al. (2017). Acute alerting effects of light: A systematic literature review. *Behavioural Brain Research*, 337, 228–39
Spence, C. (2002). *The ICI report on the secret of the senses*. London: The Communication Group
——— (2003). A new multisensory approach to health and well-being. *In Essence*, 2, 16–22
——— (2012a). Drive safely with neuroergonomics. *The Psychologist*, 25, 664–7
——— (2012b). Managing sensory expectations concerning products and brands: Capitalizing on the potential of sound and shape symbolism. *Journal of Consumer Psychology*, 22, 37–54

——— (2014). Q & A: Charles Spence. *Current Biology*, 24, R506–R508
——— (2015). Leading the consumer by the nose: On the commercialization of olfactory-design for the food and beverage sector. *Flavour*, 4, 31
——— (2016). Gastrodiplomacy: Assessing the role of food in decision-making. *Flavour*, 5, 4
——— (2017). Hospital food. *Flavour*, 6, 3
——— (2018). *Gastrophysics: The new science of eating.* London: Penguin
『「おいしさ」の錯覚　最新科学でわかった、美味の真実』、チャールズ・スペンス著、長谷川圭訳、角川書店、2018年
——— (2019a). Attending to the chemical senses. *Multisensory Research*, 32, 635–64
——— (2019b). Multisensory experiential wine marketing. *Food Quality and Preference*, 71, 106–16, https://doi.org/10.1016/j.food-qual.2018.06.010(現在はリンク切れ)
——— (2020a). Extraordinary emotional responses elicited by auditory stimuli linked to the consumption of food and drink. *Acoustical Science and Technology*, 41, 28–36
——— (2020b). Multisensory flavour perception: Blending, mixing, fusion, and pairing within and between the senses. *Foods*, 9, 407
——— (2020c). On the ethics of neuromarketing and sensory marketing. In J. Trempe-Martineau and E. Racine (eds.), *Organizational neuroethics: Reflections on the contributions of neuroscience to management theories and business practice.* Cham, Switzerland: Springer Nature, pp. 9–30
——— (2020d). Temperature-based crossmodal correspondences: Causes and consequences. *Multisensory Research*, 33, 645–82
——— (2020e). Designing for the multisensory mind. *Architectural Design*, December, 42–49
——— (2020f). Senses of space: Designing for the multisensory mind. *Cognitive Research: Principles and Implications*, 5, 46. https://rdcu.be/b7qIt
Spence, C. and Carvalho, F. M. (2020). The coffee drinking experience: Product extrinsic (atmospheric) influences on taste and choice. *Food Quality and Preference*, 80, https://doi.org/10.1016/j.foodqual.2019.103802
Spence, C. and Gallace, A. (2011). Multisensory design: Reaching out to touch the consumer. *Psychology and Marketing*, 28, 267–308
Spence, C. and Keller, S. (2019). Medicine's melodies: On the costs and benefits of music, soundscapes, and noise in healthcare settings. *Music and Medicine*, 11, 211–25
Spence, C. and Read, L. (2003). Speech shadowing while driving: On the difficulty of splitting attention between eye and ear. *Psychological Science*, 14, 251–6
Spence, C. et al. (2014a). A large sample study on the influence of the multisensory environment on the wine drinking experience. *Flavour*, 3, 8
Spence, C. et al. (2014b). Store atmospherics: A multisensory perspective. *Psychology and Marketing*, 31, 472–88

Spence, C. et al. (2017). Digitizing the chemical senses: Possibilities and pitfalls. *International Journal of Human-Computer Studies*, 107, 62–74

Spence, C. et al. (2019a). Digital commensality: On the pros and cons of eating and drinking with technology. *Frontiers in Psychology*, 10, 2252

Spence, C. et al. (2019b). Extrinsic auditory contributions to food perception and consumer behaviour: An interdisciplinary review. *Multisensory Research*, 32, 275–318

Spence, C. et al. (2020). Magic on the menu: Where are all the magical food and beverage experiences? *Foods*, 9, 257

Stack, S. and Gundlach, J. (1992). The effect of country music on suicide. *Social Forces*, 71, 211–18

Stanton, T. R. et al. (2017). Feeling stiffness in the back: A protective perceptual inference in chronic back pain. *Scientific Reports*, 7, 9681

Staricoff, R. and Loppert, S. (2003). Integrating the arts into health care: Can we affect clinical outcomes? In D. Kirklin and R. Richardson (eds.), *The healing environment: Without and within*. London: RCP, pp. 63–79

Steel, C. (2008). *Hungry city: How food shapes our lives*. London: Chatto & Windus

Steele, K. M. (2014). Failure to replicate the Mehta and Zhu (2009) color-priming effect on anagram solution times. *Psychonomic Bulletin and Review*, 21, 771–6

Stein, B. E. (ed.-in-chief) (2012). *The new handbook of multisensory processing*. Cambridge, MA: MIT Press

Steinwald, M. et al. (2014). Multisensory engagement with real nature relevant to real life. In N. Levent and A. Pascual-Leone (eds.), *The multisensory museum: Cross-disciplinary perspectives on touch, sound, smell, memory and space*. Plymouth: Rowman & Littlefield, pp. 45–60

Stillman, J. W. and Hensley, W. E. (1980). She wore a flower in her hair: The effect of ornamentation on non-verbal communication. *Journal of Applied Communication Research*, 1, 31–9

Stumbrys, T. et al. (2012). Induction of lucid dreams: A systematic review of evidence. *Consciousness and Cognition*, 21, 1456–75

Suwabe, K. et al. (in press). Positive mood while exercising influences beneficial effects of exercise with music on prefrontal executive function: A functional NIRS Study. *Neuroscience*, https://doi.org/10.1016/j.neuroscience.2020.06.007

T

Taheri, S. et al. (2004). Short sleep duration is associated with reduced leptin, elevated ghrelin, and increased body mass index. *PLOS Medicine*, 1, 210–17

Tamaki, M. et al. (2016). Night watch in one brain hemisphere during sleep associated with the first-night effect in humans. *Current Biology*, 26, 1190–94

Tanizaki, J. (2001). *In praise of shadows* (trans. T. J. Harper and E. G. Seidenstickker). London: Vintage Books

『陰翳礼讃』、谷崎潤一郎著、創元社、1952年

『陰翳礼讃』、谷崎潤一郎著、角川書店、1955年
『陰翳礼讃』、谷崎潤一郎著、中央公論新社、1975年、改訂1995年
『谷崎潤一郎随筆集』、谷崎潤一郎著、篠田一士著、岩波書店、1985年
『陰翳礼讃·文章読本』、谷崎潤一郎著、新潮社、2016年
Tassi, P. and Muzet, A. (2000). Sleep inertia. *Sleep Medicine Reviews*, 4, 341–53
Terman, M. (1989). On the question of mechanism in phototherapy for seasonal affective disorder: Considerations of clinical efficacy and epidemiology. In N. E. Rosenthal and M. C. Blehar (eds.), *Seasonal affective disorders and phototherapy*. New York: Guilford Press, pp. 357–76
Terry, P. C. et al. (2012). Effects of synchronous music on treadmill running among elite triathletes. *Journal of Science and Medicine in Sport*, 15, 52–7
Thömmes, K. and Hübner, R. (2018). Instagram likes for architectural photos can be predicted by quantitative balance measures and curvature. *Frontiers in Psychology*, 9, 1050
Thompson Coon, J. et al. (2011). Does participating in physical activity in outdoor natural environments have a greater effect on physical and mental wellbeing than physical activity indoors? A systematic review. *Environmental Science and Technology*, 45, 1761–72
Tifferet, S. et al. (2012). Guitar increases male Facebook attractiveness: Preliminary support for the sexual selection theory of music. *Letters on Evolutionary Behavioral Science*, 3, 4–6
Townsend, M. and Weerasuriya, R. (2010). *Beyond blue to green: The benefits of contact with nature for mental health and well-being*. Melbourne, Australia: Beyond Blue Limited
Treib, M. (1995). Must landscape mean? Approaches to significance in recent landscape architecture. *Landscape Journal*, 14, 47–62
Treisman, M. (1977). Motion sickness: As evolutionary hypothesis. *Science*, 197, 493–5
Trivedi, B. (2006). Recruiting smell for the hard sell. *New Scientist*, 2582, 36–9
Trotti, L. M. (2017). Waking up is the hardest thing I do all day: Sleep inertia and sleep drunkenness. *Sleep Medicine Reviews*, 35, 76–84
Trzeciak, S. et al. (2016). Association between Medicare summary star ratings for patient experience and clinical outcomes in US hospitals. *Journal of Patient Experience*, 3, 6–9
Tse, M. M. et al. (2002). The effect of visual stimuli on pain threshold and tolerance. *Journal of Clinical Nursing*, 11, 462–9
Twedt, E. et al. (2016). Designed natural spaces: Informal gardens are perceived to be more restorative than formal gardens. *Frontiers in Psychology*, 7, 88

U

Ullmann, Y. et al. (2008). The sounds of music in the operating room. *Injury*, 39, 592–7

Ulrich, R. S. (1984). View through a window may influence recovery from surgery. *Science*, 224, 420–21

——— (1991). Effects of interior design on wellness: Theory and recent scientific research. *Journal of Health Care Interior Design*, 3, 97–109

——— (1993). Biophilia, biophobia, and natural landscapes. In S. R. Kellert and E. O. Wilson (eds.), *The biophilia hypothesis*. Washington, DC: Island Press, pp. 73–137

——— (1999). Effects of gardens on health outcomes: Theory and research. In C. Cooper-Marcus and M. Barnes (eds.), *Healing gardens: Therapeutic benefits and design recommendations*. Hoboken, NJ: John Wiley & Sons, pp. 27–86

Ulrich, R. S. et al. (1991). Stress recovery during exposure to natural and urban environments. *Journal of Environmental Psychology*, 11, 201–30

Underhill, P. (1999). *Why we buy: The science of shopping*. New York: Simon & Schuster

『なぜこの店で買ってしまうのか　ショッピングの科学』、パコ・アンダーヒル著、鈴木主税訳、早川書房、2014年

Unkelbach, C. and Memmert, D. (2010). Crowd noise as a cue in referee decisions contributes to the home advantage. *Journal of Sport and Exercise Psychology*, 32, 483–98

Unnava, V. et al. (2018). Coffee with co-workers: Role of caffeine on evaluations of the self and others in group settings. *Journal of Psychopharmacology*, 32, 943–8

Ury, H. K. et al. (1972). Motor vehicle accidents and vehicular pollution in Los Angeles. *Archives of Environmental Health*, 25, 314–22

US Energy Information Administration (2011). Residential energy consumption survey (RECS). *US Energy Information Administration*, www.eia.gov/consumption/residential/reports/2009/air-conditioning.php

US Senate Special Committee on Aging (1985–6). *Aging America, Trends and Projections, 1985–86 Edition*. US Senate Special Committee on Aging (in association with the American Association of Retired Persons, the Federal Council on the Aging, and the Administration on Aging)

V

Valdez, P. and Mehrabian, A. (1994). Effects of color on emotions. *Journal of Experimental Psychology: General*, 123, 394–409

Vartanian, O. et al. (2013). Impact of contour on aesthetic judgments and approach-avoidance decisions in architecture. *Proceedings of the National Academy of Sciences of the USA*, 110 (Supplement 2), 10446–53

Vartanian, O. et al. (2015). Architectural design and the brain: Effects of ceiling height and perceived enclosure on beauty judgments and approach-avoidance decisions. *Journal of Environmental Psychology*, 41, 10–18

Villemure, C. et al. (2003). Effects of odors on pain perception: Deciphering the roles of emotion and attention. *Pain*, 106, 101–8

W

Wagner, U. et al. (2004). Sleep inspires insight. *Nature*, 427, 352–5

Walker, J. et al. (2016). Chewing unflavored gum does not reduce cortisol levels during a cognitive task but increases the response of the sympathetic nervous system. *Physiology and Behavior*, 154, 8–14

Walker, M. (2018). *Why we sleep*. London: Penguin

『睡眠こそ最強の解決策である』、マシュー・ウォーカー著、桜田直美訳、SBクリエイティブ、2018年

Wallace, A. G. (2015). Are you looking at me? *Capital Ideas*, Fall, 24–33

Wang, Q. J. and Spence, C. (2019). Drinking through rosé-coloured glasses: Influence of wine colour on the perception of aroma and flavour in wine experts and novices. *Food Research International*, 126, 108678

Wargocki, P. et al. (1999). Perceived air quality, Sick Building Syndrome (SBS) symptoms and productivity in an office with two different pollution loads. *Industrial Air*, 9, 165–79

Wargocki, P. et al. (2000). The effects of outdoor air supply rate in an office on perceived air quality, Sick Building Syndrome (SBS) symptoms and productivity. *Industrial Air*, 10, 222–36

Warm, J. S. et al. (1991). Effects of olfactory stimulation on performance and stress in a visual sustained attention task. *Journal of the Society of Cosmetic Chemists*, 42, 199–210

Waterhouse, J. et al. (2010). Effects of music tempo upon submaximal cycling performance. *Scandinavian Journal of Medicine and Science in Sports*, 20, 662–9

Watkins, C. D. (2017). Creativity compensates for low physical attractiveness when individuals assess the attractiveness of social and romantic partners. *Royal Society Open Science*, 4, 160955

Watson, L. (1971). *The omnivorous ape*. New York: Coward, McCann & Geoghegan

『悪食のサル　食性からみた人間像』、ライアル・ワトソン著、餌取章男訳、河出書房新社、1980年

Weber, S. T. and Heuberger, E. (2008). The impact of natural odors on affective states in humans. *Chemical Senses*, 33, 441–7

Wehrens, S. M. T. et al. (2017). Meal timing regulates the human circadian system. *Current Biology*, 27, 1768–75

Weinzimmer, D. et al. (2014). Human responses to simulated motorized noise in national parks. *Leisure Sciences*, 36, 251–67

Whalen, P. J. et al. (2004). Human amygdala responsivity to masked fearful eye whites. *Science*, 306, 2061

Whitcome, K. K. et al. (2007). Fetal load and the evolution of lumbar lordosis in bipedal hominins. *Nature*, 450, 1075–8

White, D. et al. (2017). Choosing face: The curse of self in profile image selection. *Cognitive Research: Principles and Implications*, 2, 23

Wigley, M. (1995). *White walls, designer dresses: The fashioning of modern architecture*. London: MIT Press

『白い壁、デザイナードレス　近代建築のファッション化』、マーク・ウィグリー著、松牛卓他訳、鹿島出版会、2021年
Wilde, G. J. S. (1982). The theory of risk homeostasis: Implications for safety and health. *Risk Analysis*, 2, 209–25
Williams, F. (2017). *The nature fix: Why nature makes us happier, healthier, and more creative*. London: W. W. Norton & Co.
『NATURE FIX　自然が最高の脳を作る』、フローレンス・ウイリアムズ著、栗木 さつき, 森嶋 マリ訳、NHK出版社、2017年
Willis, J. and Todorov, A. (2006). First impressions: Making up your mind after a 100-ms exposure to a face. *Psychological Science*, 17, 592–8
Wilson, E. O. (1984). *Biophilia: The human bond with other species*. London: Harvard University Press
『バイオフィリア:人間と生物の絆』、E・O・ウィルソン著、狩野秀之訳、平凡社、1994年
Wilson, T. D. and Gilbert, D. T. (2005). Affective forecasting: Knowing what to want. *Current Directions in Psychological Science*, 14, 131–4
Windhager, S. et al. (2008). Face to face: The perception of automotive designs. *Human Nature*, 19, 331–46
Winternitz, J. et al. (2017). Patterns of MHC-dependent mate selection in humans and nonhuman primates: A meta-analysis. *Molecular Ecology*, 26, 668–88
Wittkopf, P. G. et al. (2018). The effect of visual feedback of body parts on pain perception: A systematic review of clinical and experimental studies. *European Journal of Pain*, 22, 647–62
Wohlwill, J. F. (1983). The concept of nature: A psychologist's view. In I. Altman and J. F. Wohlwill (eds.), *Behavior and the natural environment*. New York: Plenum Press, pp. 5–38
Wolverton, B. C. et al. (1989). *Interior landscape plants for indoor air pollution abatement*. Final Report, 15 September. National Aeronautics and Space Administration, John C. Stennis Space Center, Science and Technology Laboratory, Stennis Space Center, MS 39529–6000
Wood, R. A. et al. (2006). The potted-plant microcosm substantially reduces indoor air VOC pollution: I. Office field-study. *Water, Air, and Soil Pollution*, 175, 163–80
Woolley, K. and Fishbach, A. (2017). A recipe for friendship: Similar food consumption promotes trust and cooperation. *Journal of Consumer Psychology*, 27, 1–10
World Health Organization, Regional Office for Europe (2011). *Burden of disease from environmental noise – Quantification of healthy life years lost in Europe*. Copenhagen: WHO
Wright, K. P., Jr and Czeisler, C. A. (2002). Absence of circadian phase resetting in response to bright light behind the knees. *Science*, 297, 571
Wrisberg, C. A. and Anshel, M. H. (1989). The effect of cognitive strategies on free throw shooting performance of young athletes. *Sport Psychologist*, 3, 95–104

Y

Yildirim, K. et al. (2007). The effects of window proximity, partition height, and gender on perceptions of open-plan offices. *Journal of Environmental Psychology*, 27, 154–65

Yoder, J. et al. (2012). Noise and sleep among adult medical inpatients: Far from a quiet night. *Archives of Internal Medicine*, 172, 68–70

Z

Zellner, D. et al. (2017). Ethnic congruence of music and food affects food selection but not liking. *Food Quality and Preference*, 56, 126–9

Zhang, Y. et al. (2019). Healing built-environment effects on health outcomes: Environment–occupant–health framework. *Building Research and Information*, 47, 747–66

Zhu, R. (J.) and Argo, J. J. (2013). Exploring the impact of various shaped seating arrangements on persuasion. *Journal of Consumer Research*, 40, 336–49

Ziegler, U. (2015). Multi-sensory design as a health resource: Customizable, individualized, and stress-regulating spaces. *Design Issues*, 31, 53–62

Zilczer, J. (1987). 'Color music': Synaesthesia and nineteenth-century sources for abstract art. *Artibus et Historiae*, 8, 101–26

Zuckerman, M. (1979). *Sensation seeking: Beyond the optimal level of arousal*. Hillsdale, NJ: Lawrence Erlbaum

原注

1. 序文

1 Galton (1883), p. 27.

2 Bellak (1975); Malhotra (1984).

3 www.accenture.com/_acnmedia/accenture/conversionassets/microsites/documents17/accenture-digital-video-connected-consumer.pdf.

4 Colvile (2017).

5 Spence (2002).

6 Montagu (1971).

7 Classen (2012); Denworth (2015); Field (2001); Gallace and Spence (2014).

8 Cohen et al. (2015); Goldstein et al. (2017).

9 Sekuler and Blake (1987); US Senate Special Committee on Aging (1985–6), pp. 8–28.

10 Classen et al. (1994); Herz (2007); *Touching the rock: An experience of blindness.* London: Society for Promoting Christian Knowledge, www.brighamsuicideprevention.org/single-post/2016/05/08/Paving-the-path-to-a-brighter-future.

11 *Financial Times*, 4 June 2013, 1; *New Yorker*, 26 October 2012, www.newyorker.com/magazine/2015/11/02/accounting-for-taste.(現在はリンク切れ)

12 参照 www.johnsonsbaby.co.uk/healthcare-professionals/science-senses. (現在はリンク切れ)

13 Ho and Spence (2008); Spence (2012a).

14 *Businesswire*, 27 July 2015; www.businesswire.com/news/home/20150727005524/en/Research-Markets-Global-Cosmetics-Market-2015-2020-Market.

15 *Guardian*, 30 October 2017, www.theguardian.com/lifeandstyle/2017/oct/30/sad-winter-depression-seasonal-affective-disorder; Ott and Roberts (1998). より生産的で健康的室内環境に関して、デュラックスやクエスト・インターナショナルとの共同で行った私の初期の研究については、Spence (2002) を参照、最新のレヴューについては、Spence (2020f)を参照。

16 Adam (2018); Huxley (1954); Walker (2018).

17 Cutting (2006); Monahan et al. (2000); Kunst-Wilson and Zajonc (1980).

18 Hepper (1988); Schaal and Durand (2012); Schaal et al. (2000).

19 Hoehl et al. (2017); LoBue (2014).

20 Dobzhansky (1973).

21 Batra et al. (2016); *New York Times*, 16 May 2014, www.nytimes.com/2014/05/17/sunday-review/the-eyes-have-it.html. (現在はリンク切れ)

22 Karim et al. (2017); *New York Times*, 27 November 2008, B3, www.nytimes.com/2008/11/28/business/media/28adco.html. (現在はリンク切れ)

23 Salgado-Montejo et al. (2015); Wallace (2015); Windhager et al. (2008).

24 Spence (2020c).

25 Sheldon and Arens (1932).
26 Croy et al. (2015); Field et al. (2008).
27 Cheskin and Ward (1948); Martin (2013); Packard (1957); Samuel (2010).
28 Fisk (2000); Spence (2002).
29 Gori et al. (2008); Raymond (2000).
30 Hutmacher (2019); Meijer et al. (2019).
31 Howes (2014); Howes and Classen (2014); Hutmacher (2019); Schwartzman (2011).
32 McGurk and MacDonald (1976).
33 Wang and Spence (2019).

2. 家

1 Dalton and Wysocki (1996); *Financial Times*, 3 February 2008 (House and Home), 1.
2 Glass et al. (2014); Spence (2003); Weber and Heuberger (2008).
3 *Independent*, 14 May 2018, www.independent.co.uk/news/long_reads/sick-building-syndrome-treatment-finland-health-mould-nocebo-a8323736.html.
4 Corbin (1986), p. 169.で引用
5 *Crafts Report*, April 1997, https://web.archive.org/web/20061020170908/www.craftsreport.com/april97/aroma.html; *Ideal Home*, 15 March 2018, www.idealhome.co.uk/news/smells-sell-your-home-scents-197937; McCooey (2008); *The Times*, 19 March 2014, 5.
6 Haviland-Jones et al. (2005); Huss et al. (2018).
7 Baron (1997); Holland et al. (2005).
8 Herz (2009).
9 Haehner et al. (2017); Spence (2002).
10 Le Corbusier (1948).
11 Spence (2020e).
12 Fich et al. (2014).
13 Clifford (1985); McCooey (2008).
14 Appleton (1975), p. 66; Manaker (1996).
15 Dazkir and Read (2012); Thömmes and Hübner (2018); Vartanian et al. (2013).
16 Lee (2018), p. 142; McCandless (2011).
17 Zhu and Argo (2013).
18 'Music makes it home', http://musicmakesithome.com, in Lee (2018), p. 253.
19 Spence et al. (2019b).
20 Baird et al. (1978); Meyers-Levy and Zhu (2007); Vartanian et al. (2015).
21 Oberfeld et al. (2010).
22 Bailly Dunne and Sears (1998), p. 3; Crawford (1997); *New York Times International Edition*, 31 August – 1 September 2019, 13; http://antaresbarcelona.com.
23 Pallasmaa (1996).

24 Etzi et al. (2014); Demattè et al. (2006).

25 Imschloss and Kuehnl (2019).

26 Itten and Birren (1970); Le Corbusier (1972), p. 115; Le Corbusier (1987), p. 188; Wigley (1995), pp. 3–8.

27 Küller et al. (2006); Kwallek et al. (1996).

28 Costa et al. (2018).

29 Evans (2002), p. 87; Jacobs and Hustmyer (1974); Valdez and Mehrabian (1994).

30 Quote from Oberfeld et al. (2009), p. 807から引用; Reinoso-Carvalho et al. (2019); Spence et al. (2014a).

31 Mavrogianni et al. (2013); US Energy Information Administration (2011), www.eia.gov/consumption/residential/reports/2009/air-conditioning.php.

32 Just et al. (2019); *The Times*, 20 March 2019, 13.

33 Steel (2008).に引用

34 Jütte (2005), pp. 170–72.

35 Spence (2015).

36 Alter (2013); Changizi et al. (2006); *The Times*, 3 February 2017, www.thetimes.co.uk/article/think-pink-to-lose-weight-if-you-believe-hype-over-science-9rxlndnpv.

37 Genschow et al. (2015).

38 Cho et al. (2015). See also https://dishragmag.com/ (2019, Issue 2): Blue.

39 Jacquier and Giboreau (2012); Essity Hygiene and Health, 'What's your colour?' (2017), www.tork.co.uk/about/whytork/horeca/.

40 Bschaden et al. (2020); García-Segovia et al. (2015); Liu et al. (2019).

41 Watson (1971), p. 151.

42 *Smithsonian Magazine*, February 1996, 56–65; *Wall Street Journal*, 23 October 2012, https://www.wsj.com/articles/SB10001424052970203406404578074671598804116#articleTabs%3Darticle.

43 *The Times*, 26 April 2019 (Bricks and Mortar), 6.

44 Attfield (1999); Bell and Kaye (2002); Steel (2008).

45 p. 42.から引用。Steel (2008), p. 197.に引用。

46 https://fermentationassociation.org/more-u-s-consumers-eating-at-home-vs-restaurant/; Spence et al. (2019-a).

47 Bailly Dunne and Sears (1998), p. 107; *Guardian*, 23 August 2017, www.theguardian.com/lifeandstyle/shortcuts/2017/aug/23/bath-or-shower-what-floats-your-boat.

48 *Daily Mail*, 19 October 2017, 19.

49 *i*, 24 March 2017, 33; Hoekstra et al. (2018); Kohara et al. (2018).

50 Buijze et al. (2016).

51 *Guardian*, 23 August 2017, www.theguardian.com/lifeandstyle/shortcuts/2017/aug/23/bath-or-shower-what-floats-your-boat; Golan and Fenko (2015).

52 Churchill et al. (2009).

3. 庭

1 Wilson (1984); Wilson had already won two Pulitzer prizes by the time he wrote *Biophilia*, a term he first introduced in 1979 (*New York Times Book Review*, 14 January, 43). See also Kahn (1999); Kellert and Wilson (1993); Townsend and Weerasuriya (2010); Williams (2017).

2 Treib (1995).

3 *Daily Telegraph*, 12 July 2009, www.telegraph.co.uk/news/uknews/5811433/More-than-two-million-British-homes-without-a-garden.html. (現在はリンク切れ)

4 *Globe Newswire*, 18 April 2018, www.globenewswire.com/news-release/2018/04/18/1480986/0/en/Gardening-Reaches-an-All-Time-High.html.

5 Ambrose et al. (2020); de Bell et al. (2020).

6 Steinwald et al. (2014).

7 Glacken (1967).

8 Olmsted (1865b), available online at www.yosemite.ca.us/library/olmsted/report.html; cf. Olmsted (1865a).

9 Li (2010); Miyazaki (2018); Morimoto et al. (2006). Park et al. (2007)も参照。

10 E.g. Ulrich et al. (1991).

11 Louv (2005); Pretty et al. (2009).

12 Mackerron and Mourato (2013).

13 Wilson (1984); Nisbet and Zelenski (2011).

14 Kaplan (1995, 2001); Kaplan and Kaplan (1989).

15 Berman et al. (2008).

16 Knopf (1987); Ulrich et al. (1991).

17 Kühn et al. (2017).

18 Seto et al. (2012). See also Fuller and Gaston (2009).

19 Wilson and Gilbert (2005).

20 Nisbet and Zelenski (2011).

21 Ulrich (1984).

22 Moore (1981).

23 *New Yorker*, 13 May 2019, www.newyorker.com/magazine/2019/05/13/is-noise-pollution-the-next-big-public-health-crisis(現在はリンク切れ); Passchier-Vermeer and Passchier (2000).

24 Alvarsson et al. (2010).

25 Slabbekoorn and Ripmeester (2008).

26 Fuller et al. (2007); Ratcliffe et al. (2016).

27 Dalton (1996).

28 Hill (1915).

29 Lee and DeVore (1968), p. 3.

30 Koga and Iwasaki (2013).

31 Kaplan (1973).

32 Anderson et al. (1983)によると、興味深いことに、鳥の鳴き声は、樹木や植物が茂った都市部の自然環境に対する人々の評価を高める一方で、実際、都市景観に対する評価を最も強化す

るのは、交通騒音(つまり、都市景観と調和した音)だとわかった。
33 Anderson et al. (1983); Benfield et al. (2010); Mace et al. (1999); Weinzimmer et al. (2014).
34 Hedblom et al. (2014).
35 Collins (1965); Romero et al. (2003).
36 Matsubayashi et al. (2014).
37 Carrus et al. (2017); Han (2007); Twedt et al. (2016).
38 Ames (1989); Frumkin (2001).
39 Seligman (1971). Wilson (1984) also has an intriguing chapter entitled 'The Serpent'; Ulrich (1993).
40 Though see Diamond (1993).
41 Hagerhall et al. (2004); Joye (2007); Redies (2007).
42 Joye and van den Berg (2011), p. 267.
43 Greene and Oliva (2009); Reber, et al. (2004); Reber, et al. (1998).
44 もっと多くの研究があるが、ここではレビューする余地がない。詳細については、Hartig et al. (2011)を参照。メタアナリシスの結果では、これまでの、特定の健康関連の主張に対する、より多くの研究の必要性が強調されている。Bowler et al. (2010)を参照。
45 Bratman et al. (2015).
46 Kabat-Zinn (2005).

4. 寝室

1 Kochanek et al. (2014); *Guardian*, 24 September 2017, www.theguardian.com/lifeandstyle/2017/sep/24/why-lack-of-sleep-health-worst-enemy-matthew-walker-why-we-sleep.
2 Hafner et al. (2016); www.aviva.com/newsroom/news-releases/2017/10/Sleepless-cities-revealed-as-one-in-three-adults-suffer-from-insomnia/(現在はリンク切れ); www.nhs.uk/live-well/sleep-and-tiredness/why-lack-of-sleep-is-bad-for-your-health/.
3 Morin (1993); Walker (2018).
4 Hafner et al. (2016); Lamote de Grignon Pérez et al. (2019); Roenneberg (2012); Taheri et al. (2004).
5 *Guardian*, 24 September 2017, www.theguardian.com/lifeandstyle/2017/sep/24/why-lack-of-sleep-health-worst-enemy-matthew-walker-why-we-sleep; Hafner et al. (2016); Roenneberg (2013); Walker (2018).
6 Hafner et al. (2016); Understanding sleep, *Raconteur*, 4 July 2014.
7 Gibson and Shrader (2014); Sleep will never be a level playing field, *Raconteur*, 4 July 2014.
8 Harvard Medical School (2007). Twelve simple tips to improve your sleep,(あなたの睡眠を改善する12の簡単なヒント) http://healthysleep.med.harvard.edu/healthy/getting/overcoming/tips; Wehrens et al. (2017).
9 www.nhs.uk/apps-library/sleepio/ (現在はリンク切れ); Arbon et al. (2015); Kripke et al. (2012); Walker (2018).

10 Harvey (2003); Harvey and Payne (2002).
11 *Huffington Post*, 29 June 2015, www.huffingtonpost.co.uk/entry/smartphone-behavior-2015_n_7690448?ri18n=true.
12 Chang et al. (2015).
13 Fighting the blue light addiction, *Raconteur*, 4 July 2019.
14 Park et al. (2019).
15 *Guardian*, 21 January 2019, www.theguardian.com/lifeandstyle/2019/jan/21/social-jetlag-are-late-nights-and-chaotic-sleep-patterns-making-you-ill.
16 Chamomile tea, will you help me sleep tonight? *Office for Science and Society*, 8 March 2018, www.mcgill.ca/oss/article/health-and-nutrition/chamomile-tea-will-you-help-me-sleep-tonight.
17 Basner et al. (2014); World Health Organization (2011).
18 Arzi et al. (2012); Schreiner and Rasch (2015); Wagner et al. (2004).
19 Haghayegh et al. (2019).
20 Kräuchi et al. (1999); Maxted (2018); Muzet et al. (1984); Raymann et al. (2008); Walker (2018), pp. 278–9.
21 Chellappa et al. (2011); Czeisler et al. (1986); Lockley et al. (2006).
22 Perrault et al. (2019).
23 少なくともそれは、『エル・デコ』誌（デジタル版）とJoy of Plants社からのレポートに示唆されている。ちなみにこのレポートは『The Plantsman』園芸ジャーナルに発表された、NASAと米国アレルギー喘息免疫学会からの基礎研究に基づいている。
24 Wolverton et al. (1989).
25 Holgate (2017).
26 Jones et al. (2019).
27 Facer-Childs et al. (2019).
28 Molteni (2017). www.wired.com/story/nobel-medicine-circadian-clocks/.
29 Agnew et al. (1966); Branstetter et al. (2012); Rattenborg et al. (1999); Tamaki et al. (2016).
30 'Best bedroom colors for sleep' (2020), 4 February, https://oursleepguide.com/best-bedroom-colors-for-sleep/; Costa et al. (2018).
31 *Guardian*, 4 September 2018, www.theguardian.com/lifeandstyle/2018/sep/04/shattered-legacy-of-a-reality-tv-experiment-in-extreme-sleep-deprivation; ただ、後で明らかになったことだが、出場者は定期的に45分間の仮眠をとることが許されていた。
32 Kyle et al. (2010).
33 Field et al. (2008); Mindell et al. (2009).
34 Johnson's *Science of the senses* report (2015), www.johnsonsbaby.co.uk/healthcare-professionals/science-senses.（現在はリンク切れ）
35 American Academy of Pediatrics, School start times for adolescents, Policy Statement, August 2014.（青年期の若者のための始業時間、政策綱領、2014年、8月）、www.startschoollater.net/success-stories.html; National Sleep Foundation (2006); Walker (2018). も参照。
36 Kaplan et al. (2019).

37 Holmes et al. (2002). Burns et al. (2002). も参照。
38 Crowley (2011); Hardy et al. (1995).
39 Fismer and Pilkington (2012).
40 Harada et al. (2018); Spence (2003).
41 Stumbrys et al. (2012); *Wired*, 31 March 2014, www.wired.co.uk/news/archive/2014-03/31/touch-taste-and-smell-technology. (現在はリンク切れ)
42 Lovato and Lack (2016).
43 https://today.yougov.com/topics/lifestyle/articles-reports/2011/05/05/brother-do-you-have-time; Badia et al. (1990); *AdWeek*, 6 March 2014, www.adweek.com/adfreak/wake-and-smell-bacon-free-alarm-gadget-oscar-mayer-156123(現在はリンク切れ); Carskadon and Herz (2004); *Guardian*, 6 March 2014, www.theguardian.com/technology/2014/mar/06/wake-up-and-smell-the-bacon-scented-iphone-alarm-clock; *Intelligencer*, 29 November 2018, http://nymag.com/intelligencer/2018/11/iphone-bedtime-features-has-hidden-alarm-sounds.html.
44 Smith et al. (2006).
45 Broughton (1968); Jewett et al. (1999); Trotti (2017).
46 Fukuda and Aoyama (2017); Hilditch et al. (2016); *Vice*, 21 December 2015, www.vice.com/en_us/article/3dan5v/caffeinated-toothpaste-is-the-closest-youll-ever-get-to-mainlining-coffee.
47 Anderson et al. (2012); Government of India, Ministry of Civil Aviation, *Report on Accident to Air India Express Boeing 737–800 Aircraft VT-AXV on 22nd May 2010 at Mangalore*, www.skybrary.aero/bookshelf/books/1680.pdf; Schaefer et al. (2012); Tassi and Muzet (2000); Walker (2018).
48 McFarlane et al. (2020).
49 Gabel et al. (2013); Wright and Czeisler (2002).
50 Lamote de Grignon Pérez et al. (2019); Morosini (2019); Pinker (2018); Przybylski (2019).

5. 通勤

1 Redelmeier and Tibshirani (1997).
2 Colvile (2017).
3 Novaco et al. (1990).
4 www.volpe.dot.gov/news/how-much-time-do-americans-spend-behind-wheel.
5 Aikman (1951).
6 ハーレーダビッドソンは、三拍子のエンジン音を特許申請したが、特許としては通らず、商標登録になった:Michael B. Sapherstein, The trademark registrability of the Harley-Davidson roar: A multimedia analysis, http://bciptf.org/wp-content/uploads/2011/07/48-THE-TRADEMARK-REGISTRABILITY-OF-THE-HARLEY.pdf.
7 *Sunday Times*, 12 June 2016. See also *Washington Post*, 21 January 2015.
8 Hellier et al. (2011).
9 Horswill and Plooy (2008).

10 Menzel et al. (2008).

11 *The Times*, 7 May 2018, 6.

12 Montignies et al. (2010).

13 BBC News, 14 January 2005, http://news.bbc.co.uk/go/pr/fr/-/2/hi/uk_news/wales/4174543.stm.

14 Sheldon and Arens (1932), pp. 100–101.

15 Guéguen et al. (2012); Hanss et al. (2012). See also Feldstein and Peli (2020).も参照。

16 Brodsky (2002); North and Hargreaves (1999).

17 Beh and Hirst (1999).

18 Ramsey and Simmons (1993).

19 *The Times*, 7 March 2018, 17.

20 Redelmeier and Tibshirani (1997).

21 Spence (2014).

22 Spence and Read (2003).

23 *New York Times*, 27 July 2009, www.nytimes.com/2009/07/28/technology/28texting.html (現在はリンク切れ); Driver distraction in commercial vehicle operations, Technical Report No. FMCSA-RRR-09-042, Federal Motor Carrier Safety Administration, US Department of Transportation, Washington, DC, 2009.

24 Ho and Spence (2008).

25 Ho and Spence (2009).

26 Obst et al. (2011).

27 Ashley (2001); Graham-Rowe (2001); Mitler et al. (1988); Sagberg (1999).

28 Oyer and Hardick (1963).

29 McKeown and Isherwood (2007).

30 Ho and Spence (2008).

31 *The Times*, 19 January 2018, 35.

32 Ho and Spence (2008).

33 Senders et al. (1967); Sivak (1996).

34 Cackowski and Nasar (2003).

35 Parsons et al. (1998).

36 This was certainly the intuition of Gibson and Crooks (1938).

37 Bijsterveld et al. (2014).

38 *De re aedificatoria* (1485), quoted in Lay (1992), p. 314.

39 *New York Times*, 5 July 2002, F1, www.nytimes.com/2002/07/05/travel/driving-just-drive-said-the-road-and-the-car-responded.html. (現在はリンク切れ)

40 Gubbels (1938), p. 7.

41 Ury et al. (1972).

42 *New Atlas*, 26 January 2005, https://newatlas.com/go/3643/.

43 2014 Mercedes-Benz S-Class interior is 'the essence of luxury', https://emercedesbenz.com/autos/mercedes-benz/s-class/2014-mercedes-benz-s-class-interior-is-the-essence-of-luxury/.

44 Spence et al. (2017).

45 Forster and Spence (2018).

46 Ho and Spence (2005); Warm et al. (1991).

47 Fruhata et al. (2013); see also *Wall Street Journal*, 6 May 1996, B1, B5.

48 Fumento (1998); James and Nahl (2000); *2011 AAMI Crash Index*, www.yumpu.com/en/document/view/51279966/2011-aami-crash-index.

49 Mustafa et al. (2016).

50 Schiffman and Siebert (1991).

51 Ho and Spence (2013).

52 Evans and Graham (1991); Peltzman (1975); Wilde (1982).

53 Spence (2012a).

54 Whalen et al. (2004).

55 Treisman (1977).

56 Körber et al. (2015).

57 *The Times*, 24 January 2018, 26.

58 Deloitte, *Driving connectivity. Global automotive consumer study: Future of automotive technologies*, https://www2.deloitte.com/content/dam/Deloitte/uk/Documents/manufacturing/deloitte-uk-driving-connectivity.pdf, March 2017.

59 Where to, sir? *The Investor*, 95 (2017), 7–10.

6. 職場

1 *Daily Mail*, 30 March 2006.

2 Hewlett and Luce (2006).

3 *The Economist*, 22 December 2018, www.economist.com/finance-and-economics/2018/12/22/why-americans-and-britons-work-such-long-hours(現在はリンク切れ); Pencavel (2014); *Wall Street Journal*, 29 June 2018.

4 *The Australian*, 7 December 2017; *Business Journal*, 11 June 2013, www.gallup.com/businessjournal/162953/tackleemployees-stagnating-engagement.aspx; Pencavel (2014).

5 *The Australian*, 7 December 2017; Béjean and Sultan-Taïeb (2005); *The Times*, 19 June 2017, 3.

6 Field et al. (1996).

7 Rosenthal (2019); Terman (1989).

8 Dolan (2004); Hirano (1996).

9 *The Economist*, 28 September 2019, www.economist.com/business/2019/09/28/redesigning-the-corporate-office (現在はリンク切れ); ibid., www.economist.com/leaders/2019/09/28/even-if-wework-is-in-trouble-the-office-is-still-being-reinvented (現在はリンク切れ); Haslam and Knight (2010); Knight and Haslam (2010).

10 Burge et al. (1987); Wargocki et al. (2000).

11 *Independent*, 14 May 2018, www.independent.co.uk/news/long_reads/sick-building-syndrome-treatment-finland-health-mould-nocebo-a8323736.html;

Wargocki et al. (1999).
12 Baron (1994).
13 www.fellowes.com/gb/en/resources/fellowes-introduces/work-colleague-of-the-future.aspx; The work colleague of the future: A report on the long-term health of office workers, July 2019, https://assets.fellowes.com/skins/fellowes/responsive/gb/en/resources/work-colleague-of-the-future/download/WCOF_Report_EU.pdf. See also https://us.directlyapply.com/future-of-the-remote-worker. (現在はリンク切れ)
14 Chang and Kajackaite (2019); Kingma and van Marken Lichtenbelt (2015).
15 Spence (2020d).
16 Küller et al. (2006).
17 Kozusznik et al. (2019); Pasut et al. (2015).
18 Pencavel (2014).
19 Kaida et al. (2006); Souman et al. (2017).
20 Fox and Embrey (1972); Oldham et al. (1995); Ross (1966); *Time*, 10 December 1984, 110–12.
21 Spence (2002, 2003).
22 Gabel et al. (2013); Lehrl et al. (2007).
23 Kwallek and Lewis (1990); Mikellides (1990).
24 *New York Times*, 5 February 2009, www.nytimes.com/2009/02/06/science/06color.html (現在はリンク切れ)
; Steele (2014).
25 *Wired*, 13 February 2019, www.wired.co.uk/article/how-workplace-design-can-foster-creativity. (現在はリンク切れ)
26 Mehta, Zhu and Cheema (2012).
27 Einöther and Martens (2013); *Guardian*, 5 January 2014, www.theguardian.com/money/shortcuts/2014/jan/05/coffice-future-of-work; Madzharov et al. (2018); Unnava et al. (2018).
28 BBC News, 11 January 2017, www.bbc.com/capital/story/20170105-open-offices-are-damaging-our-memories.
29 Bernstein and Turban (2018); Otterbring et al. (2018).
30 De Croon et al. (2005), p. 128; *The Times*, 10 October 2017, 6–7.
31 *Guardian*, 16 October 2015, www.theguardian.com/higher-education-network/2015/oct/16/the-open-plan-university-noisy-nighmare-or-buzzing-ideas-hub.
32 Yildirim et al. (2007).
33 Levitin (2015). See also *Forbes*, 21 June 2016, www.forbes.com/sites/davidburkus/2016/06/21/why-your-open-office-workspace-doesnt-work/#188f073a435f(現在はリンク切れ); Evans and Johnson (2000); *The Times*, 10 October, 6–7.
34 Hongisto et al. (2017).
35 Haga et al. (2016).

36 Leather et al. (1998); Mitchell and Popham (2008).
37 Bringslimark et al. (2011); Kweon et al. (2008).
38 Nieuwenhuis et al. (2014).
39 Krieger (1973), p. 453. See also Wohlwill (1983).
40 Qin et al. (2014), though see Cummings and Waring (2020) for recent evidence questioning the practical benefit of office plants when it comes to removing VOCs from the air.
41 Guieysse et al. (2008); Wood et al. (2006).
42 *Raconteur*, 24 April 2019, 8, on the benefits of biophilic office design.
43 Berman et al. (2008); Berto (2005).
44 Lee et al. (2015).
45 De Kort et al. (2006).
46 Kahn et al. (2008).
47 Annerstedt et al. (2013).
48 Spence (2002).
49 Gillis and Gatersleben (2015); Spence (2002).
50 Spence (2016).
51 Quote from *Forbes*, 2 July 2015, www.forbes.com/sites/davidburkus/2015/07/02/the-real-reason-google-serves-all-that-free-food/#7e426b603e3b. (現在はリンク切れ)
52 Balachandra (2013); Kniffin et al. (2015); Woolley and Fishbach (2017).
53 *New York Times*, 2 July 2012, D3, www.nytimes.com/2012/07/04/dining/secretary-of-state-transforms-the-diplomatic-menu.html?_r=0. (現在はリンク切れ)

7. 買い物

1 *Marketing Week*, 31 October 2013, www.marketingweek.com/2013/10/30/sensory-marketing-could-it-be-worth-100m-to-brands/; Hilton (2015).
2 *Financial Times*, 4 June 2013, 1.
3 Samuel (2010).
4 Renvoisé and Morin (2007); Kühn et al. (2016).
5 Aiello et al. (2019)16億のフィデリティカードの取引の最新の分析に関しては; *Venture Beat*, 11 February 2019, https://venturebeat.com/2019/02/11/second-measure-raises-20-million-to-analyze-companies-sales-and-growth-rates/
7 *Wall Street Journal*, 20 May 2014, www.wsj.com/articles/SB10001424052702303468704579573953132979382(現在はリンク切れ); Spence (2015).
8 Leenders et al. (2019).
9 Spence et al. (2017).
10 *Independent*, 16 August 2011, www.independent.co.uk/news/media/advertising/the-smell-of-commerce-how-companies-use-scents-to-sell-their-products-2338142.html.
11 Ayabe-Kanamura et al. (1998).
12 Spence and Carvalho (2020).
13 *NACS Magazine*, 8–9 August 2009, www.scentandrea.com/MakesScents.pdf.

14 *The Atlantic*, 26 July 2012, www.theatlantic.com/technology/archive/2012/07/the-future-of-advertising-will-be-squirted-into-your-nostrils-as-you-sit-on-a-bus/260283/.

15 Knoeferle et al. (2016); Spence (2019a).

16 *AdAge*, 6 December 2006, http://adage.com/article/news/milk-board-forced-remove-outdoor-scent-strip-ads/113643/.

17 *Independent*, 14 November 2002, www.independent.co.uk/news/media/whiff-of-almond-falls-victim-to-terror-alert-133417.html; Lim (2014), p. 84.

18 *CityLab*, 9 February 2012, www.citylab.com/design/2012/02/inside-smellvertising-scented-advertising-tactic-coming-bus-stop-near-you/1181/; (現在はリンク切れ)
マッケインは世界初のポテトの香りのするタクシーを世の中に送りだします。

そして、車内において5分で調理された、アツアツのオーブンベイクドジャケットのジャガイモを無料で提供します!　プレスリリース、2013年11月9日; Metcalfe (2012).

19 Castiello et al. (2006).

20 *Businessweek*, 17 October 2013, www.businessweek.com/articles/2013-10-17/chipotles-music-playlists-created-by-chris-golub-of-studio-orca(現在はリンク切れ); Milliman (1982, 1986); see also Mathiesen et al. (2020).

21 Lanza (2004).

22 Knoeferle et al. (2012).

23 North, Hargreaves and McKendrick (1997).

24 Spence et al. (2019b); Zellner et al. (2017).

25 Karremans et al. (2006).

26 *Economist 1843 Magazine*, April/May 2019, www.1843magazine.com/design/brand-illusions/why-stars-make-your-water-sparkle(現在はリンク切れ); Spence (2012b).

27 Kotler (1974); Lindstrom (2005).

28 *AdWeek*, 5 March 2012, www.adweek.com/brand-marketing/something-air-138683/.

29 *Wall Street Journal*, 24 November 2000; www.springwise.com/summer-jeans-embedded-aroma-fruit/.

30 Minsky et al. (2018).

31 Ayabe-Kanamura et al. (1998); Trivedi (2006).

32 *AdWeek*, 5 March 2012, www.adweek.com/brand-marketing/something-air-138683/.

33 Preliminary results of olfaction Nike study, note dated 16 November 1990, distributed by the Smell and Taste Treatment and Research Foundation Ltd, Chicago; *Marketing News*, 25, 4 February 1991, 1–2; though see *Chicago Tribune*, 19 January 2014, www.chicagotribune.com/lifestyles/health/ct-met-sensa-weight-loss-hirsch-20140119-story.html.

34 Knasko (1989); *Wall Street Journal*, 9 January 1990, B5.

35 *USA Today*, 1 September 2006; Trivedi (2006); *Independent*, 16 August 2011,

www.independent.co.uk/news/media/advertising/the-smell-of-commerce-how-companies-use-scents-to-sell-their-products-2338142.html.

36 *New York Times*, 26 June 2005, www.nytimes.com/2005/06/26/fashion/sundaystyles/shivering-for-luxury.html(現在はリンク切れ); Park and Hadi (2020); Tanizaki (2001), p. 10.に引用あり。

37 Martin (2012).

38 Peck and Shu (2009).

39 Ellison and White (2000); Spence and Gallace (2011).

40 Gallace and Spence (2014), Chapter 11.

41 Does it make sense? *Contact: Royal Mail's Magazine for Marketers*, Sensory marketing special edition, November 2007, 39; Solomon (2002).

42 *Forbes*, 14 June 2012, www.forbes.com/sites/carminegallo/2012/06/14/why-the-new-macbook-pro-is-tilted-70-degrees-in-an-apple-store/#784de2f65a98. (現在はリンク切れ)

43 Hultén (2012).

44 Piqueras-Fiszman and Spence (2012).

45 Argo et al. (2006).

46 Underhill (1999), p. 162.

47 *Newsweek*, 28 November 2018, www.newsweek.com/mcdonalds-touchscreen-machines-tested-have-fecal-matter-investigation-finds-1234954.

48 de Wijk et al. (2018); Helmefalk and Hultén (2017).

49 Roschk et al. (2017); Schreuder et al. (2016).

50 Mattila and Wirtz (2001).

51 Morrin and Chebat (2005).

52 Homburg et al. (2012).

53 Malhotra (1984); Spence et al. (2014b).

54 Quoted in *Mail Online*, 23 May 2014, www.dailymail.co.uk/femail/article-2637492/Lights-sound-clothes-Abercrombie-Fitch-tones-nightclub-themed-stores-bid-win-disinterested-teens.html.

55 See Spence et al. (2019b) for a review.

56 Dunn (2007).

57 Malhotra (1984); *Canvas 8*, 18 January 2013, www.canvas8.com/public/2013/01/18/no-noise-selfridges.html. (現在はリンク切れ)

58 Spence (2019b); *The Drum*, 18 May 2017, www.thedrum.com/news/2017/05/18/guinness-tantalises-tesco-shoppers-with-vr-tasting-experience; *VR Focus*, 20 May 2017, www.vrfocus.com/2017/05/vr-in-the-supermarket-with-guinness-vr-tasting-experience/.

59 Petit et al. (2019).

60 Kampfer et al. (2017).

61 Gallace and Spence (2014).

62 *RFID Journal*, 14 September 2017, www.rfidjournal.com/articles/pdf?16605(現在はリンク切れ); *ShopifyPlus*, 27 February 2019, www.shopify.com/enterprise/

ecommerce-returns.
63 Jütte (2005).
64 Spence et al. (2017).
65 Spence (2020a,b); Spence et al. (2020).

8. 医療健康管理

1 EurekAlert, 20 December 2014, www.eurekalert.org/pub_releases/2014-12/bmj-woy121014.php; Ullmann et al. (2008).
2 Lies and Zhang (2015).
3 Allen and Blascovich (1994).
4 Shippert (2005).
5 Fancourt et al. (2016).
6 Hawksworth et al. (1997).
7 Gatti and da Silva (2007).
8 Kotler (1974).
9 *Forbes*, 18 June 2018, www.forbes.com/sites/brucejapsen/2018/06/18/more-doctor-pay-tied-to-patient-satisfaction-and-outcomes/#567c0db1504a. (現在はリンク切れ)
10 *Telegraph*, 22 June 2019, www.telegraph.co.uk/health-fitness/body/looks-like-hotel-best-hospital-world-opening-doors-london/.(現在はリンク切れ)
11 Richter and Muhlestein (2017). See also https://blog.experientia.com/reinventing-cancer-surgery-by-designing-a-better-hospital-experience/.
12 Trzeciak et al. (2016).
13 Richter and Muhlestein (2017).
14 Ottoson and Grahn (2005); Ulrich (1999).
15 Franklin (2012).
16 Antonovsky (1979); Zhang et al. (2019); Nightingale (1860); Ulrich (1991).
17 Spence and Keller (2019).
18 Spence (2017).
19 Ziegler (2015).
20 *Telegraph*, 12 January 2019, www.telegraph.co.uk/news/2019/01/12/giving-elderlyhospital-patients-one-extra-meal-day-cuts-deaths/.(現在はリンク切れ)
21 Campos et al. (2019).
22 Spence (2017).
23 Palmer (1978).
24 *Smithsonian Magazine*, 3 May 2018, www.smithsonianmag.com/smithsonian-institution/could-our-housewares-keep-us-healthier-180968950/; *Wired*, 3 October 2015, www.wired.co.uk/magazine/archive/2015/11/play/lizzie-ostrom-smell. (現在はリンク切れ)
25 Dijkstra et al. (2008).
26 Lankston et al. (2010).
27 Harper et al. (2015).

28 Tse et al. (2002); Staricoff and Loppert (2003).

29 Nightingale (1860); see also *Telegraph*, 22 June 2019, www.telegraph.co.uk/health-fitness/body/looks-like-hotel-best-hospital-world-opening-doors-london/.(現在はリンク切れ)

30 Pancoast (1877); Babbitt (1896).

31 Dalke et al. (2006).

32 *Telegraph*, 22 June 2019, www.telegraph.co.uk/health-fitness/body/looks-like-hotel-best-hospital-world-opening-doors-london/(現在はリンク切れ); www.philips.co.uk/healthcare/consulting/experience-solutions/ambient-experience(現在はリンク切れ); www.itsnicethat.com/news/g-f-smith-most-relaxing-colour-survey-miscellaneous-100419(現在はリンク切れ).

33 Ramachandran and Blakeslee (1998); Senkowski et al. (2014).

34 Moseley et al. (2008a).

35 Moseley et al. (2008c).

36 Moseley et al. (2008b).

37 Barnsley et al. (2011); Mancini et al. (2011); Wittkopf et al. (2018).

38 This quote appears in Katz (2014).

39 Rice (2003).

40 Darbyshire (2016); Darbyshire and Young (2013).

41 Berglund et al. (1999).

42 Yoder et al. (2012).

43 *Telegraph*, 30 March 2016, www.telegraph.co.uk/news/science/science-news/12207648/critically-ill-patients-disturbed-every-six-minutes-at-night-in/.(現在はリンク切れ)

44 *Telegraph*, 15 April 2016, www.telegraph.co.uk/science/2016/04/15/cambridge-professor-reduced-to-tears-by-noisy-hospital-before-de/.(現在はリンク切れ)

45 Rybkin (2017); Siverdeen et al. (2008).

46 Carlin et al. (1962).

47 Stanton et al. (2017).

48 Diette et al. (2003); Villemure et al. (2003).

49 この信じられないほどの痛みに関しては、Dan Arielyの *Predictably irrational* (2008).の「はじめに」の部分で、まざまざと記されている。

『予想どおりに不合理:行動経済学が明かす「あなたがそれを選ぶわけ」』、ダン・アリエリー著、熊谷淳子訳、早川書房、2013年、14~15頁

50 *Wired*, 2 November 2018, www.wired.com/story/opioids-havent-solved-chronic-pain-maybe-virtual-reality-can/; Li et al. (2011).

51 *Guardian*, 25 January 2017, www.theguardian.com/science/2017/jan/25/how-doctors-measure-pain/.

52 Spence and Keller (2019).

53 Conrad et al. (2007).

54 Graff et al. (2019); Spence and Keller (2019) for a review.

55 See Spence and Keller (2019) for a review.

56 Moss et al. (2007).
57 *Independent*, 18 April 2013, www.independent.co.uk/arts-entertainment/art/news/from-roxy-music-to-the-cure-brian-eno-composes-soundscapes-to-treat-hospital-patients-8577179.html.
58 Field (2001); *The Conversation*, 24 May 2016, https://theconversation.com/touch-creates-a-healing-bond-in-health-care-59637.
59 Ellingsen et al. (2016).
60 Gallace and Spence (2014).
61 Crossman (2017).
62 Hamilton (1966).
63 Prescott and Wilkie (2007).
64 Blass and Shah (1995).
65 Holmes et al. (2002).
66 Lehrner et al. (2000).
67 Fenko and Loock (2014).
68 Hulsegge and Verheul (1987).
69 See http://go.ted.com/bUcH 多感覚的緩和ケアがいい理由については、http://go.ted.com/bUcHを参照

9. 運動とスポーツ

1 Hillman et al. (2008).
2 Mead et al. (2009); Chekroud et al. (2018).
3 Craig et al. (2009).
4 NHS Digital, Health Survey for England 2018, https://digital.nhs.uk/data-and-information/publications/statistical/health-survey-for-england/2018. (現在はリンク切れ)
5 *Guardian*, 8 May 2017, www.theguardian.com/lifeandstyle/shortcuts/2017/may/08/the-budget-gym-boom-how-low-cost-clubs-are-driving-up-membership.
6 *CityLab*, 2 January 2018, www.bloomberg.com/news/articles/2018-01-02/the-geography-of-the-urban-fitness-boom.
7 後でわかるように、効果があるのは、大音量の音楽よりも、テンポが速い音楽のようだ。Kreutz et al. (2018).
8 Bodin and Hartig (2003).
9 Thompson Coon et al. (2011).
10 Deloitte, *Health of the nation* (2006), cited in Thompson Coon et al. (2011).
11 RSPB, Natural fit. Can green space and biodiversity increase levels of physical activity? (2004), http://ww2.rspb.org.uk/Images/natural_fit_full_version_tcm9-133055.pdf.
12 *Mail Online*, 13 May 2018, www.dailymail.co.uk/news/article-5723627/David-Lloyd-launches-personal-trainers-TV-screens-backs.html.
13 *The Times*, 12 May 2018, www.thetimes.co.uk/article/the-latest-fitness-trend-the-cavewoman-workout-38jgqjsfg. (現在はリンク切れ)

14 Plante et al. (2006).
15 Williams (2017), pp. 176–8.
16 Morgan et al. (1988).
17 Raudenbush et al. (2002).
18 Barwood et al. (2009); North et al. (1998).
19 Karageorghis and Terry (1997).
20 Bigliassi et al. (2019); see also Suwabe et al. (2020).
21 Beach and Nie (2014); *Chicago Tribune*, 17 February 2014, www.chicagotribune.com/lifestyles/health/chi-gym-loud-music-20150218-story.html. (現在はリンク切れ)
22 Waterhouse et al. (2010).
23 Patania et al. (2020).
24 Edworthy and Waring (2006).
25 Terry et al. (2012).
26 Fritz et al. (2013).
27 North and Hargreaves (2000); Priest et al. (2004).
28 Schaffert et al. (2011).
29 *Guardian*, 17 January 2018, www.theguardian.com/sport/2018/jan/17/noise-over-grunting-cranks-up-once-again-after-crowd-mocks-aryna-sabalenka.
30 *Mail Online*, 7 June 2018, www.dailymail.co.uk/news/article-5818615/Greg-Rusedski-says-women-tennis-players-louder-747-aeroplane.html.
31 Cañal-Bruland et al. (2018).
32 Sinnett and Kingstone (2010).
33 Müller et al. (2019).
34 Quoted in Sinnett and Kingstone (2010).に引用。
35 BBC News, 17 May 2009, http://news.bbc.co.uk/sport1/hi/tennis/7907707.stm.
36 Camponogara et al. (2017); Sors et al. (2017).
37 Unkelbach and Memmert (2010).
38 Balmer et al. (2005).
39 Raudenbush et al. (2001); Raudenbush et al. (2002).
40 Romine et al. (1999).
41 Brick et al. (2018); www.bbc.co.uk/sport/athletics/50025543.
42 Chambers et al. (2009).
43 すでにオックスフォードの研究者たちは、酸素を直接筋肉に運ぶ身体能力を向上させる、まったく新しいスポーツドリンクさえも開発している。*The Times*, 5 May 2020, www.thetimes.co.uk/article/is-an-energy-drink-that-supplies-oxygen-to-the-muscles-the-ultimate-performance-booster-cmhm6stgq(現在はリンク切れ)
44 Carter et al. (2004).
45 Ibid.
46 Ataide-Silva et al. (2014).
47 Hollingworth (1939); Scholey et al. (2009); しかしWalker et al. (2016)を参照
48 *Guardian*, 17 May 2012, www.theguardian.com/football/2012/may/17/wayne-rooney-visualisation-preparation.

49 Wrisberg and Anshel (1989).
50 Frank and Gilovich (1988).
51 Huang et al. (2011).
52 Hill and Barton (2005).
53 Attrill et al. (2008).
54 Hagemann et al. (2008).
55 Barton and Hill (2005); Rowe et al. (2005).
56 Elliot et al. (2007).
57 Hill and Barton (2005).
58 Changizi et al. (2006).
59 Phalen (1910), cited in http://history.amedd.army.mil/booksdocs/spanam/gillet3/bib.html.
60 Adam and Galinsky (2012).
61 *Telegraph*, 31 May 2014, www.telegraph.co.uk/news/science/science-news/10866021/Wear-a-Superman-t-shirt-to-boost-exam-success.html.（現在はリンク切れ）

10. デート

1 Groyecka et al. (2017).
2 Dutton and Aron (1974).
3 Meston and Frohlich (2003).
4 Cohen et al. (1989).
5 Marin et al. (2017).
6 May and Hamilton (1980).
7 Hove and Risen (2009).
8 Byers et al. (2010).
9 Hugill et al. (2010); McCarty et al. (2017); Neave et al. (2011).
10 Grammer et al. (2004).
11 Roberts et al. (2004).
12 Miller et al. (2007).
13 Rhodes (2006).
14 Jones et al. (2018); Mueser et al. (1984).
15 Abel and Kruger (2010).
16 Liu et al. (2015).
17 Kampe et al. (2001).
18 Tifferet et al. (2012).
19 Miller (2000).
20 Darwin (1871).
21 Charlton et al. (2012).
22 Watkins (2017).
23 Havlíček et al. (2008); Herz and Cahill (1997); Buss (1989).
24 Nettle and Pollet (2008).

25 Baker (1888); Manning and Fink (2008).
26 Manning et al. (1998).
27 Geschwind and Galaburda (1985).
28 Havlíček et al. (2006); Kuukasjärvi et al. (2004).
29 Lobmaier et al. (2018).
30 Sorokowska et al. (2012).
31 Olsson et al. (2014).
32 Mitro et al. (2012).
33 Roberts et al. (2011).
34 Winternitz et al. (2017).
35 According to Herz and Cahill (1997), more than $5 billion is spent annually on fragrance.
36 Lenochová et al. (2012); Milinski and Wedekind (2001).
37 *Guardian*, 24 March 2006, www.theguardian.com/education/2006/mar/24/schools.uk3.
38 *New Zealand Herald*, 19 February 2007, www.nzherald.co.nz/nz/news/article.cfm?c_id=1&objectid=10424667.
39 Demattè et al. (2007).
40 *Perfumer and Flavorist*, 1 April 2016, www.perfumerflavorist.com/fragrance/trends/A-Taste-of-Gourmand-Trends-374299261.html.
41 *The Economist*, 14 February 2008, www.economist.com/news/2008/02/14/food-of-love. (現在はリンク切れ)
42 McGlone et al. (2013).
43 *Maxim*, March 2007, 132–3.
44 Li et al. (2007).
45 Griskevicius and Kenrick (2013), p. 379.
46 Elliot and Niesta (2008); Guéguen (2012).
47 Beall and Tracy (2013); Elliot and Pazda (2012).
48 Guéguen and Jacob (2014).
49 Stillman and Hensley (1980); Jacob et al. (2012).
50 Guéguen and Jacob (2011).
51 Jones and Kramer (2016).
52 Lin (2014); though see Pollet et al. (2018).
53 Greenfield (2005).
54 E.g. Lynn et al. (2016); Peperkoorn et al. (2016).
55 *Slate*, 24 July 2013, www.slate.com/articles/health_and_science/science/2013/07/statistics_and_psychology_multiple_comparisons_give_spurious_results.html.
56 Lewis et al. (2017).
57 Lewis et al. (2015).
58 Whitcome et al. (2007).
59 Tobin (2014). Online dating services, http://yougov.co.uk/news/2014/02/13/

seven-ten-online-dating-virgins-willing-try-findin/.(現在はリンク切れ)
60 Willis and Todorov (2006).
61 White et al. (2017).
62 *Guardian*, 11 February 2011, www.theguardian.com/lifeandstyle/wordofmouth/2011/feb/11/aphrodisiacs-food-of-love.
63 Otterbring (2018).
64 Gladue and Delaney (1990).
65 Jones et al. (2003).
66 Chen et al. (2014).
67 See note 62 above.
68 Apicella et al. (2007).
69 Feinberg et al. (2008).
70 Pavela Banai (2017).
71 Ratcliffe et al. (2016).
72 McGuire et al. (2018).
73 Groyecka et al. (2017).
74 Miller (1998).
75 Roche (2019); *Independent*, 10 August 2017, www.independent.co.uk/life-style/11-scientific-ways-to-make-yourself-look-and-feel-more-attractive-a7886021.html.

11. 感覚を取り戻す

1 Ackerman (2000); Rosenblum (2010).
2 Cabanac (1979); Pfaffmann (1960).
3 Merabet et al. (2004); Motluck (2007).
4 *Science Alert*, 20 November 2019, www.sciencealert.com/dopamine-fasting-is-silicon-valley-s-latest-trend-here-s-what-an-expert-has-to-say.
5 *New York Times*, 7 November 2019, www.nytimes.com/2019/11/07/style/dopamine-fasting.html(現在はリンク切れ); *The Times*, 19 November 2019, 27.
6 Kranowitz (1998); Longman (2019). *New York Times*, 1 November 2019, www.nytimes.com/2019/11/01/sports/football/eagles-sensory-disorder-autism.html. (現在はリンク切れ)
7 Colvile (2017); see also https://www.nielsen.com/us/en/insights/article/2010/three-screen-report-q409/.
8 Milgram (1970), p. 1462; see also Blass (2004).
9 Barr (1970); Diaconu et al. (2011).
10 UN-Habitat, *State of the world's cities 2010/2011: Bridging the urban divide*, https://sustainabledevelopment.un.org/content/documents/11143016_alt.pdf.
11 1950年には人口の30%が都市に住んでいたが、現在では、約55%の人が都市に住んでいる。参照:www.un.org/development/desa/en/news/population/2018-revision-of-world-urbanization-prospects.html.
12 Guieysse et al. (2008); Ott and Roberts (1998).

13 *New Yorker*, 13 May 2019, www.newyorker.com/magazine/2019/05/13/is-noise-pollution-the-next-big-public-health-crisis(現在はリンク切れ); Velux YouGov Report, 14 May 2018, https://press.velux.com/download/542967/theindoorgenerationsurvey14may2018-2.pdf.

14 Walker (2018).

15 National Trust press release, 27 February 2020, www.nationaltrust.org.uk/press-release/national-trust-launches-year-of-action-to-tackle-nature-deficiency-(現在はリンク切れ); Williams (2017).

16 Just et al. (2019).

17 Spence (2020d).

18 Malhotra (1984).

19 *Financial Times*, 4 June 2013, www.ft.com/content/3ac8eac6-cf93-11dc-854a-0000779fd2ac; *New Yorker*, 26 October 2012, www.newyorker.com/magazine/2015/11/02/accounting-for-taste. (現在はリンク切れ)

20 Bremner et al. (2012); Calvert et al. (2004); Stein (2012).

21 Spence (2020b).

22 Kabat-Zinn (2005); Spence (2002).

23 Achrol and Kotler (2011), p. 37.

24 *The Conversation*, 2 August 2018, http://theconversation.com/the-coded-images-that-let-advertisers-arget-all-our-senses-at-once-98676; *The Wired World in 2013*, November 2012, 104–7.

25 Balken (1997); Haverkamp (2014); Marks (1978); Zilczer (1987).

26 Spence (2002).

27 Field (2001); Harlow and Zimmerman (1959); *The Times*, 17 February 2020, www.thetimes.co.uk/article/how-to-greet-in-2020-what-is-and-what-isnt-appropriate-qq7jqxrrv. (現在はリンク切れ)

28 Denworth (2015); Sekuler and Blake (1987).

29 Cain (2012); Zuckerman (1979).

30 Longman (2019); Lupton and Lipps (2018).

31 Hutmacher (2019); Le Breton (2017); Levin (1993); McGann (2017).

32 Keller (2008); Smith (2007).

33 *New Yorker*, 23 March 2020, www.newyorker.com/news/our-columnists/how-loneliness-from-coronavirus-isolation-takes-its-own-toll. (現在はリンク切れ)

34 Block and Kuchenbecker (2018); Cute Circuit, https://cutecircuit.com/media/the-hug-shirt/; *Time*, Best inventions of 2006, http://content.time.com/time/specials/packages/article/0,28804,1939342_1939424_1939709,00.html; *The Times*, 12 June 2018, www.thetimes.co.uk/article/strong-and-non-clingy-robots-give-the-best-hugs-study-reveals-huggiebot-pdx566xk0(現在はリンク切れ); Geddes (2020).

35 Gallace and Spence (2014).

36 Kahn et al. (2009); Krieger (1973).

37 Spence et al. (2019a).

38 *Smithsonian Magazine*, 18 January 2017, www.smithsonianmag.com/innovation/artificial-sixth-sense-helps-humans-orient-themselves-world-180961822/; see also www.cyborgarts.com/.

39 Neil Harbisson, I listen to colour, TEDGlobal, June 2012, www.ted.com/talks/neil_harbisson_i_listen_to_color.html; Gafsou and Hildyard (2019).

40 Quoted in Bainbridge (2018).

41 *Mail Online*, 16 May 2017, www.dailymail.co.uk/news/article-4509940/Man-compass-implanted-chest.html.

42 Kurzweil (2005); O'Connell (2018).

43 *Wall Street Journal*, 27 March 2017, www.wsj.com/articles/elon-musk-launches-neuralink-to-connect-brains-with-computers-1490642652.

44 Spence (2020f).

45 Howes (2004); Howes (2014); Howes and Classen (2014); Schwartzman (2011).

図版

p.20: 製品デザインにおける擬人化の例。(© Karim, Lützenkirchen, Khedr,and Khalil)
p.22: ロゴにスマイルを組み入れたブランドの数例。(Amazon, Thomson/Tui, Hasbro)
p.42: 1818年にジョン・ナッシュによって完成された最初のショーキッチン。
p.52: NozNoz。(NozNoz)
p.90: コロンビアの雲霧林にある私の家。
p.176: 未来の事務員、エマ。
p.194: シアトルのダウンタウンにあるアマゾン本社オフィス群。(Joe Mabel)
p.206: セブンアップのロゴ。(Jetijones)
p.224: 潜在的、象徴的メッセージの一例。
p.238: 市場における劣加法制の一例。
p.266: 幻肢患者に失った足があるように錯覚させるための、ミラーボックスの利用法(USNavy photo by Mass Communication Specialist seaman Joseph A. Boomhower)(アメリカ海軍広報専門員、Joseph A. Boomhower下士官による写真)
p.326: ヴィレンドルフのヴィーナス。(MatthiasKabel)
p.342: フランス・ファン・ミーリスの『Lunch with Oyster and Wine(カキとワインのランチ)』。
p.354: グアンタナモ収容所では多くの「重要な」戦争抑留者が感覚遮断に晒されている。(US Navy)
p.363: アーサー・ダヴの『Fog Horns(霧笛)』(1929年)。(yigruzeltil)
p.367: 1950年代に、ハリー・ハーローによって実施された、赤ちゃん猿に対する一連の実験。
p.368: ハグシャツ。(キュートサーキット)
p.371上: サイボーグ、さもなければ「アイボーグ」、ニール・ハービソン。(Dan Wilton)
p.371下: Cyborg Nestのノース・センス。(Eugene Dyakov)

著者――――
チャールズ・スペンス (Charles Spence)

オックスフォード大学教授。専門は実験心理学。トヨタ、ユニリーバ、ペプシコ、ネスレなど多くの多国籍企業で、多感覚デザイン、パッケージ、ブランディングなどのコンサルティング経験がある。著書に『「おいしさ」の錯覚 最新科学でわかった、美味の真実』(KADOKAWA)がある。

訳者――――
坂口佳世子 (さかぐち・かよこ)

筑波大学大学院博士課程単位取得退学。宮崎大学名誉教授。アメリカ文化論、現代アメリカ文学専攻。著書『〈法〉と〈生〉から見るアメリカ文学』(共著、悠書館、2017年)、『グローバル化の中のポストコロニアリズム』(共著、風間書房、2013年)、『ソール・ベロー研究――ベローの文学とアメリカ社会』(単著、成美堂、2003年)他。

センスハック

生産性をあげる究極の多感覚メソッド

2022年4月7日　第1刷発行

著　者　チャールズ・スペンス
訳　者　坂口佳世子
装幀者　トサカデザイン(戸倉巌、小酒保子)
発行者　藤田　博
発行所　株式会社 草思社
〒160-0022　東京都新宿区新宿1-10-1
電話　営業 03(4580)7676　編集 03(4580)7680

本文組版　株式会社 キャップス
本文印刷　株式会社 三陽社
付物印刷　株式会社 暁印刷
製本所　加藤製本 株式会社
翻訳協力　株式会社 トランネット

ISBN978-4-7942-2573-3 Printed in Japan　検印省略

草思社刊

予測不能の時代
――データが明かす新たな生き方、企業、そして幸せ

矢野和男 著

予測不能に変動する状況に柔軟に対応できる組織は、どうしたら作れるか。人々の幸せを計測する技術を開発した世界的研究者による、まったく新しいマネジメント論。

本体 1,800円

誰でも確実に美文字になるいとも練習法

川南富美恵 著

文の7割を占めるひらがなから練習。書き方が似た字をまとめて学ぶので効率がいい。画数の少ない字から始めるので挫折ナシ。画期的美文字練習法で優しく教えます。

本体 1,300円

【文庫】東大教授が教える知的に考える練習

柳川範之 著

「頭の良さ」とは習慣である。独学で東大教授への道を切り拓いた著者が、情報の収集・整理の仕方から豊かな発想の生み出し方まで、「思考」の全プロセスを伝授！

本体 700円

お母さんが知らない伸びる子の意外な行動

齋藤浩 著

その〝問題行動〟に、すごい長所が隠れています！ ベテラン教諭が、伸びていく子どもたちの一見ちょっとヘンな行動を徹底解説。子育てに自信と安心が生まれる一冊。

本体 1,400円

＊定価は本体価格に消費税を加えた金額です。